이 책의 구성

1. 다이얼로그

일상적인 대화의 회화문입니다. 각각 난이도 표시와 팁(tip)도 적혀 있어, **회화문을 읽기만 해도 쉽고 재미있게** 일본어의 기본 표현을 익힐 수 있습니다.

히라가나·가타카나도 잘 모르는데 어떻게 읽느냐고요? 걱정하지 마세요. **한글 발음표기**가 함께 되어 있어, **일본어를 읽는 즐거움**을 바로 누릴 수 있어요.

01
이 표현 꼭 외우자!
명사의 기본 문형
Level
저는 대학생이에요.
私 は 大学生 です。
와타시 / 와 / 다이 각 세에 / 데스.
あなた も 学生 ですか?
いいえ、私 は 学生 では ありません。
私 は 会社員 です。
조사의 발음
私は会社員です。

2. 문법 설명 한눈에 배운다!

너무 어려운 내용, 당장 필요하지 않은 내용은 과감히 생략하고 **꼭 필요한 내용만을 담았습니다.** 문법이라고 해서 꼭 딱딱하고 어려울 것이란 생각은 하지 마세요. **눈에 확 들어오는 그림**과 함께, **이야기하듯 쉽게 풀어낸 설명**을 읽다 보면 어느새 일본어 문법의 기초가 머릿속에 저절로 들어갈 테니까요.

Let's start
한눈에 배운다!
인칭대명사
나, 너, 우리
'나'라고 말해보겠습니다. 여러 가지 표현이 있지만 가장 중요한 3개의 표현만 먼저 배우겠습니다.
어려운 자리에서
私 와타시
편한 자리에서
僕 보쿠
俺 오레
私 와타시

3. 연습 문제

재미있게 읽는 것만으로 끝내서는 제대로 공부를 했다고 할 수 없겠지요.

문법 설명 뒤에 **배운 내용을 복습할 수 있는 연습 문제**가 실려 있습니다. 문제마다 친절한 그림 힌트가 함께 있으니, 앞 내용을 잘 이해했다면 아무런 어려움 없이 해결할 수 있을 거예요.

practice
い이 형용사로 명사 꾸미기
빈칸에 한글로 일본어 문장의 발음을 써 보세요.
이 문장들은 모두 い이 형용사가 표의 명사들을 꾸며주는 문장입니다.
계절
봄
春 하루
여름
夏 나츠
가을
秋 아키
겨울
冬
寒い
추운
季節

난이도 표시

읽기만 해도 이해가 되는 쉬운 다이얼로그부터 배우기 시작해요. 각 다이얼로그의 쉽고 어려운 정도를 한눈에 알 수 있도록 별의 개수로 표시했습니다.

MP3 듣기

듣기는 가장 기본적인 공부법입니다. 다이얼로그를 음성과 함께 따라 말해 보세요. 스마트폰만 있으면 언제, 어디서든 간편하게 교재의 대화를 들을 수 있습니다.

한글 발음표기

한글은 세계에서 가장 우수한 문자이자 표기법이지요. 엄숙주의 대신 과감한 한글 표기와 친절한 설명으로 초보자도 쉽게 따라 읽을 수 있도록 만들었습니다.

분리해석

일본어 학습에서 '어미, 조사, 조동사'의 변화는 매우 중요한 부분입니다. 우리말과의 차이를 직관적으로 볼 수 있도록 일본어의 각 부분을 우리말로 직역해 두었습니다.

문형 테이블

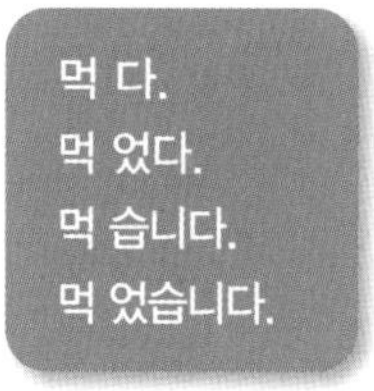

일본어는 하나의 문형마다 존댓말, 반말, 부정문, 의문문 등을 함께 배우게 됩니다. 이러한 문형의 변화를 한눈에 볼 수 있도록 단원마다 테이블로 정리했습니다.

영상 강의

대한민국 최고의 일본어 강사를 만나보세요. 일본어가 시원하게 정리되는 것을 느끼실 수 있을 것입니다. 스마트폰으로도, 인터넷으로도 보실 수 있습니다.

쉽고 명확한 설명

'이건 이거고 저건 저거다.' 명확하게 정리해주는 문법 설명은 의외로 많지 않아요. 쉽게 이해되는 것은 물론이고, 마음속에 어떠한 답답함도 남기지 않습니다.

인포그래픽&도표

문법을 배우는 것은 마치 머릿속에 방을 만들어 정리하는 것과도 같아요. 한눈에 들어오는 인포그래픽과 도표는 직관적으로 일본어의 이해와 기억을 도와줍니다.

단원별 맞춤형 연습

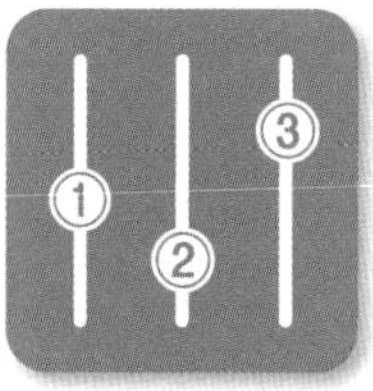

문법이 복잡하다고 머릿속까지 복잡해질 필요는 없지요. 단원마다 최적의 연습방법을 개별적으로 고려하여, 따라가는 것만으로도 쉽게 정리되도록 했습니다.

따라 읽기

하나의 패턴으로 이루어진 문장들을 따라서 말해보세요. 이것은 종합적인 언어 학습법입니다. 점점 더 빠르게 따라서 말할수록 일본어 실력도 늘어갑니다.

자동 복습

한 걸음, 한 걸음 올라서지만 돌아서면 잊기 쉬운 게 언어 학습이지요. 이미 배운 내용이 잊히지 않도록 연습문제를 통해 반복적으로 차곡차곡 쌓아 올립니다.

풍선 작문 연습

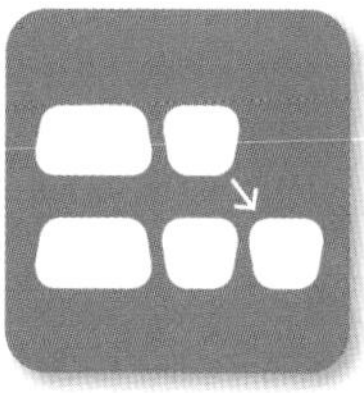

하나의 연습 문형은 어간, 어미, 조동사, 조사 등이 뭉쳐져서 이루어집니다. 이러한 구조가 한눈에 보이도록 풍선을 이용해 연습합니다.

한눈에 보인다 **일본어**

もくじ

table of contents

일본어의 **문자 이야기** 8–32

일본어에 대하여 33–64

3가지 글자의 일본어
히라가나 50음도
가타카나 50음도
청음·반탁음·탁음
요음·촉음·발음
숫자
일본어 필수 문장 53

0 조사 · 인칭대명사 65–84

목표 문법

인칭대명사
중요한 조사 6개
지시대명사

주요 표현

나, 너, 우리 私, あなた, 私たち
는, 가, 도, 를, 와, 의 は, が, も, を, と, の
이, 그, 저, 어느 こ, そ, あ, ど

대화 연습

처음 뵙겠습니다. / 만나서 반갑습니다. / 안녕하세요. / 또 만나요. / 행복하세요? / 우리는 친구입니다. / 이 한자는 뭐예요? / 이건 누구 가방이에요? / 그건 뭐예요?

1 **명사** 기본 문형 85–102

목표 문법

명사로 끝나는 문장
의문문 만들기

주요 표현

학생이다 学生だ
- 긍정, 부정, 존대, 반말, 현재, 과거
학생입니까? 学生ですか?

대화 연습

저는 대학생이에요. / 지금 어디야? / 날씨가 좋네요. / 경찰 아니었어?

2 **형용사** 기본 문형 103–132

목표 문법

い이형용사와 な나형용사
형용사의 두 위치
い이형용사로 끝나는 문장
な나형용사로 끝나는 문장
6가지 품사
일본어 문법을 배운다는 것

주요 표현

춥다 寒い Vs. 편리하다 便利だ
따뜻한 봄, 봄은 따뜻하다
춥다 寒い
- 긍정, 부정, 존대, 반말, 현재, 과거
편리하다 便利だ
- 긍정, 부정, 존대, 반말, 현재, 과거

대화 연습

이거, 맛있다! / 엄청난 추위네요. / 저 볼펜, 귀엽지 않아? / 회사가 집에서 멀어요. / 컴퓨터가 망가졌어. / 편리하지 않았어요. / 나는 고기가 좋아. / 그건 그렇게 복잡하지 않아요.

3 **2그룹 동사** 기본 문형 133–148

목표 문법

동사는 3그룹
2그룹 동사로 끝나는 문장

주요 표현

먹다 食べる Vs. 마시다 飲む
- 긍정, 부정, 존대, 반말, 현재, 과거

대화 연습

벌써 자요? / 사쿠라이 씨 못 봤어? / 저, 생선은 안 먹어요. / 난 초콜릿 싫어해.

4 **1그룹 동사** 기본 문형 149–166

목표 문법

1그룹 동사로 끝나는 문장
음편현상
3가지 동사

주요 표현

마시다 飲む
- 긍정, 부정, 존대, 반말, 현재, 과거
우츠루는 ㄷ타, 누부무는 ㄴ다,
쿠는 이타, 구는 이다
하다 する, 오다 くる

대화 연습

좀 안 쉴래? / 저도 안 했어요! / 약 먹었어? / 스즈키는 신문 같은 거 읽어요?

5 **2그룹 동사** 응용 문형 167–178

목표 문법

명령과 권유 – 2그룹 동사
동사의 명사형
11가지 접속사

주요 표현

먹어라 食べろ, 먹자 食べよう
먹어줘 食べて, 먹지 말아줘 食べないで
먹다 食べる → 먹음 食べ
그리고, 그래서, 그러나 そして, だから, でも

대화 연습

오늘은 제가 살게요. / 에어컨을 켤까? / 일어나요! 일어나요! / 이거 잘 모르겠어.

6 1그룹 동사 응용 문형

179–190

목표 문법

명령과 권유 – 1그룹 동사

를 = 오, 가, 니

주요 표현

써라 書け, 쓰자 書こう

써줘 書いて, 쓰지 말아줘 書かないで

'를'을 말하는 3가지 조사 を, が, に

대화 연습

올 때까지 기다릴게. / 자기 것은 자기가 내세요. / 적당히 해! / 다이어트 합시다.

7 수식 표현

191–204

목표 문법

형용사와 부사

수식은 2가지

の노의 용법

문장으로 형용사 표현 만들기

い이형용사의 명사화

주요 표현

추운 겨울, 편리한 연필
寒い冬, 便利な鉛筆

빠르게 달린다 早く走る

학생이 아닌 분 学生ではない方

の는 ~의, ~의 것, ~인

높다 高い → 높이 高さ

대화 연습

수학 선생님이에요. / 단 케이크는 어떠세요? / 장미 축제로 유명해졌어요. / 서프라이즈로 해주고 싶었어. / 빨리 일어나! / 벌써 끝났어요? / 청소했어? / 재미있는 책이네요.

8 가능 표현

205–216

목표 문법

~할 수 있다

주요 표현

먹을 수 있다 食べられる
- 긍정, 부정, 존대, 반말, 현재, 과거

대화 연습

그럼, 디저트 먹으러 가자. / 이번 주는 못 만나요. / 새 핸드폰은 샀어? / 저 수영 못해요. / 긴장해서 아무 말도 못 했어. / 평생 사랑할 수 있어? / 카페 가서 공부해야지. / 이제 돌이킬 수 없다.

9 접속조사 1

217–232

목표 문법

중요한 접속조사 て테

1그룹에서는 음편현상

て테의 부정 용법

주요 표현

먹고, 먹어서 食べて

우츠루는 ㄷ테, 누부무는 ㄴ데,
쿠는 이테, 구는 이데

먹지 않고 食べないで Vs.
먹지 않아서 食べなくて

대화 연습

저는 동그란 모양입니다. / 좋은 사람이라고 생각해. / 혼자서 무섭지 않아? / 우선은 빵을 먹을 거야. / 사과가 아니라 토마토야. / 잠깐 기다려. / 아버지는 청소를 하고 있습니다. / 그럼, 슈퍼 가서 사와.

10 접속조사 2

233–248

목표 문법

ている(하고 있다)
てしまう(해버리다)
てみる(해 보다)

주요 표현

먹고 있다 食べている
먹어버리다 食べてしまう
먹어 보다 食べてみる

대화 연습

진짜로 시험공부 하고 있어. / 제 발 밟고 있어요. / 잘 조사하고 있어? / 또 쇼핑했어? / 회사 그만둬버렸어요. / 무서운 영화는 좋아하세요? / 얼굴도 보고 싶지 않아. / 내가 만든 빵이에요. / 생일 축하해. / 누가 쓴 책인데? / 미국에 가 본 적 있어요? / 그럼. 이 사람은? / 무리라고 생각해요.

11 주의 표현

249–282

목표 문법

나에게 줄 때, 남에게 줄 때 행동을 해 줄 때도 くれる쿠레루, あげる아게루
원하다
너무 ~하다
계속 ~하다
~하기 쉽다
~하기 어렵다

주요 표현

주다 표현 2개 くれる, あげる
받다 표현 1개 もらう
누구에게 원하는지에 따라 다르다 ほしい, たい
명사형에 붙어 자주 사용하는 표현 4가지 すぎる, 続ける, やすい, にくい

대화 연습

이 편지를 받아 주지 않을래요? / 당근은 정말 맛없어. / 급식에 당근이 나왔습니다. / 숙제했어? / 지갑 놓고 왔다. / 나한테는 줘서 고마워. / 차를 사고 싶어요. / 돈 좀 빌려줬으면 좋겠어. / 보고 싶지 않았어요. / 내일이 시험인데 공부하기 싫다. / 저는 그 사람 여동생이에요. / 전화로도 말하기 싫어. / 나는 화장실에 가고 싶어.

일본어의 **조사** 283–287

일본어의 문자 이야기

일본어 공부를 시작한 여러분 안녕.
쉽고 재미있으면서 유용하기까지 한 일본어의 세상 속으로 들어온 걸 환영해.
やすい
おもしろい
やくだつ
모든 언어가 마찬가지겠지만, 여러분이 일본어 공부를 시작한 이유는 크게 두 가지라고 생각해.
にほんご
日本語
English
Español
첫째는, 일본인이나 일본어를 사용하는 여타 외국인들과 소통을 하기 위함이고
하지메마시떼!
둘째는, 일본의 여러 문화(문학, 음악, 대중매체 등)를 이해하기 위함일 거야.
사실 일본어는 영어나 스페인어만큼 많은 나라에서 사용하는 언어는 아니야.
English
Español
응애
日本語
하지만 일본은 예로부터 우리나라와 역사적으로 밀접하게 연관되어 있었고
독도
다케시마
한류
그건 스고이
매우 독자적이면서도 우수한 콘텐츠를 보유하고 있기에
스모
축제
만화
1
배워두면 여러 방면에서 두고두고 쓸 수 있는 중요한 언어라고 할 수 있어.
Premium V.I.P
日本語
etc
일시불이요!
참, 그러고 보니 내가 자기소개를 아직 안 했지?
기다리게 해서 미안~
나는 옛 나라 조선의 제4대 군주이자 언어학자이며, 여러분이 지금도 읽고 있는 한글을 만들어 낸 사람.
전하 최고!
그래, 내가 바로 세종이야!

분명 '한글은 세종대왕이 만들었는데, 일본어는 과연 누가 만들었을까?' 하며 궁금해하는 사람도 있을 거야.
한글
훈민정음
日本語
나!
?
나 또한 같은 생각을 했었기에 그에 관한 자료들을 수집해 정리해봤지.
현재 일본어
초기 일본어
일본어 원류
일본어 뿌리
일본어 시기
가마우지
이래 봬도 내가 어려서부터 독서와 공부를 무척이나 좋아해서, 외국의 문물과 언어에 관심이 많았거든.
진짜야!
인정~
한글을 만들어낸 것도 다방면의 지식이 있었던 덕분이지, 결코 우연이 아니란 말씀.
책
문화
예술
정치
민생
고기
언어
내가 좀
쩔어!
아무튼, 지금부터 내가 알고 겪은 바를 통해 일본어의 역사에 관해 설명을 해줄 건데
졸지 말고 들어~
あ
아쉽게도 일본어가 누구에 의해 언제, 어떻게 탄생되었는지는
내가 아빠지?
일단 난 아니야
?
あ
최근까지도 연구가 진행 중이라 아직 100% 확실한 정보는 없어.
워워, 진정해
주장에 따라 12세기까지의 시대 차가 난다고 하니 정말이지 혼란 그 자체야.
12세기
어느 길로 가야 하나…
이런 상황에서 나름대로 정리를 해봤지만, 워낙 오리무중이니만큼
12세기
정확한 연도에 관심을 두기보다는
눈이 침침하구나
바람 좀 쐬시지요
12세기
전체적인 흐름만 봐주길 바라.
그럼, 시작해볼까?
같이 가요, 전하

일본어는 한국어와 같은
알타이어 계통(몽고계)이야.
같은 색깔이지?
알타이어
가
あ
또한 일본인은 한국인과 같은
몽골리안 계통이지.
쌍둥이끼리 사이좋게 지내야지!
재랑?
얘랑?
다만, 일본어는 원류인 알타이어에
응?
あ
남방계통의 어휘가 많이 섞이면서
태평양
으아! 왜 이래!
あ
오늘날의 일본어가 된 거야.
아니, 잠깐. 느낌 있는데?
あ
말이야 그렇다지만,
문자는 어떻게 된 거냐고?
文字
나도 궁금해
자자, 서두르지 말고
확실한 것부터 짚어가 보자.
일본은 한국을 비롯한 여러 동아시아
국가들과 마찬가지로 중국의 영향을 받아
잡았다~
으악~
오래전부터 한자를 사용하는
한자문화권에 속해.
이거 써
귀찮아…
漢字
일본에 처음으로 한자가 건너간 시기는
3~4세기경으로 추정되는데
漢
3~4세기
중국에서 일본으로 건너간 도래인들이
사용했을 뿐, 일본인들이 사용한 흔적은
발견되지 않아 말 그대로 건너갔다는 것의
의미밖에 없어.
漢
漢
1968년, 일본 사이타마현에 있는
이나리야마 고분에서 *만요가나가 적힌
철검이 발굴되었고
*만요가나

*만요가나란?
가나의 일종으로,
주로 고대 일본어를 표기하기 위해서
한자의 음을 빌려 쓴 문자이다.
5세기경에 만들어졌다는 학자들의
추정을 통해
5C 정도…
적어도 5세기 전후로는 일본인들이
한자를 받아들여 사용했을 것이라고
추측하고 있어.
나도 이제
할 줄 알지!
漢
일설에 의하면, 중국에서 한반도로 전파된
한자를
漢
5~6세기경 당시 일본에 많은 영향력을
끼쳤던 백제의 왕인이 일본으로 건너가
다시 전파해 주었다고도 해.
가서
보여줘야…
어쨌든, 그때까진 한자를 빌려 썼으니
순수 일본어가 만들어진 시기는 5세기
이후부터라는 사실을 알 수 있어.
아직이야?
끓지도
않았어
あ
…
그런데, 여기서 잠깐!
STOP!
도대체 무슨 소리를 하고 있는 건지
잘 모르겠지?
알타이어, 몽고, 3C, 도래인,
고분, 철검, 5C, 백제, 왕인
뭔 소리당가…
그래서 우리는 시간을 조금 되돌아가
일본의 역사에 대해 어느 정도 이해할
필요가 있어.
일본의 역사
복잡할 것 같다고? 천만의 말씀!
나라 시대(710~794) 이전의 문자 자료는
몇 개의 공문서와 목간이 전부야.
목간
공문서
따라서 나라 시대 이전은 큰 줄기만
가볍게 훑고 지나가도록 할 테니
나라 시대
너무 어렵게 생각하지 말고 우리 같이
쉽게 쉽게 넘어가 보자!
폴짝…

아주 먼 옛날, 일본 열도는 지금과 다르게 아시아 대륙과 한덩이였어.
끈적
강력 접착제
덕분에 사람과 동물들이 걸어서 왕래할 수 있었지.
대륙
안녕~
열도
그 이유는 약 1만년 전 찾아온 빙하기에 세상 모든 것이 얼어붙으며
꽁꽁…
아 추워…
바닷물의 수위가 낮아짐에 따라 잠겨있던 육지가 겉으로 모습을 드러냈기 때문인데
휴… 이제야 살겠네
안녕!
이 시기에 구몽고계(몽고 계 아시아인)가 일본으로 대거 이주를 했고
새로운 땅이다!
1차 대이주
1만년 전
또, BC 3~AD 3세기에 신몽고계(시베리아, 만주 등 추운지역에 적응한)가 이주를 해
또 와?!
2차 대이주
B.C. 3 ~ A.D. 3
일본 북쪽 지역에 살던 원주민들(아이누족)과 동남아시아에서 건너온 남방민족들을 포함한 여러 민족의 피가 섞이고 섞이면서
민족
이렇게 섞여도 돼?
오늘날의 일본 민족을 만들었어.
이것이 일본!
시베리아 동남아 몽고
일본만의 독자적인 역사는, 해빙기가 찾아와 해수면이 다시 높아지고
I'll be back!
대륙과의 연결이 끊어져
싹뚝
지금처럼 섬나라가 되는 1만 년 전경부터 시작되었다고 할 수 있어.
대륙
안녕… 고마웠어
이때는 아직 수렵과 채집으로 살아가던 신석기 시대였는데
거기 서!

당시의 것으로 추정되는 토기에 새끼줄 같은 문양이 발견되어
오호라…
노끈 승, 문양 문을 써 이 시대를 '죠몬' 시대라고 불러.
縄文
じょうもん
B.C. 1300 ~ B.C. 300
그리고 시간은 흐르고 흘러, 어느덧 벼농사를 하기 시작함으로써
역시 농사가 직빵이지!
수렵과 채집에만 의존하며 살아가던 신석기 시대의 막이 내리고
나 아직 현역인데!
청동이나 철 등의 금속을 사용하는
청동거울
청동검
철기구
청동기 시대이자 초기 철기 시대의 막이 올라.
좋아. 이제 우리 차례다!
1884년, 도쿄도 분쿄구에 위치한 조개무덤에서
도쿄 대학 근처
이 시대의 토기를 처음 발견했는데, 토기가 발견된 지명의 이름을 따서
그래, 정했다. 이건…
이 시대를 '야요이' 시대라고 부르게 됐지.
弥生
やよい
B.C. 300 ~ A.D. 300
벼농사를 하게 되면서 농사 지역마다 점차 사람들이 모여 생활하게 되었고
우리도 같이 먹고 살자!
이윽고 일본엔 100개가 넘는 소국들이 생겨나 역사가 늘 그래왔듯 전란의 시대가 찾아오게 되었지.
서로 다투는 혼란기가 지속되다가 3세기 말, 몇몇 작은 나라가 연합하여
배신하면 똥침 백번!!!

'야마타이'란 나라를 세우는데, 일본 역사상 처음으로 국가다운 모습을 보여준 나라야.
야마타이
이제야 좀 보이네…
야마타이국 최초의 왕으로 옹립된 인물은 '히미코'라는 무녀였는데
히미코 여왕이 239년, 242년에 각각 위나라에 조공을 보내
위
잘하고 와~
'친위왜왕'이라는 봉호를 받았다는 사실이 후한서에 기록되어 있어.
친위왜왕
해냈어요!
잘했어! 역시 내 새끼!
이는 야요이시대에 들어서야 처음으로 일본이 공식적인 외교 무대에 등장했단 것을 말해주지만
내가 누구라고?
외교무대
일본!
그 당시 일본은 아직 마을 단위의 작은 세력에 불과했고
응?
한
일
중
그 후 1세기가량은 야마타이국에 대한 어떠한 정보도 남아있지 않는 걸 보면
여보세요? 실종 신고하려고요. 이름은 야마타이, 나이는…
일본이란 나라의 존재 여부를 세상에 알렸다는 것 이외에 크게 눈여겨 봐야 할 부분은 없는 것 같아.
안돼~
가지마~
외교무대
흥!
그렇다면 고대국가로써 일본의 존재감이 뚜렷해지기 시작한 시기는 언제일까?
어쭈? 어깨 힘 빼라
바로 킨키 지방(현 나라, 교토, 오사카 일대)의 야마토를 중심으로 세력을 통합해 일본 영토의 대부분을 차지한
이게 전부 내 땅!
大和
일본 최초의 통일 정권, '야마토 정권'이 강력한 권력을 지니면서부터라고 해.
내가 바로 야마토!
졌습니다
졌습니다
졌습니다
그리고 이 시대를 '야마토' 시대라고 불러.
大和
やまと
4세기 ~ 7세기

야마토 정권은 군사력을 바탕으로 강력한 국가로 성장해
大和
한반도의 세 나라(고구려, 백제, 신라)와 견줄 정도로, 고대국가로서의 기틀을 확립시켰어.
내가 간다~!
엥?! 언제 저기까지?
빠르네?
성씨를 가질 수 있는 지배계급이 생겨나 백성들을 관리하기 시작했고
· 오키미
· 고우조쿠
⋮
소가, 아베, 모노노베 등
한반도를 통해 외국의 선진문물을 많이 받아들여(특히 백제가 많은 영향)
백제
오다 주웠다
어머!
불교가 전파되는 등 많은 발전이 이루어지게 된 시기야.
나무아미타불
저게 무엇인고?
불교의 불상이라네
백제의 '왕인'이 논어와 천자문 등을 전한 것도 이 시기라고 보고 있지.
이건 논어, 저건 천자문
아하!
논어
천자문
그런데 왕인의 이름은 우리나라의 역사서엔 등장하지 않고, 설화나 전설로만 전해지고 있어.
너도 설화?
단군
왕인
반면, 일본 오사카에는 왕인의 공원과 무덤이 현재 실존해 있고
일본 역사서 '고사기'나 '일본서기'에는 왕인의 이름이 떡하니 기록되어 있어.
왕인이
日本書紀
고사기
일본서기
왕인의 신사도 존재해! 학문의 신으로서 일본인들에게 모셔지고 있거든.
또한, 도쿄에 위치한 우에노 공원에는 왕인을 공자에 견주어 칭송하고 있는 '왕인박사비'가 있고
나랑?
더욱이 왕인 관련 유적지가 일본 전역을 통틀어 30여 곳에 달한다고 하니, 일본인들의 왕인에 대한 사랑이 정말 어마어마하다는 것을 알 수 있지.
사랑해요 왕인~
백제

왕인이나 백제 이야기를 하려면 일본 16대 천황인 '닌토쿠 천황'을 뺄 수가 없어.
닌토쿠 천황
• 재위 : 313년 2월 14일 ~ 399년 2월 7일
• 이름 : 오호사자키노미코토
• 오진 천황의 네 번째 아들 리추 천황, 한제이 천황, 인교 천황의 아버지
오사카에 위치한 야마토 시대의 대표적 왕릉인 닌토쿠 천황릉(다이센 고분)은
이집트의 피라미드나
파라오인 내 무덤이야
중국의 진시황릉을 넘어서는, 세계에서 가장 큰 무덤이야.
날 지키는 군대들이지
*고분 시대에는 지배자 권위의 상징으로 각지에 고분을 축조했기에
저거보다 무조건 더 멋있게!
다이센 고분의 거대함은 닌토쿠 천황이 강한 통치력을 행사했다는 증거이자, 이 시기에 실질적 왕권이 시작됐음을 적나라하게 말해주는 증거라고 볼 수 있지.
왕 권
*고분 시대란?
고분 시대(3세기 중반~7세기 말)와 아스카시대(6세기 후반~8세기 초반)를 합쳐 야마토 시대라고 한다. 여기서 고분은 당시 지배자들의 묘를 의미하는 것으로, 당시 축조된 고분들의 규모와 특징, 고분에서 출토되는 유물 등을 바탕으로 고분시대의 역사적 배경을 추정해볼 수 있다.
야마토 시대
고분 3 ~ 7 C
아스카 6 ~ 8 C
그런 닌토쿠 천황이 무척 아끼던, 매를 돌보는 관직의 백제인 신하가 있었는데
매가 귀엽죠?
네가 더 귀여워
짜식~
그가 죽자 닌토쿠 천황은 크게 슬퍼하며 성대한 장례를 치러준 후, 응견신(매를 돌보는 신) 칭호를 하사해 주었다고 해.
죽어서도 관리직인가…
밥 줘
응 견 신
또한 백제인이 대거 거주하던 오사카를 수도로 삼았는데, 거주민의 1/3 이상이 백제인이었다는 후문도 있어.
백제인이 많은 오사카를 수도로 삼자!
나?
푹 빠졌네 아주~
오사카
그 오사카에 위치한 미유키모리 신사에 왕인의 시가 새겨진 노래비가 있는데, 그것이 바로 '나니와쓰의 노래'야.
나니와쓰에
피는구나 이 꽃은
겨울잠자고
지금을 봄이라고
피는구나 이 꽃은

봄이 오고 꽃이 피는 것처럼
오~ 핀다, 펴!
안녕~
새로운 왕(닌토쿠 천황)이 즉위하는 것을 축하해주는 의미라는 설명이 노래비 옆 안내판에 적혀 있어.
이 모든 점들을 미루어 볼 때, 두 나라가 꽤 깊은 관계를 맺고 있었다는 것은 그 누구도 의심할 수 없는 사실이지.
우리가
절친!
백제
야마토
어쨌든, 열린 외교정책에 힘입어 시대는 고대국가로써의 틀이 완성되는 아스카 시대로 접어들어.
아스카식
이제 누구도 우리를 무시 못 해!
아스카 시대는 '쇼토쿠 태자'와 '불교'. 두 가지로 정리할 수 있어.
핵심정리
참 쉽죠?
쇼토쿠 태자
불교
쇼토쿠 태자는 일본인들에게 존경과 사랑을 한몸에 받는 인물이야.
재위 6세기 말 ~ 622년
역시 쇼토쿠 태자!
꺄아 날 가져요~
내 인기란…
우리나라로 치면 나와 같은 위치에 있는 거지.
광화문에 있는 내 동상 알지?
592년, 쇼토쿠 태자는 중국을 모방해
중
일
따라하지 마!
좋은 건 나눠 써야지!
왕권 확립을 통해 신분질서를 다지고
이거 보이지? 까불지 마라
지방 호족 세력들
관료제를 도입해 나라의 기초를 세우는가 하면
우리들이 튼튼해야 돼!
왕
관료
행정부
총무부
신분에 상관없이 인재들을 등용시키고
네, 저요?
칼 좀 쓰네. 너 오늘부터 요리사!
632년엔 관이십이계를 제정해, 조정 안 세력들의 위계질서를 명확히 했지.
계급
꿀!
찍~

또, 604년엔 헌법십칠조를 발표했어.
헌법십칠조
1.
2.
3.
화합을 존중하라, 천황에 복종하라 등 여러 가지 내용이 있지만, 그중에서 중요한 것은 불교를 공경하라는 대목이야.
일본에는 예로부터 그들만의 신화가 존재해서
이자나기
이자나미
불교를 받아들이는 과정에 있어서 심한 마찰이 있었거든.
받아들여!
싫어! 다 나가!
일본 역사상 처음이자 마지막으로 종교 전쟁이 일어난 때가 바로 이 시대야.
아무나 이겨라~
불교 이야기가 나와서 말인데, 조선이 건국되고부터 천대받기 시작한 불교를
에비~
조선
다시금 받아들인 장본인이 바로 나야.
Come back home!
조선
병 주고 약 줘?
조선의 건국이념이 유교 성리학에 기초한 것이었기에, 나 때까지만 해도 불교에 대해 억압적인 분위기였어.
유교 성리학
유교가 짱이지~
불교 나빠!
그러나 나와 우애 깊던 친동생 성녕대군을 비롯한 많은 친가족이 차례대로 요절하면서
성녕대군
광평대군
평원대군
나는 슬픔 어린 마음으로 불교 사찰들을 찾아다녔지. 그들의 명복을 빌고 불사를 주관하면서 점차 불교를 받아들였고,
내 아내였던 소헌왕후마저 숨을 거둔 말년에 이르러서는 완전히 불교에 귀의했어.
신하들의 반발이 거셌지만 개의치 않고 내불당까지 세웠던 기억이 나.
內佛堂
반대
철회

다시 본 이야기로 돌아와서, 그와 같은 배경 속에서도 쇼토쿠 태자는 불교를 적극적으로 장려하여 국가적으로 절을 건설하는가 하면
좋아, 옆으로!
해외의 유명한 문화인들을 다수 초빙하는 등
나?
모시겠습니다, 오시죠!
화려한 아스카 문화(불교 문화)의 빛을 한껏 발현시켰어.
그리고 607년엔 당시 선진국이었던 수나라로 '견수사'를 보내 제도, 학문, 기술 등 알 수 있는 건 모두 배워오게 했고
수나라
이게 수나라의 도로…
빨리 와~
사신을 통해 '해 뜨는 나라의 천자가 해 지는 나라의 천자에게 글을 보낸다' 라는 내용이 담긴 전문을 보내기도 했어.
흠 어디 한번 읽어볼까
일본은 한창 떠오르고 있는 해이고 중국은 서서히 저물어가는 해라고 표현한 것인데
日
中
좋아요
싫어요
일설에 의하면, 격노한 수나라의 황제가 사신들의 목을 치려고 했지만 당시 고구려를 견제하기 위해서는 일본과의 친교가 필요했기 때문에
아오, 이걸 확!
쇼토쿠, 원망할 거야
꾹 참고, 대신 답서에 심한 욕설을 적어 보냈다고 해.
뻥!
으악!
재미있는 건 사신들이 일본으로 돌아가는 길에 그 답서를 분실했다는 점인데, 차마 태자에게 보여줄 수 없는 온갖 심한 욕설들이 난무해서
찰지네
이건 좀…
더듬이 같은
××피콜로
크래파스×
열여덟색깔
너 딱 기다려
이런 ×××
일부러 버리고선 잃어버렸다고 거짓을 고한 것은 아닐까? 그 사실은 이미 떠나버린 그들만이 알고 있겠지.
그래도 쇼토쿠 널 좋아해…
가자
답신
여기서 중요한 건, 쇼토쿠 태자가 당시 일본이 범접할 수 없었던 수나라와 한 치의 물러섬 없이 대등하게 외교를 맺었다는 점이고
덤벼!
쪼그만 게…
다방면으로 뛰어났던 이 인물이 있었기에 후에 일본이 커다란 성장을 할 수 있었을 것이란 점이야.
우쭈쭈

여기까지가, 나라 시대 이전 일본의 역사야.
재미있었어?
이제부터는 본격적으로 일본어의 역사에 대해 알아볼 건데
쫄지마, 나야
이번에도 마찬가지로 너무 어렵게 생각하지 말고 가벼운 마음으로 함께 가보도록 하자!
Let's go!
にほんご
아까도 말했듯 아스카 시대까지는 문자 자료가 너무 부족해서, 일본어의 역사를 제대로 알 수 있는 건 '나라' 시대부터야.
奈良
710 ~ 794
하지만, 이 시대에도 언어에 관련된 자료는 몇 가지밖에 없어.
그중 첫 번째 자료가 712년에 편찬된 역사서 '고사기'인데
古事記
官許
역사서라고는 하지만 사실상 일본의 신화를 기록한 책이라고 보면 돼.
아마테라스
한문과 만요가나를 병행하여 표기한 것이 특징이야.
켜졌다
⊕ 표기 ⊖
나도
한문
만요가나
두 번째 자료는 720년에 편찬된 '일본 서기'야.
日本書紀
초반부는 신화와 전설, 5세기경부터는 역사를 기록하고 있어.
잘 부탁해!
맡겨줘!
신화
역사
5세기
고사기와는 달리 전부 한문으로 표기했는데
직류가 짱이지
한문
⊕ 표기 ⊖
그 이유는 일본 서기가 정사를 기록한 것이기 때문이야.
아주 올곧아
正史

일본 서기는 일본의 역사뿐 아니라
한반도와 중국의 역사도 같이 싣고 있는데
어때? 같이 가자~
그럴까
사실과 다르게 왜곡된 부분이 많아서
정당성을 굉장히 의심받고 있기도 하지.
그럴리가…
구불
구불
백제기, 백제본기
위서, 진서
이건 아니지
어쩐지
세 번째 자료는 759년 이후 편찬된
'만요슈(만엽집)'야.
万葉集
일본에서 가장 오래된 시조집이고
작년 봄에 만났던 당신이…
천둥소리가 저멀리서 들려오고…
만요슈 여관
누추하지만 드세요
한자를 빌려 일본어를 다양하게
표기한 것이 특징(만요가나)이지.
漢字
만요가나에서 '만요'는 여기서
따온 것이기도 해.
툭
가나한테 가져다 줘야지~
만요
많은 정보를 가지고 있는 만큼 귀중한
고어 연구 자료야.
万葉集
엄중하게 보관하고 있지!
그리고 시대는 '헤이안' 시대로 넘어가.
平安
794 ~ 1155
약 400년간 도읍이 교토였던 이 시기에
들어서면서부터
기요미즈데라
언어 자료가 풍부해지기 시작해.
1 2 3 4 5 6 7 8 9 10
공적인 문서에는 한자와 가타카나를,
사적인 문서(편지, 일기 등)에는
히라가나를 사용했는데
漢
ア
あ
공
사
초기에는 같은 카나 사이에서도
여러 가지 글자체가 존재했지만
あ

12세기경부터 현재 사용하는 글자체와 비슷한 형태로 변화하게 돼.
짠! 대통합!
あ
'히라가나'는 이 시대에 만들어진 것으로, 한자를 간략화시킨 모양새인데
漢
あ
그중에서도 흘려 쓰는 정도가 약하고 한자와 모양이 가까운 것을 '소우가나'
天
无
어이쿠
흘려 쓰는 정도가 강한 것을 '가나' 또는 '칸나'라고 했어.
天
ん
엄마야…
이런 히라가나는 귀족 여성들이 주로 쓰던 풍속 소설이나 일기 등에서 많이 사용되었는데
ひ ら
이 시기에 탄생한 대표적인 히라가나 소설이 바로 세계 최초의 소설로 유명한 무라사키 시키부의 '겐지 이야기'야.
놀자~
흥
히카루 겐지
겐지 이야기
하지만 히라가나는 여성들이 주로 사용한다고 '온나데(여성이 쓰는 문자라는 뜻)'라며 천시당했어.
저리가, 대머리야
여자 문체 쯧쯧…
ひ
문자에 성별을 부여해 차별하다니, 문자의 왕이라 불리는 내가 보기에 정말이지 고약하고 한심스러운 일이 아닐 수가 없어.
어휴~
한글도 초기에는 여자들이 주로 사용한다고 천시당했지
아무튼 본론으로 돌아와서, '가타카나' 또한 이 시대에 만들어진 것으로, 한자의 일부분을 떼거나 생략시킨 모양새인데
カ
가타카나의 발생이 불교와 밀접한 관계가 있어서
カ
나무아미타불
붓다께서 말씀하시기를…
주로 불교 서적이나 승려의 시 등에 많이 쓰였고, 그와 함께 공식적인 문서에도 많이 표기되었어.
カ タ
カ ナ
우리나라와 마찬가지로 과거의 일본 역시 남성 중심의 사회였는데
내가 짱
웃기고 있네

한자와 함께 각지고 딱딱한 모양새의 가타카나가 주류를 이루었던 것도 아마 그런 배경이 깔려있었기 때문이 아닐까 생각해.
ア
이 세상의 중심이 바로 나야 나!
이익…
あ
하지만, 현재는 상황이 반전되어
어머!
あ
이럴수가
ア
한자와 함께 히라가나를 주류로 사용하고
승리의 건배~!
가타카나는 외래어 표기나 단어를 강조하는 경우에만 사용하고 있어.
Hey~ Don't cry!
말 걸지 마라
이렇게 된 것은 2차 세계 대전이 끝나고 3년 뒤부터라고 해.
각본 : 철수
3 YEARS LATER
20세기 최악의 사건으로부터…
그것은 즉, 히라가나를 주된 언어로 사용하기 시작한 지 약 70년 정도밖에 지나지 않았단 말이지.
마드모아젤~ 70년산입니다
あ
생산지 : 일본
에게~ 됐거든요
서로의 입장이 뒤바뀐 이유는 명확히 밝혀진 바가 없지만
어지러워
돌아가네?
ア
겐지 이야기를 비롯한 많은 여류작가들의 작품이
요새 엄청 잘 나가잖아
옆집의 사요코도…
현대에 와서 크게 평가되며 히라가나가 힘을 얻었다는 설이 있고
I have a dream!
あ
혹은 패전 후, 전범국이라는 거친 이미지를 씻어내기 위해
세제 듬뿍 넣어
あ
부드러운 이미지의 히라가나를 주 언어로 채택했다는 설도 있어.
이제 이걸 입어야지
あ
다시 헤이안 시대 이야기를 해볼까? 당시 공식 문자였던 한자가
漢字
헤이안 공식
아빠 아직 안 잔다

시간이 지날수록 순수 일본어의 영향을 받게 되면서
あ
도망쳐!
漢
字
새로운 문체가 탄생했는데, 그것을 우리는 '변체한문', '일본식 한문' 또는 '기록체'라고 불러.
일본식
변체한문
하나만 해라
*기록체란?
헤이안시대,
귀족 남성들이 변체한문을 사용해
일기를 작성했는데
그 일기를 '고기록',
그 문체를 '기록체'라고 한다.
예시
또 다른 문체로는 한문에 가타카나를 조사로 붙여 사용하는 '혼용체'가 있었어.
漢
ア
오우 혼용해라
그리고 헤이안 후기에는 순수 일본어 문장과 한자 훈독문이 합쳐진
日
漢
*일한혼합문이 생겨났지.
주문하신 아이스크림 나왔습니다~
아니, 일한혼합문 주문했는데
*일한혼합문이란?
하나의 문장 안에서
순수 일본어와 한문 훈독이 혼재된 것
혹은 그 문체를 말한다.
현대 일본어의
직계 조상이라고 할 수 있다.
예시
たけき者もつひには滅びね
강한 자도 마침내는 멸망하니
ひとへに風のまへの塵におなじ
오로지 바람 앞의 티끌과 같도다
(헤이케 이야기의 서문 중)
길었던 헤이안 시대가 끝나면서 '가마쿠라' 시대가 시작되었어.
鎌倉
1185 ~ 1333
헤이안 시대가 귀족의 시대였다면
크흠!
가마쿠라 시대는 무사(부시)가 정권을 잡은 무사의 시대였어.
드디어 우리의 시대가 왔다!
중국은 워낙 땅이 넓고 역사가 길어서 같은 한자라고 해도 지역과 시대에 따라 불리는 음이 달랐는데
gyō 교우
오나라
an 앙
당과 송은 같은 음이 많아
kō 코우
중국은 발음이 계속 변화되어 온 반면, 주변국들은 옛 발음을 간직하고 있기도 해
당나라
송나라
한나라
an 앙
行

일본에 한자를 전한 백제가 당시
오나라와 교류를 하고 있었다보니
오음
잘 키워줘
고마워~
일본에 가장 먼저 도착한 한자음은
오나라의 '오음'이었어.
잘 도착 했어요!
오음
오구, 기특하다
우리나라엔 예로부터 하나의 한자에
한가지 읽는 법밖에 없는 반면
明
모두 정답!
명
명
명
일본엔 중국의 다양한 시대의 한자음을
사용한 여러 가지 읽는 법이 존재하는데
明
모두 정답!
이런 게 어디있어?!
みょう 묘
めい 메이
みん 밍
오나라의 '오음', 한나라의 '한음',
당나라의 '당음', 송나라의 '송음'이
거기에 해당 돼.
당음
한음
오음
송음
6~7세기경에 오음이 도착하여
일반적으로 사용되다가, 8~9세기경에
뒤이어 한음이 도착하면서 두 음이 병행
하게 되었고
오
한
이후, 가마쿠라 시대에 이르러
당음, 송음이 도착하면서 비로소 네 가지
읽는 법이 탄생하게 된 거지.
당
한
송
오
따가워!
가마쿠라 시대를 뒤이은
'무로마치' 시대에는
室町
1336 ~ 1573
문어와 구어의 차이가 심화되었고
그와 같은 사람 보지 못했어
그런 사람 못 봤어
이런 사람 봤어?
한문 서적이나 불교 경전 등이 다양한
계층에 전파돼 한자어 사용이 급증했으며
우리 한자 잘 부탁해요~
사인 해주세요
또한, 포르투갈이나 스페인 등의
서양 문명과의 교류가 증가하면서
어서 오시게
Hallo~
동시에 외래어도 증가했어.
카스테라
カステラ(카스테라)
팡
パン(빵)
타바코
タバコ(담배)

이 시대의 독특한 언어자료로
크리스천 자료라는 것이 있는데
Christian
서양에서 온 선교사들이 일본에서 포교하기 위해
예수님이 말씀하시니 물이 변하여 포도주 됐네
응, 덕분에 포도 농장 불경기
일본어를 로마자로 표기해 만든 문학서나 어학서 같은 것을 지칭해.
あ A I U
か KA KI KU
さ SA SI SU
문학
어학
또 하나의 자료로는 조선에서 일본어를 배우기 위해 학습지의 일환으로 만든 조선자료라는 것이 있어.
일본어 입문편
일본어 심화편
백정도 반나절이면 깨우친다!
무로마치 시대가 닫히고 '에도' 시대가 열렸지만
江戸
1603 ~ 1868
1603 ~ 1868
여전히 학문적, 전문적 문서 등에는 한자와 가타카나가 주로 쓰였어.
カタカナ
漢字
대중소설 같은 문학작품 등에는 역시 한자와 히라가나가 주로 쓰였는데, 이 경우 가타카나를 감동사, 의성어, 의태어 등으로 일부 사용하기도 했어.
漢字
ひらがな
カタカナ
그리고 이 시기에 구독점(。)이 생겨났는데, 이때는 '。'이 구점(마침표)과 독점(쉼표)의 역할을 동시에 수행했어.
네, 네~
구점 빨리 줘요
독점은 언제 나와요?
에도 시대 전기에는 정치와 문화의 중심이 아직 서쪽에 있었는데
살 좀 빼!
흥
서
동
정치 문화
후기에 들어서면서부터 중심이 동쪽으로 이동했고
다이어트 했더니, 장난?!
찔 수도 있지
서
동
정치 문화
그로 인해 동서의 언어가 합쳐지면서
이번엔 잘해라
너야말로
새롭게 '에도어'가 탄생하게 되었지.
新 에도어
1751 ~ 1772

또, 무사 계급과 상인 계급의 언어적 차이가 뚜렷해지고
배고파 뒤지겠네
너무 배고파
관동어와 관서어의 차이가 뚜렷해진 시기도 바로 이 에도 시대였어.
배고프 구마잉
진짜 배고파
그리고 '메이지' 시대부터 일본은 급격한 변화와 성장을 하기 시작해.
明治
めいじ
1868 ~ 1912
먼저 1868년, 에도를 도쿄로 개칭한 뒤
어. 도쿄로 바꿔
히히~ 백만원이야
도쿄
본격적으로 근대 국가 만들기에 돌입했어.
최고의 도시를 만드는 거다!
도쿄랍니다
도로도 깔고
서양문화를 받아들이기 위한 활발한 번역 작업이 이루어졌고
Translation
그 결과, 여러 가지 새로운 어휘나 어법이 생성되었지.
회사 会社 かいしゃ
국어 国語 こくご
화학 化学 かがく
이는 한자 종주국인 중국으로 역수입되기도 했어.
이제는 우리가 대세!
마찬가지로 우리나라에도 수입되었는데
아, 우리도?
물론이지
주로 쓰이는 스포츠 관련 단어들이 좋은 예시 중 하나야.
로우큐우 농구·籠球
하이큐우 배구 排球
슈우큐우 축구 蹴球
그런데 정작 수출한 일본은 그 단어들을 사용하지 않고 외래어로 대체해서 사용하고 있다니 이상하지.
바레-보-루 バレーボール
바스켓토보-루 バスケットボール
삭카- サッカー
어쨌든, 이런 과정들을 통해 서양문물이 하나둘씩 들어오면서 서양에서 쓰이지 않는 한자는 구식이라는 이미지가 생겨났고
구식…
漢字
먹여 살려줬는데 너무하네

그에 따라 일본어를 서양 언어의 기준에 맞게 세련된 이미지로 개혁해야 한다는 주장이 생겨났어.
日本語
A
B
C
D
이에 1872년, 구식 언어인 한자를 버리자는 '한자 폐지론'이 등장하면서
이러지마 제발!
漢字
카나만을 사용하자는 '카나회'와 더 극단적으로 로마자만 사용하자는 '로마자회'가 같이 등장했는데
커버 씌운다고 본질이 달라지나?
하드커버 부심 쩌네
카나회
로마자회
결국 둘 다 자리 잡지는 못했지.
그래도 역시 한자가 좋지
… …
휴~
카나회
로마자회
漢字
패전 후, 사회개혁을 시도하면서 한자를 폐지하자는 의견이 다시 한번 공론화되었는데
아니 나 좀 그만 건드려!
이것도 버리고, 저것도 버리고
漢字
폐지하는 대신 간소화하는 것 (1949년 신자체 발표)을 마지막으로 더 이상 언급되지는 않았어.
장난하냐 진짜…
한자는 버리기 아까우니까 간단하게 바꾸자
漢字
1900년, 여러 글자체로 사용되던 히라가나와 가타카나를
히라가나, 가타카나
어휴 복잡해
한 가지 글자체로 통일하여 현재까지 사용하고 있어.
전문직이 우대받는 세상
히라가나
가타카나
그리고 이 시대에 들어 장음을 표기하는 선(ㅡ)이 처음으로 사용되었고
야호~
한발 늦었네
한 가지로만 쓰이던 구독점을 구점(。)과 독점(、)으로 구분해 사용하기 시작했으며
구점 하나요~
네, 지금 가요~
독점 주세요!
。
、
문장부호(?, !, … 등)도 이때 정착했어.
여기 좋지?
응
?
!
…
또, 개혁의 영향으로 '언문일치' 운동이 일어나
한 몸처럼 뛰는 거야!

소설, 신문 등을 거쳐 1908년엔
교과서에도 구어체인 데스(です)와 마스
(ます)가 채택되었지.
です。
ます。
메이지 정부는 통치를 강화하기 위해,
정부 주요 기관이 있는 도쿄의 방언과
예로부터 이어진 황실의 언어를 합쳐
Shake it~!
잘 되고 있군!
Shake it~!
황실
도쿄
'표준어'라는 단어를 만들고
주 언어로 지정해
표준어 입니다!
적극적으로 전국에 배포하기도 했어.
cheers~
표준어
하지만 패전 후, 표준어를 사용하지 말고
방언을 소중히 하자는 움직임이 일어나
우웩, 속이…
역시 옛것이 최고여!
다시 방언의 사용이 활발해지면서
HIT!
방언
표준어는 표준어가 아닌 '공통어'가
되어버렸어.
파격!
떨이 판매
하하~
호호
표준어
공통어
어쩌다 이런 꼴이…
그 말은 결국, 일본에는 공식적인
표준어가 존재하지 않게 되었단 거지.
니가 만들었잖아
몰라요 난 몰라~
그래서인지 현재 일본에서는 텔레비전
방송에서도 거리낌 없이 방언을 사용해.
100분 토론 LIVE
니 시방 뭐라캣노
뭐이 씨부리나
되도록이면 표준어를 사용하려는
우리나라와는 상반된 모습이야.
안녕하세요
혼저옵서
한국
일본
일본에는 우리나라보다 훨씬 많은
방언들이 존재하는데
소곤
소곤
시끌
시끌
시끌
한국
일본
그 이유는 일본이 예로부터 봉건사회로
쇼군
사무라이
다이묘
농민
상인
수공업자

피지배층의 이동을 통제했던 역사가 있었기 때문이야.
이거 봐!
어딜!
그로 인해 방언들은 크게 동일본, 서일본, 큐슈 방언으로 나뉘게 되었고
서일본
동일본
큐슈
그 안에서 또 여러 방언으로 작게 나뉘어 현재 일본에는 약 85개의 방언이 존재하게 되었어.
약 85 개
그 때문에 다른 지역 사람들끼리 의사소통이 안 될 때가 많아, 미디어에서 지방 방언에 관한 내용을 퀴즈 거리로 삼기도 하지.
못 알아 듣겠어
가시나
동북지방으로 가면 갈수록 특히 더 알아듣기가 어려워서 같은 일본인들끼리도 통역이 필요할 정도라고 해.
뭐라캤노?
단디 해라이
이런 일본의 방언들 중에서도 가장 흔하게 들을 수 있는 것이 바로 관서(칸사이)방언이야.
칸사이~
또야?
Skip!
Skip!
위와 같은 사정상, 대부분의 일본인들은 방언을 사용하면서도 소통을 위해 어느 정도는 적당히 절충하는 모습을 보이는데
소통역에서 만나~
그래!
소통
Transfer Station
관서 사람들에게선 그런 모습을 전혀 찾아볼 수가 없기 때문이지.
소통역에서…
니가 와라
소통
관서
Transfer Station
관서지방이 고대부터 오랫동안 일본의 수도였다는 것에 대해 대단한 자부심을 가지고
우린 예전에 일본의 수도였었다, 이 말이야!
지금은 우리인데…
관서
도쿄
지금까지도 일본의 중심은 관서지방이라고 생각해서 보이는 태도가 아닐까 싶어.
당연히 일본의 중심은 우리 관서지.
어휴… 못 말려
몇백년간 일본의 수도였던 교토의 방언이 현재까지도 고급스럽고 귀족적이며 가장 일본스러운 말이라는 평가를 받고 있다니
관서 사투리
아주 귀족적이야, 일본스러워!
그들의 태도가 어느 정도 이해는 돼.

지금까지 일본어의 역사에 대해 알아보았는데
나라
헤이안
가마쿠라
무로마치
에도
메이지
이를 통해 일본어를 좋아하는 마음이 조금이라도 생겼다면 정말 다행이야.
日本語
스페인어, 프랑스어 등 외국어를 공부하는 사람들을 보면 그 나라의 언어를 무척 좋아하는 것이 느껴지는 반면
Hola~
Bonjour~
스페인어
프랑스어
일본어를 공부하는 우리나라 사람 중에는 그렇지 않은 사람도 있는 것 같아.
こんにちは。
하하
호호
일본어
분명 과거의 일본 정권이 저질렀던 악독한 만행 때문이겠지.
임진왜란
을미사변
아악!
살려줘…
일제강점기
나도 그 생각만 하면 밤에 잠이 안 와.
후…
하지만 이에 관해 우리가 생각해 볼 게 있어.
과거의 일본과 현재의 일본, 그리고 그들의 문화를 하나로 묶어 판단하는 것이 과연 옳은 일인지 말이야.
과거가 썩어서 몽땅 버려야 해
현재
과거
문화
꼭 그래야 해?
세상은 다원적이고, 일본만 해도 수많은 얼굴을 가지고 있어.
그런데 어느 한 부분만 보고 그 나라의 모든 문화에 거부감을 가질 필요는 없지 않을까?
NO!
일본어
배격할 것은 배격하고 포용할 것은 포용하는 것이 보다 어른스러운 자세라고 생각해.
넌 저리가
그러니 이제 일본어를 통해 우리가 어떻게 행복해질 수 있을지 상상해보도록 하자.
よろしく!
はじめまして。

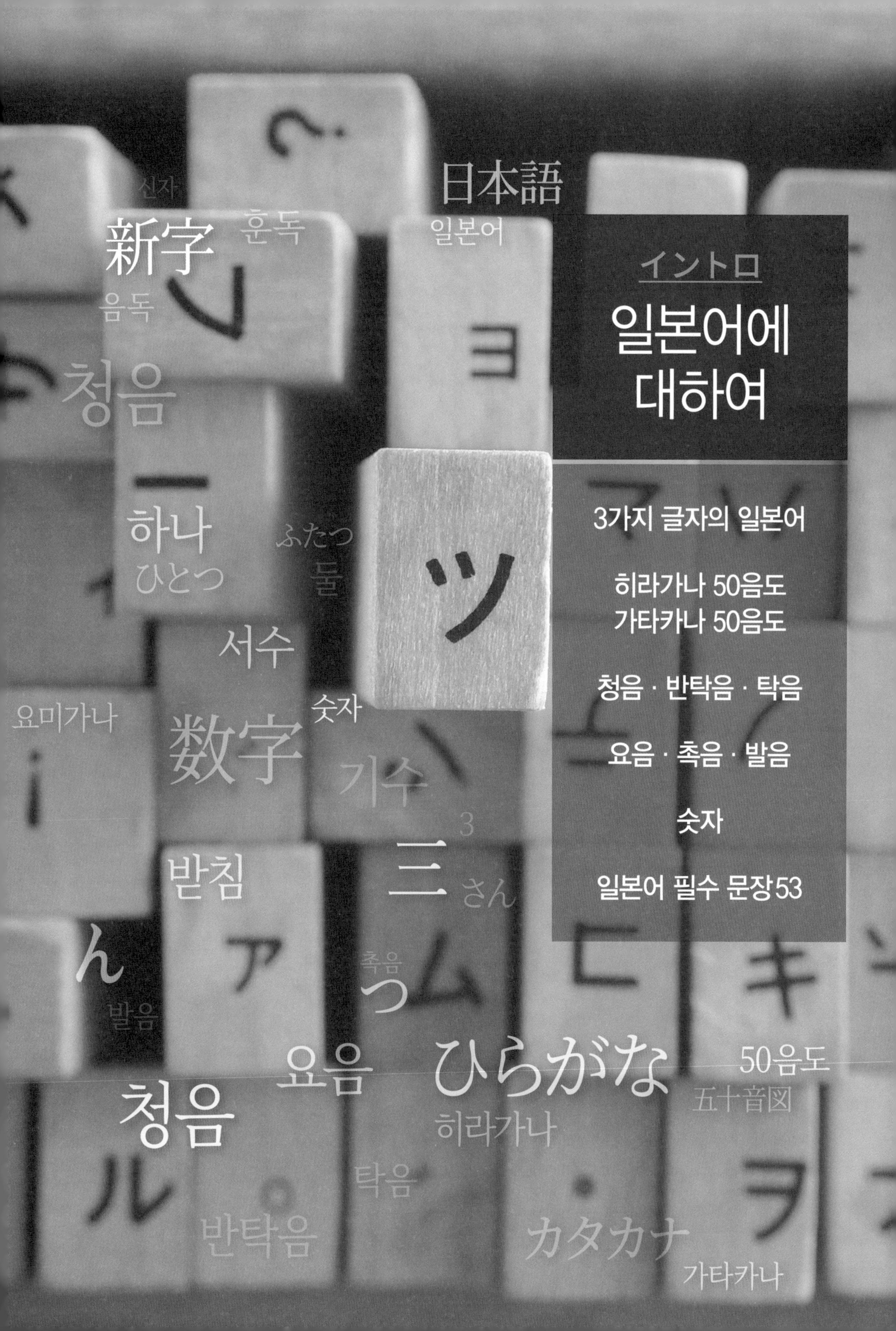

イントロ

일본어에 대하여

3가지 글자의 일본어

히라가나 50음도
가타카나 50음도

청음 · 반탁음 · 탁음

요음 · 촉음 · 발음

숫자

일본어 필수 문장53

한눈에 미리보기

3가지 글자의 일본어

일본어에는 3종류의 글자가 있습니다.
일본에서 만들어진 히라가나 平仮名/ひらがな, 가타카나 片仮名/かたかな와
중국에서 넘어온 한자입니다.

にほんご	ニホンゴ	日本語
히라가나	가타카나	한자

히라가나와 가타카나는 한자에서 모양을 따 만든 글자이기 때문에
가짜 글자라는 뜻으로 카나 仮名라는 이름이 붙었지요.
그리고 한자는 진짜 글자라는 의미로 마나 真名라고 불렀습니다.
이 3종류 글자를 어떻게 사용하는지 알아볼까요?

한자와 히라가나는 일반적으로 모든 글에 사용됩니다.
가타카나로는 외래어·외국어, 외국의 지명, 인명을 표기합니다.

私	は	コーヒー	を	飲	む	。	나는 커피를 마신다.
와타시	와	코-히-	오	노	무		(커피: 외래어)

신자체 간략화된 한자

일본 역시 우리나라와 마찬가지로 중국에서 넘어온 한자를 사용합니다.
그러나 한 가지 다른 점이 있다면, 일본은 획수를 줄여서 간략화시킨 한자를 사용하는데,
이를 신자체라고 부릅니다.

우리나라	眞 참 진	氣 기운 기	國 나라 국
일본	真	気	国

음독과 훈독

月 달 월

이 한자를 어떻게 읽을까요? 보통은 '월'이라고 읽지요.
그리고 이 글자가 무슨 뜻이냐고 물어보면 '달'이라고 대답할 겁니다.
이때, '월'이라고 한자의 음을 읽는 것을 음독이라고 하고,
'달'이라고 한자의 뜻을 읽는 것을 훈독이라고 합니다.
한 번 더 예를 들어볼까요?

火 불 화

이 글자는 '불'이라는 의미가 있고 '화'라고 읽습니다.
이때 이 한자를 '화'라고 읽으면 음독, '불'이라고 읽으면 훈독이 됩니다.
우리나라에서는 보통 음독을 합니다. 따라서 훈독을 하는 일은 드물죠.

水 물 수

예를 들어, 水(물 수)를 보고 '수' 대신 '물'이라 읽는 사람은 없겠죠?
하지만 일본에서는 水를 '스이(すい, 수)'라고도 읽고, '미즈(みず, 물)'라고도 읽습니다.
이렇게 같은 글자라도 문맥이나 사용법에 따라 발음이 달라집니다.

요미가나 후리가나

심지어 어떤 한자는 하나의 글자인데도 발음이 수십 개나 됩니다.
그래서, 일본어에서는 한자 위나 옆에 히라가나로 한자의 발음을 써주기도 하는데요,
이것을 요미가나 혹은 후리가나라고 합니다.

히라가나

に ほん ご

요미가나(후리가나)

に ほん ご
日 本 語

한눈에 미리보기

히라가나 50음도

あ 아 아하~!	い 이 이빨	う 우 우산	え 에 에어로빅	お 오 오리
か 카 카메라	き 키 키	く 쿠 쿠크다스	け 케 케이크	こ 코 코브라
さ 사 사케	し 시 시계	す 스 스프링	せ 세 세계	そ 소 소바
た 타 타 ta	ち 치 치어리더	つ 츠 부츠	て 테 테이블	と 토 토끼
な 나 나무	に 니 주머니	ぬ 누 누들	ね 네 네꼬	の 노 노!

は 하
하품
ひ 히
히히
ふ 후
후~
へ 헤
헤헤
ほ 호
호랑이
ま 마
마라톤
み 미
미끼
む 무
무술
め 메
음메~
も 모
모발
ら 라
라마
り 리
리본
る 루
루비
れ 레
레코드
ろ 로
로스트
や 야
야구
ゆ 유
유도
よ 요
요가
わ 와
와악
を 오
오르막
ん 응
응가

한눈에 미리보기
가타카나 50음도

ア 아 아이스크림	イ 이 이젤	ウ 우 우롱차	エ 에 엘리베이터	オ 오 오른발
カ 카 카펫	キ 키 키타	ク 쿠 쿠크다스	ケ 케 케이	コ 코 코드
サ 사 사슴	シ 시 시-익	ス 스 스케이팅	セ 세 세면대	ソ 소 소시지
タ 타 타잔	チ 치 꼬치	ツ 츠 부츠	テ 테 테이블	ト 토 토막
ナ 나 날다	ニ 니 니트	ヌ 누 누더기	ネ 네 넥타이	ノ 노 노

ハ 하
하이파이브!
ヒ 히
히터
フ 후
후드
ヘ 헤
헤헤
ホ 호
호박
マ 마
마커
ミ 미
말미잘
ム 무
무리수
メ 메
메리 크리스마스
モ 모
모발
ラ 라
라이터
リ 리
리본
ル 루
캥거루
レ 레
레몬
ロ 로
로봇
ヤ 야
야쿠르트
ユ 유
유리
ヨ 요
요정
ワ 와
와인
ヲ 오
오리
ン 응
응

히라가나 완벽 암기

암기

こんなん 콘 낭 곤란	ちこく 치 코 쿠 지각	さいなん 사 이 낭 재난	ふそく 후 소 쿠 부족
やさい 야 사 이 채소	けんせつ 켄 세 츠 건설	すいり 스 이 리 추리	むり 무 리 무리
ぬま 누 마 늪	かこの みれん 카 코 노 미 렝 과거의 미련	れんあい 렝 아 이 연애	れきし 레 키 시 역사
ちかてつ 치 카 테 츠 지하철	いよく 이 요 쿠 의욕	ゆかいな しんねん 유 카 이 나 신 넹 유쾌한 신년	
へんか 헹 카 변화	めんせき 멘 세 키 면적	きたい 키 타 이 기대	みらい とし 미 라 이 토 시 미래 도시
はんたい 한 타 이 반대	あくむ 아 쿠 무 악몽	うんてん 운 텡 운전	ちえ 치 에 지혜

テスト 01 읽기	ふそく	へんか	あくむ	さいなん
うんてん	ゆかい な しんねん		やさい	いよく
ちかてつ	ちこく	みらい とし	めんせき	けんせつ
むり	ちえ	きたい	れきし	はんたい
かこの みれん	こんなん	れんあい	すいり	ぬま

テスト 02 쓰기	유쾌한 신년		운전	지하철
연애	과거의 미련	악몽	변화	지혜
추리	역사	미래 도시	면적	기대
무리	지각	곤란	재난	반대
채소	부족	늪	의욕	건설

암기

おんしつ 온 시 츠 온실	たにん 타 닝 타인	ほかん きかん 호 캉 키 캉 보관 기간	れんらく 렌 라 쿠 연락
かいろ 카 이 로 회로	りろん 리 롱 이론	たいわ 타 이 와 대화	むし 무 시 무시
ほいく 호 이 쿠 보육	こてん しんわ 코 텐 싱 와 고전 신화	にんき 닝 키 인기	あくま 아 쿠 마 악마
いみん 이 밍 이민	きんむ 킴 무 근무	ふうふ 후 우 후 부부	あんき かもく 앙 키 카 모 쿠 암기 과목
もくてき 모 쿠 테 키 목적	ついらく 츠 이 라 쿠 추락	かち 카 치 가치	いるい きふ 이 루 이 키 후 의류 기부
ひまん 히 망 비만	とち 토 치 토지	かん らん 캉 랑 관람	きまつしけん 키 마 츠 시 켕 기말시험

テスト 01 읽기	かち	きんむ	ひまん	あんき かもく
かんらん	りろん	かいろ	れんらく	もくてき
きまつ しけん	いみん	あくま	ふうふ	たにん
たいわ	いるい きふ	ほかん きかん	ついらく	にんき
とち	おんしつ	むし	ほいく	こてん しんわ

テスト 02 쓰기	보관 기간	무시	가치	추락
기말시험	암기 과목	이민	이론	회로
악마	고전 신화	보육	목적	타인
연락	부부	관람	온실	토지
근무	비만	대화	인기	의류 기부

우리말과 비슷한 표현들로

가타카나 완벽 암기

암기

コアラ	코 아 라	코알라
システム	시 스 테 무	시스템
コンセント	콘 센 토	콘센트
ソース	소 - 스	소스
マラソン	마 라 송	마라톤
チーター	치 - 타 -	치타
オムレツ	오 무 레 츠	오믈렛
モニター	모 니 타 -	모니터
ハート	하 - 토	하트
コーヒー	코 - 히 -	커피
ケーキ	케 - 키	케이크
ノート	노 - 토	노트
ウエーター	우 에 - 타 -	웨이터
スカーフ	스 카 - 후	스카프
サンタクロース	산 타 쿠 로 - 스	산타클로스
ターミナル	타 - 미 나 루	터미널
カヌー	카 누 -	카누
トンネル	톤 네 루	터널
チキンの カロリー	치 킨 노 카 로 리 -	치킨의 열량
ヘアー スタイル	헤 아 - 스 타 이 루	머리 모양
インターホン	인 타 - 홍	인터폰
ミサイル	미 사 이 루	미사일
メモ	메 모	메모
タイヤ	타 이 야	타이어

テスト 01 읽기	マラソン	タイヤ	ノート	カヌー
インターホン	ミサイル	ハート	ウエーター	チキンの カロリー
システム	ソース	コーヒー	オムレツ	メモ
スカーフ	ターミナル	チーター	ヘアー スタイル	トンネル
サンタ クロース	コアラ	ケーキ	モニター	コンセント

テスト 02 쓰기	미사일	치타	타이어	터널
오믈렛	웨이터	노트	케이크	치킨의 열량
카누	커피	하트	스카프	머리 모양
콘센트	모니터	시스템	인터폰	산타클로스
메모	코알라	마라톤	터미널	소스

우리말과 비슷한 표현들로

가타카나 완벽 암기

암기

ヒント 힌 토 힌트	クレヨン 쿠 레 용 크레용	タワー 타 와 - 타워	ネクタイ 네 쿠 타 이 넥타이
オーケストラ コンサート 오 - 케 스 토 라 콘 사 - 토 오케스트라 콘서트		ユニホーム 유 니 호 - 무 유니폼	チームワーク 치 - 무 와 - 쿠 팀워크
スキー 스 키 - 스키	エキストラ 에 키 스 토 라 엑스트라	ハーモニカ 하 - 모 니 카 하모니카	アイスクリーム 아 이 스 쿠 리 - 무 아이스크림
ハムスター 하 무 스 타 - 햄스터	ホームラン 호 - 무 랑 홈런	イヤホン 이 야 홍 이어폰	カメラ テスト 카 메 라 테 스 토 카메라 테스트
インテリア 인 테 리 아 인테리어	エスカレーター 에 스 카 레 - 타 - 에스컬레이터	フランス ワイン 후 란 스 와 잉 프랑스 와인	
ナンセンス 난 센 스 넌센스	ユーモア 유 - 모 아 유머	ネールアート 네 - 루 아 - 토 네일아트	アナウンサー 아 나 운 사 - 아나운서

テスト 01 읽기	インテリア	オーケストラ コンサート		スキー
アイス クリーム	ハーモニカ	ネクタイ	ホームラン	チームワーク
エキストラ	ユーモア	アナウンサー	エスカレーター	カメラ テスト
フランス ワイン		イヤホン	タワー	ネールアート
ユニホーム	ヒント	クレヨン	ナンセンス	ハムスター

テスト 02 쓰기	프랑스 와인		아이스크림	스키
엑스트라	카메라 테스트	팀워크	하모니카	이어폰
햄스터	타워	홈런	아나운서	넌센스
네일아트	인테리어	크레용	오케스트라 콘서트	
유니폼	넥타이	에스컬레이터	힌트	유머

한눈에 미리보기

청음, 반탁음, 탁음

청음 보통의 글자

ひ

먼저, 청음을 보겠습니다.
히라가나 50음도에 있는 글자네요.
이렇게 50음도에 있는 보통의 글자를 청음이라고 합니다.

반탁음 청음과 탁음 사이

ぴ

두 번째로 반탁음을 보겠습니다.
글자 오른쪽 위에 동그라미가 덧붙여져 있습니다. 이 동그라미를 반탁점 혹은 **丸**마루 라고 합니다.
丸마루는 동그라미라는 뜻입니다.

청음에 반탁점을 붙이면 반탁음이 됩니다.
반탁음은 청음과 탁음의 중간에 있는 음으로, 반만 탁한 소리라는 뜻입니다.
오직 **は**하 행만 반탁음으로 만들 수 있습니다. 반탁점이 붙으면 **は**하는 **ぱ**파가 되죠.

ㅎ は하 행	は하	ひ히	ふ후	へ헤	ほ호
↓			↓		
ㅍ ぱ파 행	ぱ파	ぴ피	ぷ푸	ぺ페	ぽ포

탁음 탁한 소리

び

마지막으로 탁음을 보겠습니다. 자세히 보니 ひ히 오른쪽 위에 점 2개가 붙어 있네요.
저 점은 탁점 혹은 텐텐이라고 부릅니다. 텐은 '점'이라는 뜻이죠.
이렇게 탁점이 찍힌 음을 '탁음'이라고 부릅니다.
탁음은 '탁한 소리'로, 실제로 탁하다기보다 청음에 비해 성대를 더 많이 사용한다는 뜻입니다.

중요한 것은, 음절의 첫소리가 아래 4개의 행에 해당하는 청음만
탁음으로 만들 수 있다는 것입니다.

ㅋ	ㅅ	ㅌ	ㅎ
か카 행	さ사 행	た타 행	は하 행

이제 청음이 탁음으로 변화하는 모습을 살펴보겠습니다.

ㅋ か카 행	か카	き키	く쿠	け케	こ코
↓			↓		
ㄱ が가 행	が가	ぎ기	ぐ구	げ게	ご고
ㅅ さ사 행	さ사	し시	す스	せ세	そ소
↓			↓		
ㅈ ざ자 행	ざ자	じ지	ず즈	ぜ제	ぞ조
ㅌ た타 행	た타	ち치 (주의)	つ츠	て테	と토
↓			↓		
ㄷ だ다 행	だ다	ぢ지	づ즈	で데	ど도
ㅎ は하 행	は하	ひ히	ふ후	へ헤	ほ호
↓			↓		
ㅂ ば바 행	ば바	び비	ぶ부	べ베	ぼ보

이때, 주의할 점은 だ다 행의 발음입니다.
た타 행의 글자 중 'ㅌ' 소리가 나지 않는 ち치와 つ츠는
탁음으로 변화할 때도 'ㄷ'이 아닌 'ㅈ'으로 변합니다.
따라서 だ다 행의 ぢ지와 づ즈는 ざ자 행의 じ지와 ず즈와 같은 발음이 되어버립니다.

이 중에서 주로 쓰는 것은 ざ자 행의 じ지와 ず즈입니다.
だ다 행의 ぢ지와 づ즈는 몇몇 경우를 제외하곤 잘 사용하지 않는 글자입니다.

한 눈 에 미 리 보 기

요음, 촉음, 발음

청음 옆에 붙는 요음

ひゃ

여기에서 ひ히 옆에 작게 붙은 것은 50음도의 や야 입니다.
두 글자처럼 보이지만 하나의 글자로 취급합니다.
や야를 청음의 절반 정도의 크기로 작게 만든 다음, 마치 탁점처럼 청음 옆에 붙인 것입니다.
や야 뿐만 아니라 ゆ유, よ요 역시도 이런 방식으로 줄여서 사용할 수 있습니다.
이렇게 만들어진 글자를 요음이라고 부릅니다.

요음은 굽은 소리라는 뜻입니다.
굽은 소리가 어떤 의미인지 알아보기 위해 다음을 비교해 보겠습니다.

や, ゆ, よ가 작으면 요음!
앞글자와 연결해서 읽자!

시약	시 야 쿠 しやく	や	샤 카 이 しゃかい	사회
치유	치 유 ちゆ	ゆ	츄 우 고 쿠 ちゅうごく	중국
병아리	히 요 코 ひよこ	よ	효 오 겡 ひょうげん	표현

또박또박 말한다　　　　한 번에 빨리 말한다

왼쪽은 그냥 두 글자를 나열한 것입니다. 반면 오른쪽은 요음을 사용했습니다.
결국 요음은 작게 쓰고 한 번에 읽는다라고 정리할 수 있습니다.
요음은 오직 い이 단에만 붙일 수 있습니다.

일본어의 받침

일본어에서 받침 역할을 하는 글자는 っ촉음과 ん발음, 2개뿐입니다.
그러나 っ촉음과 ん발음은 발음이 한 가지로 고정된 것이 아니고,
뒤에 어떤 글자가 오는지에 따라 발음이 여러 가지로 변합니다.

촉음 っ

일본어의 촉음은
우리말의 받침과 같아!

っ촉음은 ㄷ·ㄱ·ㅅ·ㅂ, 이렇게 4가지 발음을 가지고 있지만,
촉음을 발음하기란 그렇게 어려운 일이 아닙니다.
바로 뒤에 나오는 자음의 발음이 촉음으로 옮겨가는 것이기 때문입니다.

ㄷ 받침	ㄱ 받침	ㅅ 받침	ㅂ 받침
이 ㄷ 토 오 いっとう	이 ㄱ 카 いっか	이 ㅅ 쇼 오 いっしょう	이 ㅂ 파 이 いっぱい

발음 ん

っ촉음은 뒷글자의 발음이 그대로 앞으로 전달되기 때문에 매우 쉬웠습니다.
하지만 ん발음은 더 살펴봐야 합니다.
뒷글자의 영향을 받기는 하지만, 뒷글자를 그대로 따라가는 것은 아니기 때문입니다.

ㅇ 받침	ㅁ 받침	ㄴ 받침
케 ㅇ 카 けんか	시 ㅁ 파 이 しんぱい	지 ㄴ 세 에 じんせい
ん + ☼	ん + ま행	ん + 기타
ん + あ·か·が·わ행	ん + ば·ぱ행	

TIP

일본어의 장음 규칙과 묵음 규칙

일본어의 장음에는 아주 간단한 규칙이 있습니다.
모음 あ아, い이, う우, え에, お오의 앞에 같은 음소를 가진 글자가 올 때, 그 글자를 길게 읽으면 된다는 것입니다.

오카~ 상 おかあさん 엄마, 어머니　　오지~ 상 おじいさん 할아버지　　셈 푸~키 せんぷうき 선풍기

장음에는 단 2가지 예외가 있습니다. 이 예외만 기억하면 장음을 모두 읽을 수 있게 됩니다.

1 ㅔ+이い = ㅔ~
센 세~ せんせい 센세이X 선생님

2 ㅗ+우う = ㅗ~
벤 토~ べんとう 벤토우X 도시락

또한, 일본어에는 묵음 규칙도 있습니다.
주로 く쿠 뒤에 さ사, し시, す스, せ세, そ소가 오는 경우, く쿠는 'ㅜ'라는 발음을 잃게 되고 'ㄱ' 받침으로 발음됩니다.

각 세~ がくせい 학생　　약 소쿠 やくそく 약속　　탁 상 たくさん 많음

紫式部
巡りあひて
見しや夫とも
わかぬまに
雲がくれにし
夜半の月かな

한눈에 미리보기

띄어쓰기

우리말에서는 띄어쓰기가 매우 중요합니다.
띄어쓰기를 어떻게 하느냐에 따라서 문장의 의미가 달라지기도 하죠.
하지만, 일본어에는 띄어쓰기가 없습니다.
신문, 소설, 교과서, 만화책 등 모든 글을 쭉 이어 붙여 씁니다.

"하지만 올드스테어즈의 일본어 교재는 띄어쓰기를 사용합니다."

이를 통해 여러분들이 더 쉽게 일본어를 학습할 수 있기 때문이죠.
일본어 띄어쓰기 원칙도 올드스테어즈에서 정했습니다.
바로 우리말 띄어쓰기 법칙을 일본어에 적용한 것인데요,
일본어와 우리말의 구조가 매우 유사하다는 것을 파악한다면
일본어가 매우 친근해질 것입니다.

띄어쓰기도 없이
대체 어떻게…?

그건 그렇고, 일본인들은 띄어쓰기를 하지 않고도
어떻게 의미를 간결하게 읽어낼 수 있는 것일까요?
그 이유는 3가지 종류로 이루어진 일본어의 문자 체계 때문입니다.

한자, 히라가나, 가타카나는 문장 안에서 보통 다음과 같은 2가지의 구조로 반복되죠.

1 한자 | 히라가나

2 가타카나 | 히라가나

이때 히라가나 바로 뒷자리가 우리말의 일반적인 띄어쓰기 자리가 됩니다.
보통 조사와 어미는 히라가나로 쓰기 때문입니다.
한자와 히라가나, 한자와 가타카나는 생김새가 확연히 다르죠.
히라가나와 가타카나가 좀 비슷하게 생기긴 했지만,
첫눈에 구분하지 못할 정도는 아닙니다.
그래서 한자, 히라가나, 가타카나를 함께 표기하고,
각 문자가 쓰이는 상황에 대한 규칙을 만들어서 글자를 구분하는 것만으로도
띄어쓰기를 사용한 것과 같은 효과를 내는 것입니다.

그렇다면 예시를 살펴볼까요?

나는 私は 와타시와	빵을 パンを 팡오	먹었습니다. 食べました。 타베마시타.
여동생이랑 妹と 이모오토토	별을 星を 호시오	보다. 見る。 미루.
프랑스어랑 フランス語と 후란스고토	독일어로 ドイツ語で 도이츠고데	이야기하다. 話す。 하나스.

● 히라가나

한눈에 미리보기

숫자

일본어 숫자를 배울 때는 보통 기수와 서수 2가지를 배웁니다.
'기수'와 '서수'라는 단어가 낯설게 느껴질 수 있지만,
우리말에서도 종종 사용하는 개념이니 어려울 것은 없습니다.

먼저 기수란 '일, 이, 삼......'과 같은 기본적인 숫자를 말합니다.
그리고 서수는 '첫 번째, 두 번째, 세 번째......'와 같은 순서를 나타내는 말로
'하나, 둘, 셋'과 같은 개념입니다.
일본어의 서수는 1부터 10까지만 사용하는 것이 일반적입니다.

	1	2	3	4	5	6	7	8	9	10
기수	いち 이치	に 니	さん 상	し 시	ご 고	ろく 로쿠	しち 시치	はち 하치	きゅう 큐우	じゅう 쥬우
서수	ひとつ 히토츠	ふたつ 후타츠	みっつ 밋츠	よっつ 욧츠	いつつ 이츠츠	むっつ 뭇츠	ななつ 나나츠	やっつ 얏츠	ここのつ 코코노츠	とお 토오

0 零 / ゼロ 레에 / 제로	1 一 이치	2 二 니	3 三 상	4 四 용(시)	5 五 고	6 六 로쿠	7 七 나나(시치)	8 八 하치	9 九 큐우
10 十 쥬우	11 十一 쥬우 이치	12 十二 쥬우 니	13 十三 쥬우 상	14 十四 쥬우 용	15 十五 쥬우 고	16 十六 쥬우 로쿠	17 十七 쥬우 나나	18 十八 쥬우 하치	19 十九 쥬우 큐우
20 二十 니쥬우	21 二十一 니쥬우 이치	22 二十二 니쥬우 니	23 二十三 니쥬우 상	24 二十四 니쥬우 용	25 二十五 니쥬우 고	26 二十六 니쥬우 로쿠	27 二十七 니쥬우 나나	28 二十八 니쥬우 하치	29 二十九 니쥬우 큐우
30 三十 산쥬우	31 三十一 산쥬우 이치	32 三十二 산쥬우 니	33 三十三 산쥬우 상	34 三十四 산쥬우 용	35 三十五 산쥬우 고	36 三十六 산쥬우 로쿠	37 三十七 산쥬우 나나	38 三十八 산쥬우 하치	39 三十九 산쥬우 큐우
40 四十 욘쥬우	41 四十一 욘쥬우 이치	42 四十二 욘쥬우 니	43 四十三 욘쥬우 상	44 四十四 욘쥬우 용	45 四十五 욘쥬우 고	46 四十六 욘쥬우 로쿠	47 四十七 욘쥬우 나나	48 四十八 욘쥬우 하치	49 四十九 욘쥬우 큐우
50 五十 고쥬우	51 五十一 고쥬우 이치	52 五十二 고쥬우 니	53 五十三 고쥬우 상	54 五十四 고쥬우 용	55 五十五 고쥬우 고	56 五十六 고쥬우 로쿠	57 五十七 고쥬우 나나	58 五十八 고쥬우 하치	59 五十九 고쥬우 큐우
60 六十 로쿠쥬우	61 六十一 로쿠쥬우 이치	62 六十二 로쿠쥬우 니	63 六十三 로쿠쥬우 상	64 六十四 로쿠쥬우 용	65 六十五 로쿠쥬우 고	66 六十六 로쿠쥬우 로쿠	67 六十七 로쿠쥬우 나나	68 六十八 로쿠쥬우 하치	69 六十九 로쿠쥬우 큐우
70 七十 나나쥬우	71 七十一 나나쥬우 이치	72 七十二 나나쥬우 니	73 七十三 나나쥬우 상	74 七十四 나나쥬우 용	75 七十五 나나쥬우 고	76 七十六 나나쥬우 로쿠	77 七十七 나나쥬우 나나	78 七十八 나나쥬우 하치	79 七十九 나나쥬우 큐우
80 八十 하치쥬우	81 八十一 하치쥬우 이치	82 八十二 하치쥬우 니	83 八十三 하치쥬우 상	84 八十四 하치쥬우 용	85 八十五 하치쥬우 고	86 八十六 하치쥬우 로쿠	87 八十七 하치쥬우 나나	88 八十八 하치쥬우 하치	89 八十九 하치쥬우 큐우
90 九十 큐우쥬우	91 九十一 큐우쥬우 이치	92 九十二 큐우쥬우 니	93 九十三 큐우쥬우 상	94 九十四 큐우쥬우 용	95 九十五 큐우쥬우 고	96 九十六 큐우쥬우 로쿠	97 九十七 큐우쥬우 나나	98 九十八 큐우쥬우 하치	99 九十九 큐우쥬우 큐우

100 百 하쿠	200 二百 니하쿠	300 三百 삼뱌쿠	400 四百 욘하쿠	500 五百 고하쿠	600 六百 롭파쿠	700 七百 나나하쿠	800 八百 합파쿠	900 九百 큐우하쿠

주의

일의 자리에 있는 7은 **なな**나나와 **しち**시치, 어느 쪽으로든 읽을 수 있습니다.
따라서 17은 **じゅうしち**쥬우시치로도, **じゅうなな**쥬우나나로도 읽을 수 있습니다.
하지만 십의 자리 이상(70, 700 …)에서는 **しち**시치가 아닌 **なな**나나만 사용합니다.

사물의 개수 세기

알아보기 | 기수를 활용한 표현

앞에서 배운 숫자를 활용해 이번에는 사물의 개수를 세어보겠습니다.
個코는 '한 개, 두 개, 세 개'에서 개에 해당하는 표현입니다.

한 개 **いっこ** 一個 익코	두 개 **にこ** 二個 니코	세 개 **さんこ** 三個 상코	네 개 **よんこ** 四個 용코	다섯 개 **ごこ** 五個 고코
여섯 개 **ろっこ** 六個 록코	일곱 개 **ななこ** 七個 나나코	여덟 개 **はっこ** 八個 학코	아홉 개 **きゅうこ** 九個 큐우코	열 개 **じゅっこ** 十個 쥭코

주의

숫자 4는 死(죽을 사)와 발음이 같아서, 건물의 4층을 'F층'으로 표기하는 경우가 종종 있죠.
일본어에서도 숫자 4를 し시라고 읽으면, 死시와 발음이 같기 때문에,
し시 대신 よん용으로 읽는 경우가 많습니다.
숫자 7 역시 しち시치라고 읽게 되면 '사지'를 뜻하는 死地시치와 발음이 같아서,
しち시치 대신 なな나나를 사용하기도 합니다.

알아보기 | 서수를 활용한 표현

사물의 개수를 셀 때 사용할 수 있는 표현이 한 가지 더 있습니다.
바로 '하나, 둘, 셋'과 같은 표현으로 우리가 "사과 한 개 주세요."라는 말을
"사과 하나 주세요."라는 말로 바꿔 쓸 수 있는 것과 같은 개념입니다.

하나 / 한 개 **ひとつ** 一つ 히토츠	둘 / 두 개 **ふたつ** 二つ 후타츠	셋 / 세 개 **みっつ** 三つ 밋츠	넷 / 네 개 **よっつ** 四つ 욧츠	다섯 / 다섯 개 **いつつ** 五つ 이츠츠
여섯 / 여섯 개 **むっつ** 六つ 뭇츠	일곱 / 일곱 개 **ななつ** 七つ 나나츠	여덟 / 여덟 개 **やっつ** 八つ 얏츠	아홉 / 아홉 개 **ここのつ** 九つ 코코노츠	열 / 열 개 **とう** 十 토오

つ츠는 숫자 자체를 의미하며, 개라는 뜻도 있어서,
서수 표현을 그대로 사용함으로써 사물의 개수를 셀 수 있습니다.
이러한 서수 표현은 10까지만 사용하며, 11부터는 기수와 같습니다.

열한 개 **じゅういっこ** 十一個 쥬우익코	열두 개 **じゅうにこ** 十二個 쥬우니코	열세 개 **じゅうさんこ** 十三個 쥬우상코	열네 개 **じゅうよんこ** 十四個 쥬우용코	열다섯 개 **じゅうごこ** 十五個 쥬우고코

2019年 5月

にせんじゅうきゅう ねん ご がつ
니센쥬우큐우 넹 고 가츠

월요일 月曜日 げつようび 게츠요오비	화요일 火曜日 かようび 카요오비	수요일 水曜日 すいようび 스이요오비	목요일 木曜日 もくようび 모쿠요오비	금요일 金曜日 きんようび 킹요오비	토요일 土曜日 どようび 도요오비	일요일 日曜日 にちようび 니치요오비
		1 초하루 ついたち 一日 츠이타치	2 ふつか 二日 후츠카	3 みっか 三日 믹카	4 よっか 四日 욕카	5 いつか 五日 이츠카
6 むいか 六日 무이카	7 なのか 七日 나노카	8 ようか 八日 요오카	9 ここのか 九日 코코노카	10 とおか 十日 토오카	11 じゅう いちにち 十一日 쥬우이치니치	12 じゅう ににち 十二日 쥬우니니치
13 じゅう さんにち 十三日 쥬우산니치	14 じゅう よっか 十四日 쥬우욕카	15 じゅう ごにち 十五日 쥬우고니치	16 じゅう ろくにち 十六日 쥬우로쿠니치	17 じゅう しちにち 十七日 쥬우시치니치	18 じゅう はちにち 十八日 쥬우하치니치	19 じゅう くにち 十九日 쥬우쿠니치
20 스무날 はつか 二十日 하츠카	21 にじゅう いちにち 二十一日 니쥬우이치니치	22 にじゅう ににち 二十二日 니쥬우니니치	23 にじゅう さんにち 二十三日 니쥬우산니치	24 にじゅう よっか 二十四日 니쥬우욕카	25 にじゅう ごにち 二十五日 니쥬우고니치	26 にじゅう ろくにち 二十六日 니쥬우로쿠니치
27 にじゅう しちにち 二十七日 니쥬우시치니치	28 にじゅう はちにち 二十八日 니쥬우하치니치	29 にじゅう くにち 二十九日 니쥬우쿠니치	30 さんじゅう にち 三十日 산쥬우니치	31 さんじゅう いちにち 三十一日 산쥬우이치니치		

주의

파랑 은 보통의 숫자와 다릅니다. 2일부터 10일까지는 서수로 읽고, 나머지는 모두 기수로 읽습니다.
1일과 20일은 기수도 서수도 아닌 특수 표현이므로 주의해야 합니다.
4는 '용' 또는 '시' 이지만 날짜에서는 모두 '욕카'로 고정되고,
9는 '큐우' 또는 '쿠' 이지만 날짜에서는 모두 '쿠니치'로 고정됩니다.

12가지 주요 단위

番 방 — 순서·등급·횟수 등

一番	이치방	첫 번
二番	니방	두 번
三番	삼방	세 번

枚 마이 — 종이·손수건·셔츠·접시 등

一枚	이치마이	한 장
二枚	니마이	두 장
三枚	삼마이	세 장

本 홍 — 연필·바나나·병 등

一本	입퐁	한 자루
二本	니홍	두 자루
三本	산봉	세 자루

冊 사츠 — 책·노트·사전 등

一冊	잇사츠	한 권
二冊	니사츠	두 권
三冊	산사츠	세 권

台 다이 — 탈 것·전자제품 등

一台	이치다이	한 대
二台	니다이	두 대
三台	산다이	세 대

杯 하이 — 용기에 든 마실 것

一杯	입파이	한 잔
二杯	니하이	두 잔
三杯	산바이	세 잔

匹 히키 — 동물·곤충

一匹	입피키	한 마리
二匹	니히키	두 마리
三匹	산비키	세 마리

階 카이 — 건물의 층

一階	익카이	1층
二階	니카이	2층
三階	상가이	3층

回 카이 — 횟수

一回	익카이	1회
二回	니카이	2회
三回	상카이	3회

歳 사이 — 나이

一歳	잇사이	한 살
二歳	니사이	두 살
三歳	산사이	세 살

人 닝 — 사람

一人	히토리	한 명
二人	후타리	두 명
三人	산닝	세 명

時間 지캉 — 시간

一時間	이치지캉	한 시간
二時間	니지캉	두 시간
三時間	산지캉	세 시간

주의

一 이치는 뒤에 오는 글자의 발음에 따라 읽는 방법이 다양합니다.

사람(人 닝)의 수를 셀 때, 한 명은 一人 히토리, 두 명은 二人 후타리라고 읽는 것이 대부분입니다. 세 명 이상부터는 기수를 사용하는데, 세 명은 三人 산닝, 네 명은 四人 요닝이라고 합니다.

미 / 리 / 알 / 아 / 두 / 면 / 좋 / 은

일본어 필수 문장 53

01 **고맙습니다.**

ありがとうございます。

아리가토오고자이마스.
고맙습니다.

격식 있는 자리가 아니거나 친근함을 어필하고
싶을 때는 ありがとう。로 충분합니다.

02 **천만에요.**

どういたしまして。

도오이타시마시테.
천만에요.

03 **미안해요.
저기요.**

すみません。

스미마셍.
미안합니다.

가장 정중한 사과 표현으로는
'변명의 여지가 없다.'라는 뜻으로
もうしわけございません。을 사용하며,
동등 혹은 이하의 상대에게 사용하는
사과 표현으로 すまない。가 있습니다.

04 **괜찮아요.**

大丈夫です。

다이죠오부데스.
괜찮습니다.

05 **실례합니다.**

失礼します。	**あの、**	**すみません。**
시츠레에시마스. 실례합니다.	아노, 저,	스미마셍. 미안합니다.

06 **부탁합니다.**

お願いします。

오네가이시마스.
부탁합니다.

お願いします。는 부탁할 때 외에도
점원에게 무언가를 주문할 때 많이 사용합니다.
이를테면 ラーメンください。(라면 주세요.)보다는
ラーメンお願いします。(라면 부탁합니다.)가
보다 정중하고 자연스러운 표현입니다.

07 **이걸로 주세요.**

これ	**ください。**
코레 이것	쿠다사이. 주세요.

08 **맞아요.**

はい。

하이.
네.

09 아니에요.

いいえ。
이이에.
아니요.

10 너무 좋아!

よっしゃ!
욧샤!
앗싸!

11 마음에 들어요.

気に 入ります。
키니 이리마스.
마음에 듭니다.

気는 마음 외에 생각, 기분, 기력 등 다양한 의미로도 사용됩니다.

12 어떻게 지내요?

お元気ですか?
오겡키데스카?
건강합니까?

일본어 표현 앞에 자주 붙는 お와 ご는 びかご(미화어)라 불리는 정중한 표현으로 경어 표현과 함께 사용합니다. 일반적으로 お는 일본 고유어 앞에, ご는 한자어 앞에 붙지만 예외도 있으니 유의해주세요.

13 만나서 반갑습니다.

お会いできて 嬉しいです。
오아이데키테 우레시이데스.
만날 수 있어서 기쁩니다.

14 안녕하세요. 오전

おはようございます。
오하요오고자이마스.
안녕하세요.

15 안녕하세요. 오후

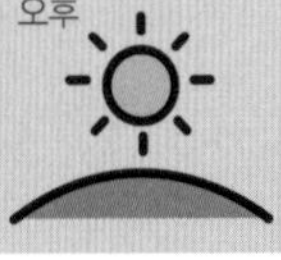

こんにちは。
콘니치와.
안녕하세요. / 안녕.

16 안녕하세요. 저녁

こんばんは。
콤방와.
안녕하세요. / 안녕.

17 좋은 하루 보내시길.

良い 一日を。
이이 이치니치오.
좋다 하루를.

18 **잘 가!**

じゃあ ね!

쟈아 네!
그럼!

じゃあは では의 스스럼없는 말씨로 '그러면, 그렇다면, 그럼'이라는 뜻입니다.

19 **다음에 만나요.**

また | 会いましょう。

마타 | 아이마쇼오.
다시 | 만납시다.

20 **몸 건강해. (헤어질 때 인사말)**

元気でね。

겡키데네.
건강해.

21 **정말?**

本当?

혼토오?
정말?

22 **알겠어요. 이해했어요.**

分かりました。

와카리마시타.
알았습니다.

23 **매우 좋아.**

とても | いい。

토테모 | 이이.
매우 | 좋다.

24 **그냥 그래.**

まあまあ。

마아마아.
자자.(상대를 달랠 때) / 그냥 그래. / 진정해.

'그냥 그래'라는 표현으로 쓰일 때 まあまあ는 중간보다 조금 더 긍정적인 뉘앙스에 가깝습니다.

25 **기운 내요!**

元気 | 出して | ください!

겡키 | 다시테 | 쿠다사이!
건강함 | 내 | 주세요!

26 **힘을 내!**

頑張って!

감밧테!
힘내!

27 행운을 빌어요!

健闘を | 祈ります! | グッドラック!

켄토오오 | 이노리마스! | 굳도락쿠!

건투를 | 빕니다! | 굿럭!

상대가 불리하거나
어려운 상황에서 쓰이며
그 상황을 이겨내기를 바란다는 뜻입니다.

28 축하합니다!

おめでとうございます!

오메데토오고자이마스!

축하합니다!

격식 있는 자리가 아니거나
친근함을 어필하고 싶을 때는
おめでとう! 로 충분합니다.

29 생일 축하해요!

お誕生日 | おめでとうございます!

오탄죠오비 | 오메데토오고자이마스!

생일 | 축하합니다!

30 건배!

乾杯!

캄파이!

건배!

31 이런!
아이고!
어머나!

おっと!

옷토!

이런!

32 잠시만요.

少々 | お待ちください。

쇼오쇼오 | 오마치쿠다사이.

잠시 | 기다려주세요.

々는 반복 부호로써
문자가 반복됨을 표시해주는 역할입니다.

33 왜?

どうして?

도오시테?

어떻게?

34 왜 안 돼요?

何故 | ダメですか?

나제 | 다메데스카?

왜 | 안됩니까?

35 이게 뭐예요?

これは | 何ですか?

코레와 | 난데스카?

이것은 | 무엇입니까?

36 얼마예요?

いくらですか?
이쿠라데스카?
얼마입니까?

37 몇 개?

いくつ? | **何** | **個?**
이쿠츠? | 낭 | 코?
몇? | 몇 | 개?

나이에 대해 질문할 때는 おいくつですか?
처럼 お를 붙여야 자연스럽습니다.

38 그게 어디에 있나요?

それは | **どこに** | **ありますか?**
소레와 | 도코니 | 아리마스카?
그것은 | 어디에 | 있습니까?

39 그게 언제인데?

いつですか?
이츠데스카?
언제입니까?

40 누구세요?
(눈에 보이지
않을 때)

どちら様ですか?
도치라사마데스카?
어느 분입니까?

どちら는 どれ, どこ, だれ의 공손한 말씨이며
각각 どれ(어느 것), どこ(어디), だれ(누구)와
같은 뜻으로 쓰입니다.
여기서는 だれ의 의미로 쓰인 것입니다.

41 얼마나 멀리?

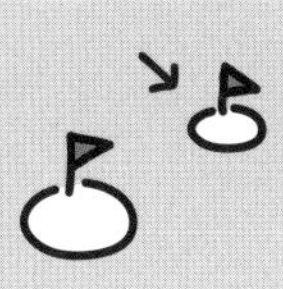

どのくらい | **遠い?**
도노쿠라이 | 토오이?
얼마나 | 멀다?

42 얼마나 걸립니까?

どれくらい | **かかりますか?**
도레쿠라이 | 카카리마스카?
얼마나 | 걸립니까?

43 어떤 거?

どれ?
도레?
어느 것?

44 그게 전부예요?

それが | **全部ですか?**
소레가 | 젬부데스카?
그것이 | 전부입니까?

45 준비됐어요?

準備	できましたか?
쥼비	데키마시타카?
준비	됐습니까?

46 마음에 드셨습니까?

お気に	入りましたか?
오키니	이리마시타카?
기운에	들어갔습니까?

47 내가 해 봐도 돼요?

私が	やって	みても	いいですか?
와타시가	얏테	미테모	이이데스카?
내가	해	봐도	좋습니까?

48 추천해주실 만한 게 있나요?

お勧めは	何ですか?
오스스메와	난데스카?
추천은	무엇입니까?

49 커피로 부탁해요.

コーヒーで	お願いします。
코-히-데	오네가이시마스.
커피로	부탁합니다.

50 메뉴판 주세요.

メニュー	ください。
메뉴-	쿠다사이.
메뉴	주세요.

51 너무 짜요.

これは	塩っぱ	すぎます。
코레와	숍파	스기마스.
이것은	짠	지나칩니다.

52 계산서 주세요.

計算書	お願いします。
케에산쇼	오네가이시마스.
계산서	부탁합니다.

53 전화번호 좀 알려 주세요.

電話番号を	教えて	ください。
뎅와방고오오	오시에테	쿠다사이.
전화번호를	가르쳐	주세요.

レッスン 00

조사
인칭대명사

인칭대명사
나, 너, 우리

중요한 조사 6개
은, 는, 이, 가

지시대명사
이것, 그것, 저것

히라가나 연습

Let's start

한눈에 배운다! 인칭대명사

나, 너, 우리

동영상 강의

'나'라고 말해보겠습니다. 여러 가지 표현이 있지만 가장 중요한 3개의 표현만 먼저 배우겠습니다.

'나'를 의미하는 3개의 표현 뒤에 たち타치를 붙이면 '우리'가 됩니다.
'僕보쿠', '俺오레' 이렇게 2개의 표현에는 ら라를 붙여도 '우리'가 됩니다.
따라서 '우리'라는 표현은 총 5개입니다.

僕たち 보쿠타치　俺たち 오레타치　俺ら 오레라　僕ら 보쿠라

'나'를 부르는 7가지 방법

1. 와타쿠시는 좀 더 공식적인 자리에서 사용합니다. 하지만 와타시로도 충분합니다.
2. 와타시, 와타쿠시, 아타시 이렇게 세 표현은 한자로 똑같습니다. 히라가나만 다릅니다.
3. 여성은 어떤 상황에서건 와타시만으로도 충분합니다.
4. 보쿠는 얌전한 초식남적인 표현이고, 오레는 반대로 남성적인 표현입니다.
5. 남자는 나이가 들수록 보쿠를 사용하지 않습니다.

이번에는 '너'라고 말해보겠습니다.

'너'를 의미하는 3개의 표현 뒤에 たち타치를 붙이면 '너희'가 됩니다. 이 중 'お前오마에'는 뒤에 ら라를 붙여서 '너희'를 만들 수도 있습니다. 따라서 자주 사용하는 표현은 총 4개입니다. 물론, 君키미 뒤에도 ら라를 붙여서 쓸 수 있습니다.

君たち 키미타치　お前たち 오마에타치　お前ら 오마에라　君ら 키미라

김철수 씨를 부르는 7가지 방법

바로 위에서 '아나타'를 배웠지만,
사실 일본에서는 최대한 상대방의 이름을 기억해
이름으로 불러줍니다.

さん상　君쿵

ちゃん쨩

* "김철수 상 계십니까?"처럼
성과 이름을 모두 사용하기도 합니다.

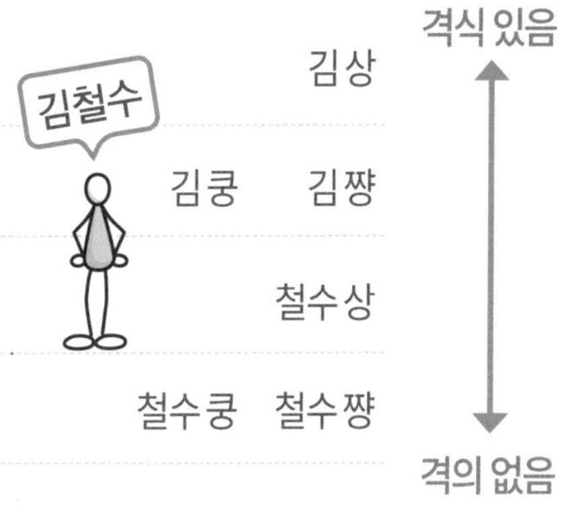

명사를 복수로 만드는 방법

たち타치와 ら라는 인칭대명사의 복수 표현만 만들어주는 것이 아닙니다.
사람이든 사물이든 일반 명사의 뒤에 붙여주기만 하면 복수를 표현할 수 있습니다.
하지만 우리가 사과를 몇 개 살 때 굳이 "사과들 좀 주세요"라고 얘기하지 않는 것처럼,
일본어로도 명사의 수를 정확하게 따져서 말하지는 않습니다.
그러므로 일반 회화에서 たち타치와 ら라는 그냥 인칭대명사와 붙어 다닌다고 생각하는 것이 좋습니다.

3인칭 대명사는 성별에 따라서 그와 그녀, 2종류로 사용합니다.

'그들'이라는 표현은 彼ら카레라와 彼たち카레타치를 모두 사용합니다.
하지만 '그녀들'이라는 표현은 주로 彼女たち카노죠타치를 사용하고, 彼女ら카노죠라는 잘 사용하지 않습니다.
彼ら카레라는 남녀가 섞여 있는, 혹은 성별을 알 수 없는 한 무리의 사람들을 가리킬 때 사용하기도 합니다.

아래의 표는 일본어의 인칭대명사 중 가장 자주 사용되며 꼭 지금 외워야 할 것들입니다.

나 私 와타시	너 あなた 아나타	우리 私たち 와타시타치	너희들 あなたたち 아나타타치
그 彼 카레	그녀 彼女 카노죠	그들 彼ら 카레라	그녀들 彼女たち 카노죠타치

practice
나, 너, 우리

ミッション
7
그림만 보고
7초 안에 말하기!

한자로도 히라가나로도 연습하세요.

私 わたし

あなた

私たち わたしたち

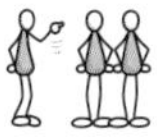
あなたたち

彼 かれ

彼女 かのじょ

彼ら かれら

彼女たち かのじょたち

私 わたし

あなた

私たち わたしたち

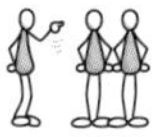
あなたたち

practice
나, 너, 우리

ミッション
쓰면서 큰 소리로 읽어보기!

아래 빈칸을 채워 보세요. 답은 다양할 수 있습니다.

1 **너**는 누구냐?

와 다레다?
____ は 誰だ?

2 **나**는 **나**고, **너**는 **너**다.

와 ____ 데, ____ 와 ____ 다.
____ は ____ で、____ は ____ だ。

3 **너**는 누구냐?

와 다레다?
____ は 誰だ?

4 **나**는 **나**고, **너**는 **너**다.

와 ____ 데, ____ 와 ____ 다.
____ は ____ で、____ は ____ だ。

5 **당신**은 누구입니까?

와 다레데스카?
____ は 誰ですか?

6 **저**는 선생님이고, **당신**은 학생입니다.

와 센세에데, 와 각세에데스.
____ は 先生で、____ は 学生です。

7 **당신**은 누구입니까?

와 다레데스카?
____ は 誰ですか?

8 **저**는 선생님이고, **당신**은 학생입니다.

와 센세에데, 와 각세에데스.
____ は 先生で、____ は 学生です。

정답입니다!

1 君は 誰だ? 키미와 다레다?
2 私は 私で、君は 君だ。와타시와 와타시데, 키미와 키미다.
3 君は 誰だ? 키미와 다레다?
4 俺は 俺で、お前は お前だ。오레와 오레데, 오마에와 오마에다.
5 あなたは 誰ですか? 아나타와 다레데스카?
6 私は 先生で、あなたは 学生です。와타시와 센세에데, 아나타와 각세에데스.
7 あなたは 誰ですか? 아나타와 다레데스카?
8 僕は 先生で、あなたは 学生です。보쿠와 센세에데, 아나타와 각세에데스.

1 **그**는 누구냐?

와 다레다?
[ ] は 誰だ?

2 **그**는 아버지고, **우리**는 아들이다.

와 치치데,
[ ] は 父で、

와 무스코다.
[ ] は 息子だ。

3 **그녀**는 누구냐?

와 다레다?
[ ] は 誰だ?

4 **그녀**는 어머니고, **우리**는 딸이다.

와 하하데,
[ ] は 母で、

와 무스메다.
[ ] は 娘だ。

5 **우리**는 누구냐?

와 다레다?
[ ] は 誰だ?

6 **우리**는 프로고, **너희들**은 아마추어다.

와 푸로데,
[ ] は プロで、

와 아마츄아다.
[ ] は アマチュアだ。

7 **그들**은 누구냐?

와 다레다?
[ ] は 誰だ?

8 **그들**은 도둑이고, **그녀들**은 경찰이다.

와 도로보오데,
[ ] は 泥坊で、

와 케에사츠다.
[ ] は 警察だ。

정답입니다!

1 彼は 誰だ? 카레와 다레다?

2 彼は 父で、僕らは 息子だ。카레와 치치데, 보쿠라와 무스코다.

3 彼女は 誰だ? 카노죠와 다레다?

4 彼女は 母で、私たちは 娘だ。카노죠와 하하데, 와타시타치와 무스메다.

5 私たちは 誰だ? 와타시타치와 다레다?

6 私たちは プロで、あなたたちは アマチュアだ。와타시타치와 푸로데, 아나타타치와 아마츄아다.

7 彼らは 誰だ? 카레라와 다레다?

8 彼らは 泥坊で、彼女たちは 警察だ。카레라와 도로보오데, 카노죠타치와 케에사츠다.

Let's start

한눈에 배운다! 중요한 조사 6개

은, 는, 이, 가

동영상 강의

다음 밑줄 친 우리말 표현은 조사입니다.

나도 나의

나는 나를

조사는 위와 같이 주로 명사나 대명사 뒤에 오며,
문장 내에서 명사의 역할을 결정해줍니다.
일본어의 조사는 우리말과 비슷합니다.

와타시 私	와 は
나 (명사)	는 (조사)

~은, 는

は 와

彼は韓国人です。
카레 와 캉코쿠진 데스.
그는 한국인입니다.

~이, 가

が 가

彼が犯人です。
카레 가 한닌 데스.
그가 범인입니다.

~도

も 모

彼も韓国人です。
카레 모 캉코쿠진 데스.
그도 한국인입니다.

~을, 를

を 오

彼を見ろ。
카레 오 미로.
그를 봐라.

~와, 과

と 토

彼と彼女
카레 토 카노죠
그와 그녀

~의

の 노

彼の弟
카레 노 오토오토
그의 남동생

TIP

<< 읽어 보세요 **우리말과 일본어의 조사**

우리말에서도 조사와 조사를 붙여서 쓰는 경우가 있습니다.

예를 들면,

너랑은 말 안 해.
그녀와의 추억
처럼 말이죠.

일본어에서도 역시 마찬가지로 조사와 조사를 붙여서 쓸 수 있습니다.

너랑은 말 안 해.
君とは話さない。
키미 토와 하나사 나이.

그녀와의 추억
彼女との思い出
카노죠 토노 오모이데

인칭대명사와 조사를 결합해 보세요.

1

나는
내가
나도
나를
나의
나와

2

너는
네가
너도
너를
너의
너와

3

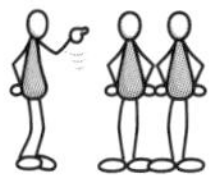

너희는
너희가
너희도
너희를
너희의
너희와

4

우리는
우리가
우리도
우리를
우리의
우리와

5

그는
그가
그도
그를
그의
그와

6

그녀는
그녀가
그녀도
그녀를
그녀의
그녀와

7

그들은
그들이
그들도
그들을
그들의
그들과

8

그녀들은
그녀들이
그녀들도
그녀들을
그녀들의
그녀들과

TIP

"は" 하라고도 읽고 와라고도 읽는다

우리말에는 글자마다 발음이 정해져 있습니다. '아'라고 쓰여 있으면 항상 '아'라고 읽고, '어'라고 쓰여 있으면 항상 '어'라고 읽지요. 일본어도 마찬가지입니다. 글자마다 발음이 정해져 있어서, 모르는 단어라도 히라가나나 가타카나를 읽을 수 있다면 발음할 수 있습니다. 다만, 다음과 같은 예외가 있습니다.

は 하 또는 와

여기 히라가나로 쓰인 2개의 단어가 있습니다. 그리고 2개 단어 모두 **は**하 자를 포함하고 있죠. 그런데 이 중에서 하나는 **は**하를 '하'라고 읽지 않고 '와'라고 읽습니다. 왜 그런 것일까요?

こくはく 코쿠하쿠 고백
おれは 오레와 나는

おれは오레와 의 **は**와 는 조사이기 때문입니다. '나'를 의미하는 **おれ**오레 뒤의 **は**와 는 '는'을 의미하는 조사입니다. 조사로 쓰일 때의 **は**하는 예외적으로 '하'가 아니라 '와'로 읽습니다. 나중에 배울 **へ**헤와 **へ**에도 마찬가지입니다.

こんにちは
콘니치와
오늘은(어때)?

practice
명사 뒤에는 **조사**

ミッション
20 10개의 문장을 20초 안에 말하기!

주어진 6개의 명사를 먼저 외우세요. 그리고 빈칸에 조사를 넣어 말해 보세요.

의사	간호사	환자	선생님	학생	경찰
い しゃ 医者 이 샤	かん ご し 看護師 캉 고 시	かん じゃ 患者 칸 쟈	せん せい 先生 센 세에	がく せい 学生 각 세에	けい さつ 警察 케에 사츠

1 나는 선생님이다.

私 [は] 先生だ。
와타시 센세에다.

2 내가 선생님이다.

私 [ ] 先生だ。
와타시 센세에다.

3 나도 선생님이다.

私 [ ] 先生だ。
와타시 센세에다.

4 너도 선생님이다.

君 [ ] 先生だ。
키미 센세에다.

5 의사의 환자

医者 [ ] 患者
이샤 칸쟈

6 선생님과 학생

先生 [ ] 学生
센세에 각세에

7 그가 경찰이다.

彼 [ ] 警察だ。
카레 케에사츠다.

8 그녀가 간호사다.

彼女 [ ] 看護師だ。
카노죠 캉고시다.

9 우리도 간호사다.

私たち [ ] 看護師だ。
와타시타치 캉고시다.

10 환자를 보다.

患者 [ ] 見る。
칸쟈 미루.

정답입니다!

1 は 와 2 が 가 3 も 모 4 も 모 5 の 노
6 と 토 7 が 가 8 が 가 9 も 모 10 を 오

practice
명사 뒤에는 조사

ミッション
20
10개의 문장을 20초 안에 말하기!

주어진 6개의 명사를 먼저 외우세요. 그리고 빈칸에 조사를 넣어 말해 보세요.

남자	여자	소년	소녀	남편	부인

おとこ	おんな	しょう ねん	しょう じょ	おっと	つま
男	女	少 年	少 女	夫	妻
오토코	온나	쇼오 넨	쇼오 죠	옫토	츠마

1 그도 남자다.

彼 ☐ 男だ。

카레 오토코다.

2 그녀의 남자

彼女 ☐ 男

카노죠 오토코

3 남편과 부인

夫 ☐ 妻

옫토 츠마

4 소년과 소녀

少年 ☐ 少女

쇼오넨 쇼오죠

5 나도 여자다.

私 ☐ 女だ。

와타시 온나다.

6 내가 남편이다.

私 ☐ 夫だ。

와타시 옫토다.

7 남자와 여자

男 ☐ 女

오토코 온나

8 나도 남자다.

私 ☐ 男だ。

와타시 오토코다.

9 나는 여자다.

私 ☐ 女だ。

와타시 온나다.

10 내가 부인이다.

私 ☐ 妻だ。

와타시 츠마다.

정답입니다!

1 も 모 2 の 노 3 と 토 4 と 토 5 も 모
6 が 가 7 と 토 8 も 모 9 は 와 10 が 가

한눈에 배운다!
지시대명사

이것, 그것, 저것

동영상 강의

화장실은 '저기'입니다.
'그' 가방이 마음에 드네요.
'이'것으로 주세요.

위에 있는 3개 예문처럼 우리는 일상에서 지시대명사를 많이 사용합니다. 일본에서도 지시대명사를 자주 씁니다. 쇼핑하거나 주문할 때 제품명이나 메뉴를 읽지 못하더라도, 손가락으로 물건이나 메뉴판을 가리키면서 이거 달라고 할 수 있으니까 지시대명사는 여러모로 유용한 표현이지요.

こ 코 | 이
(내 쪽에 가까운 것)

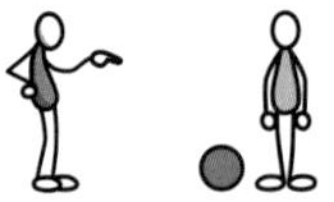

そ 소 | 그
(상대방 쪽에 가까운 것)

あ 아 | 저
(양쪽 모두에게 멀리 있는 것)

ど 도 | 어느
(의문)

TIP

읽어 보세요 지시대명사의 다양한 역할

이 중에서도 **あの**아노는
영어의 'Excuse me.'나 우리말의 '저기요.' 같은 역할도 합니다. 길에서 사람을 잡고 길이나 방향을 물어볼 때, 가게에서 점원을 부를 때 흔히
あの、すみません。 아노, 스미마셍.
이라고 하지요.

방향의 지시대명사는 이쪽저쪽 같은 단순한 방향은 물론, '이쪽은 내 친구 김씨입니다.'나 '저쪽이 입구입니다.' 같이 사람을 소개하거나 장소를 가리킬 때도 사용할 수 있습니다. 반말과 존대표현이 나뉜 것도 방향 지시대명사의 특징인데, 반말에는 **こ**코 **そ**소 **あ**아 **ど**도 와 **ち**치 사이에 **っ**ㅅ를 넣어서 쓰기도 합니다.

こち 코치 そち 소치 あち 아치 どち 도치	+	っ	=	こっち 콧치 そっち 솟치 あっち 앗치 どっち 돗치

읽어 보세요 '저'도 되고 '그'도 되는 **あ**아

こ코, **そ**소, **ど**도는 각각 '이', '그', '어느'로 해석이 고정돼 있습니다. 하지만 **あ**아는 '저'뿐만 아니라 '그'라고 해석되기도 합니다. **あ**아는 양쪽 모두와 멀리 있는 것을 의미하기도 하지만, 양쪽이 다 알고 있는 것을 나타낼 때도 쓰기 때문입니다. 그래서 **あの人**아노히토 라고 하면, 양쪽 모두와 떨어진 곳에 있는 '저 사람'을 나타낼 수도, 혹은 두 사람이 모두 알고 있는 '그 사람'을 나타낼 수도 있는 것입니다.

practice
이것, 그것, 저것!

미ッション
32개의 표현을 모두 개별적으로 암기하세요!

코소아도 표현들은 매우 유용합니다.

지시대명사 표현	これ 코레 이것	それ 소레 그것	あれ 아레 저것	どれ 도레 어느 것	
	ここ 코코 이곳	そこ 소코 그곳	あそこ 아소코 저곳	どこ 도코 어느 곳	
	こちら 코치라 이쪽	そちら 소치라 그쪽	あちら 아치라 저쪽	どちら 도치라 어느 쪽	존댓말
	こっち 콧치 이쪽	そっち 솟치 그쪽	あっち 앗치 저쪽	どっち 돗치 어느 쪽	반말
형용사 표현	この 코노 이	その 소노 그	あの 아노 저	どの 도노 어느	
	こんな 콘나 이런	そんな 손나 그런	あんな 안나 저런	どんな 돈나 어느 것	
부사 표현	こんなに 콘나니 이렇게	そんなに 손나니 그렇게	あんなに 안나니 저렇게	どんなに 돈나니 얼마나	
	こう 코오 이렇게	そう 소오 그렇게	ああ 아아 저렇게	どう 도오 어떻게	

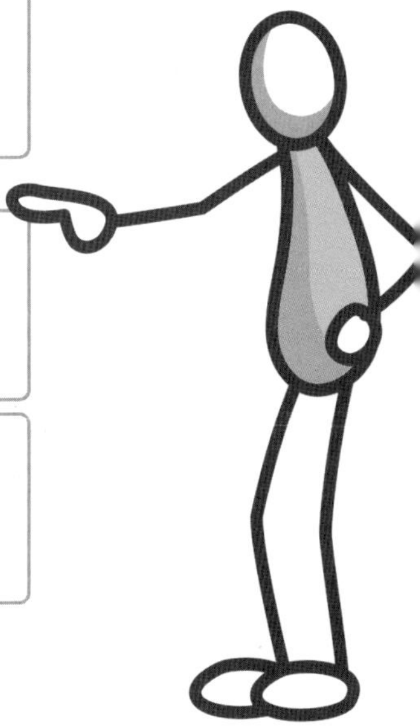

practice
こ, そ, あ, ど를 활용한 다양한 문장

ミッション
그림만 보고 20초 안에 말하기!

문장 속에서 '코소아도'의 의미를 찾아보세요.

1 저기…

あの…
아노…

2 이쪽으로 오세요.

こちらへ どうぞ。
코치라에 도오조.

3 여기저기.(저기여기)

あっちこっち。
앗치곳치.

4 저야 말로요.

こちらこそ。
코치라코소.

5 어떡해!

どうしよう!
도오시요오!

6 이렇게 합시다.

こう しましょう。
코오 시마쇼오.

7 그런 말 하지 마.

そんな こと 言うなよ。
손나 코토 이우 나요.

8 이건 뭐야?

これは 何?
코레와 나니?

9 여기가 어디예요?

ここは どこですか?
코코와 도코데스카?

10 이 사람은 누구예요?

この 人は 誰ですか?
코노 히토와 다레데스카?

11 어라?

あれ?
아레?

12 말도 안 돼!(그런!)

そんな!
손나!

practice

이것, 그것, 저것!

ミッション

21 12개의 문장을 21초 안에 말하기!

단어를 먼저 외운 후, 문장을 익히세요.

물	차	케이크	과자	사탕	초콜릿
みず	ちゃ		かし		
水	お茶	ケーキ	お菓子	キャンディ	チョコレート
미즈	오 챠	케ー키	오 카 시	캰디	쵸코레ー토

1 이것은 물이다.
これは 水だ。
これは みずだ。

2 이것은 케이크다.
これは ケーキだ。
これは ケーキだ。

3 그것은 차다.
それは お茶だ。
それは おちゃだ。

4 그것은 사탕이다.
それは キャンディだ。
それは キャンディだ。

5 저것은 과자다.
あれは お菓子だ。
あれは おかしだ。

6 저것은 초콜릿이다.
あれは チョコレートだ。
あれは チョコレートだ。

7 어느 것도 물이 아니다.
どれも 水では ない。
どれも みずでは ない。

8 어느 것도 케이크가 아니다.
どれも ケーキでは ない。
どれも ケーキでは ない。

9 이것은 물입니까?
これは 水ですか?
これは みずですか?

10 그것은 물입니까?
それは 水ですか?
それは みずですか?

11 저것은 물입니까?
あれは 水ですか?
あれは みずですか?

12 어느 것이 물입니까?
どれが 水ですか?
どれが みずですか?

00 이 표현 꼭 외우자! 조사 · 인칭대명사

Level ★☆☆

처음 뵙겠습니다.

ダイアローグ 1

A 初めまして。
하지메마시테.
처음 뵙겠습니다.

私 は ハナ です。
와타시 / 와 / 하나 / 데스.
나 / 는 / 하나 / 입니다.

私 は 韓国人 です。
와타시 / 와 / 캉 코쿠 진 / 데스.
나 / 는 / 한국인 / 입니다.

よろしく お願い し ます。
요로시쿠 / 오네가이 / 시 / 마스.
잘 / 부탁 / 하기 / 합니다.

初めまして。

私はハナです

동아리 활동을 하거나
아르바이트를 할 때처럼
비교적 편한 분위기에서는
"편하게 ○○라고 불러주세요."라고
본인을 소개함으로써
더욱 쉽게 친해질 수 있습니다.

**気軽にハっちゃんって
呼んでください。**
[키가루니핫짱ㄷ테욘데쿠다사이.]
: 편하게 핫짱이라고 불러주세요.

A : 처음 뵙겠습니다.
저는 하나입니다.
저는 한국인입니다.
잘 부탁합니다.

Level ★☆☆

만나서 반갑습니다.

ダイアローグ 2

A 初めまして。
하지메마시테.
처음 뵙겠습니다.

私 は 鈴木 と 申し ます。
와타시 / 와 / 스즈키 / 토 / 모오 시 / 마스.
나 / 는 / 스즈키 / 라고 / 말씀하기 / 합니다.

お会い できて 嬉しい です。
오아이 / 데키테 / 우레시이 / 데스.
만남 / 할 수 있어서 / 기쁘다 / 입니다.

よろしく お願い し ます。
요로시쿠 / 오네가이 / 시 / 마스.
잘 / 부탁 / 하기 / 합니다.

よろしくお願いします。

鈴木と申します

と申します[토모오시마스]는
의역하면 '~라고 합니다'라는 의미로,
비교적 정중한 표현입니다.

A : 처음 뵙겠습니다.
저는 스즈키라고 합니다.
만나서 반갑습니다.
잘 부탁합니다.

따라 말하기

Level ★☆☆

안녕하세요.

ダイアローグ 3

A おはようございます。
오하요오고자이마스.
안녕하세요(아침).

こんにちは。 **B**
콘니치와.
안녕하세요(점심).

A こんばんは。
콤방와.
안녕하세요(저녁).

お休みなさい。 **B**
오야스미나사이.
안녕히 주무세요.

元気

아침, 점심, 저녁 인사는
주로 존댓말을 쓰는 사이에서 사용하며,
친한 사람끼리는
'잘 지내? (요즘 어때?)'라는 뜻으로
元気?[겡키?]라고 말하는 것이
일반적입니다.

元気だよ!

A : 안녕하세요(아침).
B : 안녕하세요(점심).
A : 안녕하세요(저녁).
B : 안녕히 주무세요.

Level ★☆☆

또 만나요.

ダイアローグ 4

A 今日 は 楽しかった です。
쿄오 / 와 / 타노시캇타 / 데스.
오늘 / 은 / 즐거웠다 / 입니다.

私 も です。 **B**
와타시 / 모 / 데스.
나 / 도 / 입니다.

A また 会い ましょう。
마타 / 아이 / 마쇼오.
또 / 만나기 / 합시다.

じゃあ、またね! **B**
쟈아, 마타네!
그럼, 다시!

今日は
楽しかったです。

A : 오늘은 즐거웠어요.
B : 저도요.
A : 또 만나요.
B : 그럼 이만!

じゃあ

じゃあ[쟈아]는
'그럼'이라는 뜻을 가지고 있는
じゃ[쟈]를 좀 더 길게 발음한 것으로
뜻은 같습니다.
보통 회화에서 자주 사용합니다.

00 이 표현 꼭 외우자! 조사 · 인칭대명사

Level ★★☆

우리는 친구입니다.

ダイアローグ 5

A 私 と ハナ は 韓国人 です。
와타시 / 토 / 하나 / 와 / 캉 코쿠 진 / 데스.
나 / 와 / 하나 / 는 / 한국인 / 입니다.

鈴木 と 桜井 は 日本人 です。
스즈 키 / 토 / 사쿠라 이 / 와 / 니혼진 / 데스.
스즈키 / 와 / 사쿠라이 / 는 / 일본인 / 입니다.

B 私たち は 大学生 です。
와타시 타치 / 와 / 다이 각 세에 / 데스.
우리 / 는 / 대학생 / 입니다.

私たち は 友達 です。
와타시 타치 / 와 / 토모 다치 / 데스.
우리 / 는 / 친구 / 입니다.

A : 나와 하나는 한국인입니다.
스즈키와 사쿠라이는 일본인입니다.
B : 우리는 대학생입니다.
우리는 친구입니다.

私たちは
大学生です。

私たち

たち[타치]는
주로 사람을 가리키는 말에 붙어
복수형을 만들 때 사용됩니다.

혹은 동물이나 사물을
의인화해서 말할 때도
사용할 수 있습니다.

Level ★★☆

이 한자는 뭐예요?

ダイアローグ 6

A この 漢字 は 何 ですか?
코노 / 칸지 / 와 / 난 / 데스카?
이 / 한자 / 는 / 무엇 / 입니까?

B これ は 国 です。
코레 / 와 / 쿠니 / 데스.
이것 / 은 / 나라 / 입니다.

A あの 漢字 は 何 ですか?
아노 / 칸지 / 와 / 난 / 데스카?
저 / 한자 / 는 / 무엇 / 입니까?

B あれ は 虫 です。
아레 / 와 / 무시 / 데스.
저것 / 은 / 벌레 / 입니다.

あの漢字は
何ですか?

일본어에서의 한자

일본에서는 죽을 때까지
한자 공부를 해야 한다는 말이 있습니다.

우리나라에서 영어시험 점수가
중요한 것처럼
일본에서는 한자 검정시험 급수가
중요한 스펙 중 하나입니다.
일본 학생들은 보통 학교에서
단어 시험을 보거나
한자 검정시험을 준비하면서,
당연히 알아야 하는
상용한자 약 2,000자를 공부합니다.

A : 이 한자는 뭐예요?
B : 이건 나라예요.
A : 저 한자는 뭐예요?
B : 저건 벌레예요.

따라 말하기

Level ★★☆

이건 누구 가방이에요?

ダイアローグ 7

A これ は 誰 の カバン ですか?
코레 / 와 / 다레 / 노 / 카방 / 데스카?
이것 / 은 / 누구 / 의 / 가방 / 입니까?

ハナ の カバン です。 **B**
하나 / 노 / 카방 / 데스.
하나 / 의 / 가방 / 입니다.

A あれ も ハナ ちゃん の カバン ですか?
아레 / 모 / 하나 / 쨩 / 노 / 카방 / 데스카?
저것 / 도 / 하나 / 쨩(호칭) / 의 / 가방 / 입니까?

あれ は 私 の カバン です。 **B**
아레 / 와 / 와타시 / 노 / 카방 / 데스.
저것 / 은 / 나 / 의 / 가방 / 입니다.

A : 이건 누구 가방이에요?
B : 하나의 가방이에요.
A : 저것도 하나 가방이에요?
B : 저건 제 가방이에요.

ハナのカバンです。

◀ **ちゃん**

이름 뒤에 주로 붙여서 사용하는 호칭입니다.

일본에서는 상대의 허락 없이 이름만 부르는 것을 예의 없는 행동이라고 생각합니다.

Level ★★☆

그건 뭐예요?

ダイアローグ 8

A それ は 何 ですか?
소레 / 와 / 난 / 데스카?
그것 / 은 / 무엇 / 입니까?

どれ ですか? これ ですか? **B**
도레 / 데스카? / 코레 / 데스카?
어느 것 / 입니까? / 이것 / 입니까?

A それ です、それ。
소레 / 데스, / 소레.
그것 / 입니다, / 그것.

それ が どれ ですか! **B**
소레 / 가 / 도레 / 데스카!
그것 / 이 / 무엇 / 입니까!

◀ **코소아도 용법**

사물이나 장소, 방향을 나타내는 지시대명사를 만들 때 사용되는 용법입니다.

こそあど[코소아도]는 우리말로 하면 '이, 그, 저, 어느'라는 뜻입니다.

A : 그건 뭐예요?
B : 어느 거요? 이거요?
A : 그거요, 그거.
B : 그게 뭐예요!

それです、
それ。

아래 일본어를 읽을 수 있게 연습한 후 → 히라가나로 쓰세요.

01 初めまして。

처음 뵙겠습니다.

02 私は 韓国人 です。

나는 / 한국인 / 입니다.

03 よろしく お願い し ます。

잘 / 부탁 / 하기 / 합니다.

04 私は 鈴木と 申し ます。

나는 / 스즈키라고 / 말씀하기 / 합니다.

05 私と ハナは 韓国人 です。

나와 / 하나는 / 한국인 / 입니다.

06 鈴木と 桜井は 日本人 です。

스즈키와 / 사쿠라이는 / 일본인 / 입니다.

정답입니다!

1 はじめまして。 하지메마시테.
2 わたしは かんこくじん です。 와타시와 캉코쿠진 데스.
3 よろしく おねがい し ます。 요로시쿠 오네가이 시 마스.
4 わたしは すずきと もうし ます。 와타시와 스즈키토 모오시 마스.
5 わたしと はなは かんこくじん です。 와타시토 하나와 캉코쿠진 데스.
6 すずきと さくらいは にほんじん です。 스즈키토 사쿠라이와 니혼진 데스.

レッスン 01

명사 기본 문형

명사로 끝나는 문장
~이다

의문문 만들기
か만 붙이자!

히라가나 연습

한눈에 배운다!

명사로 끝나는 문장

~이다

음성 파일

Table map

명사+だ	い형용사	な형용사	2그룹 동사 기본	1그룹 동사 기본	2그룹 동사 응용	1그룹 동사 응용	수식	가능	접속조사て 기본	접속조사て 응용	주의 표현

명사와 결합하는 기본표현 8개입니다.
부정문일 때는 명사 뒤에 では데와가 붙는다는 점을 주의하며 살펴보세요.

では보다 じゃ가
더 친근한 표현이야!

STEP1 A 8줄 일단 암기 | STEP2 A▸B 보고 말하기 | STEP3 C▸B 보고 말하기 | STEP4 AB 암송

	A	B	C
긍정	학생 이다.	각세에 다.	学生 だ。
	학생 이었다.	각세에 닷타. 과거	学生 だった。
	학생 입니다.	각세에 데스.	学生 です。
	학생 이었습니다.	각세에 데시타. 과거	学生 でした。
부정	학생 이 아니다.	각세에 데와 나이.	学生 ではない。 ('じゃない자나이'도 가능)
	학생 이 아니었다.	각세에 데와 나캇타. 과거	学生 ではなかった。
	학생 이 아닙니다.	각세에 데와 아리 마셍.	学生 ではありません。 ('ないです나이 데스'도 가능)
	학생 이 아니었습니다.	각세에 데와 아리 마센 데시타. 과거	学生 ではありませんでした。

긍정표현과 부정표현을 비교해보겠습니다.
부정표현을 만들 때는 じゃ자나 では데와 등의 조사로
명사와 부정표현을 연결해줍니다.

긍정표현

警察 케에사츠	Ø	だ 다	: 경찰이다.

부정표현

警察 케에사츠	じゃ 쟈	ない 나이	: 경찰이 아니야.
警察 케에사츠	では 데와	ない 나이	: 경찰이 아니다.

じゃ자는 では데와의 구어체 표현입니다.
좀 더 가벼운 뉘앙스로, 일상 회화에서는 じゃ자를 주로 씁니다.

과거의 부정표현 역시 조사 じゃ쟈와 では데와를 넣어줍니다.

警察 케에사츠	じゃ 쟈	なかった 나캇타	: 경찰이 아니었어.
警察 케에사츠	では 데와	なかった 나캇타	: 경찰이 아니었다.

TIP

읽어 보세요 **일본어의 장음**

일본어의 장음은 매우 명확한 규칙을 가지고 있습니다. 앞글자의 모음과 뒤따르는 글자의 모음이 같을 때 장음 현상이 발생합니다. 이때 글자는 두 글자 그대로 쓰고, 발음할 때는 하나의 글자처럼 한 번에 길게 말해 주면 됩니다.

が가 + あ아 = 가–

기본적인 5가지 법칙을 아주 간단하게 정리해 보겠습니다.

1 ㅏ+아 あ
おかあさん 오카-상
엄마, 어머니

2 ㅣ+이 い
おじいさん 오지-상
할아버지

3 ㅜ+우 う
せんぷうき 셈푸-키
선풍기

4 ㅔ+에 え
おねえさん 오네-상
언니, 누나

5 ㅗ+오 お
おおい 오-이
많다

그러나 이렇게 쉬운 장음 법칙에도 주의해야 할 2가지 법칙이 있습니다. 앞글자의 모음과 뒤따르는 글자의 모음이 다른 경우로, 장음이 아닌 것처럼 보이지만 사실은 장음이 되는 경우입니다.

6 ㅔ+이 い
せんせい 센세- (센세이 X)
선생님

7 ㅗ+우 う
べんとう 벤토- (벤토우 X)
도시락

practice
오늘이다. 내일이 아니다.

ミッション
21 12개의 문장을 21초 안에 말하기!

아래의 명사들을 이용해 문장을 만들어 보세요.
긍정문은 명사의 바로 뒤에 だ다가 오지만, 부정문은 じゃ쟈나 では데와가 사용됩니다.

오늘	어제	내일	아침	낮	밤
きょう	きのう	あした	あさ	ひる	よる
今日	昨日	明日	朝	昼	夜
쿄오	키노오	아시타	아사	히루	요루

1 오늘이다.
今日だ。
きょうだ。

2 어제였다.
昨日だった。
きのうだった。

3 내일이 아니다.
明日じゃ ない。
あしたじゃ ない。

4 아침이었습니다.
朝でした。
あさでした。

5 아침입니다.
朝です。
あさです。

6 낮이 아니다.
昼じゃ ない。
ひるじゃ ない。

7 밤이 아닙니다.
夜では ありません。
よるでは ありません。

8 어제가 아니었습니다.
昨日では ありませんでした。
きのうでは ありませんでした。

9 어제와 오늘이 아니었습니다.
昨日と 今日では ありませんでした。
きのうと きょうでは ありませんでした。

10 낮이었습니다.
昼でした。
ひるでした。

11 어제와 오늘이 아닙니다.
昨日と 今日では ありません。
きのうと きょうでは ありません。

12 밤이다.
夜だ。
よるだ。

practice
그것은 가방입니다.

ミッション
20 12개의 문장을 20초 안에 말하기!

주어진 6개의 명사를 먼저 암기하세요. 그리고 이 명사들과 지시대명사를 조합해서 문장을 만들어 보세요. 긍정문과 부정문 만드는 방법에 주의하세요.

옷	가방	신발	원피스	셔츠	우산

ふく 服	カバン	くつ 靴	ワンピース	シャツ	かさ 傘
후쿠	카방	쿠츠	왐 피ー 스	샤츠	카사

1 그것은 옷이다.
それは 服だ。
それは ふくだ。

2 그것은 옷이었다.
それは 服だった。
それは ふくだった。

3 그것은 가방입니다.
それは カバンです。
それは カバンです。

4 그것은 가방이었습니다.
それは カバンでした。
それは カバンでした。

5 그것은 신발이 아니다.
それは 靴じゃ ない。
それは くつじゃ ない。

6 그것은 신발이 아니었다.
それは 靴じゃ なかった。
それは くつじゃ なかった。

7 그것은 원피스가 아닙니다.
それは ワンピースでは ありません。
それは ワンピースでは ありません。

8 그것은 원피스가 아니었습니다.
それは ワンピースでは ありませんでした。
それは ワンピースでは ありませんでした。

9 그것은 셔츠가 아닙니다.
それは シャツでは ありません。
それは シャツでは ありません。

10 그것은 우산이 아니다.
それは 傘じゃ ない。
それは かさじゃ ない。

11 그것은 우산이다.
それは 傘だ。
それは かさだ。

12 그것은 가방이 아닙니다.
それは カバンでは ありません。
それは カバンでは ありません。

Let's start

한눈에 배운다!

의문문 만들기

か카만 붙이자!

일본어에서는 'か카?'를 붙이면 의문문이 됩니다.

기초 일본어 과정에서는 보통 의문문에 대해서 위와 같이 배웁니다.
그리고 이것은 의문문에 대한 매우 적절한 설명이죠.
우리말의 의문문에서 '까?'를 붙이는 것과도 비슷하므로 이해하기 쉽습니다.

警察です。	케에사츠 데스.	경찰입니다.	평서문
警察ですか?	케에사츠 데스카?	경찰입니까?	의문문
警察でした。	케에사츠 데시타.	경찰이었습니다.	평서문
警察でしたか?	케에사츠 데시타카?	경찰이었습니까?	의문문

하지만 か카를 붙이는 것이 의문문 전부는 아닙니다.

사실 일본어의 의문문에는 か카 대신에 の노가 붙기도 합니다.
그런데 이상한 것은 か카와 の노가 동시에 붙기도 한다는 점입니다.
다음과 같이 말이죠.

警察じゃないか?	케에사츠 쟈 나이 카?	경찰이 아닌가?
警察じゃないの?	케에사츠 쟈 나이 노?	경찰이 아닌 거야?
警察じゃないのか?	케에사츠 쟈 나이 노카?	경찰이 아닌 건가?

그런데 의문문에 있어서 か카와 の노는 꼭 필요한 존재일까요?
그렇지 않습니다. 그저 끝을 올려 말하는 것만으로도 의문문이 되기도 합니다.

警察じゃない。	케에사츠 쟈 나이.	경찰이 아니다.	평서문
警察じゃない?	케에사츠 쟈 나이?	경찰이 아니야?	의문문
警察じゃなかった。	케에사츠 쟈 나캇타.	경찰이 아니었다.	평서문
警察じゃなかった?	케에사츠 쟈 나캇타?	경찰이 아니었어?	의문문

TIP

警察ですか?
警察です。

경찰입니까?
경찰입니다.

警察じゃないのか?

경찰이 아닌 건가?

警察じゃない?

경찰이 아니야?

종조사는 기본적으로 말하는 사람 마음대로 사용하는 표현입니다.
따라서 그저 자유롭게 사용할 수 있으면 그만입니다.
하지만 의문형 종조사 の노와 か카를 사용할 때는 약간의 주의사항이 있습니다.

1 존댓말에서는 か카만을 사용합니다.

警察 です か?	케에사츠 데스 카?	경찰입니까?
食べ ます か?	타베 마스 카?	먹습니까?

2 반말에서는 주로 の노?를 사용합니다.

寒い の?	사무이 노?	추운 거야?
食べる の?	타베루 노?	먹는 거야?

3 명사 바로 뒤에서는 の노?가 아니라, なの나노?를 사용합니다.

警察 なの?	케에사츠 나노?	경찰인 거야?

4 반말에서는 のか노카?를 사용할 수도 있습니다.

寒い のか?	사무이 노카?	추운 건가?
食べる のか?	타베루 노카?	먹는 건가?

너무 헷갈리면
か 만 기억해도
괜찮아!

TIP

읽어 보세요 종조사란?

1. 문장 끝에 붙일 수도 있고,
   안 붙일 수도 있다.
2. 의미가 변하지는 않지만,
   느낌을 전달하기 위해 사용한다.

우리말에도 종조사와 유사한 '보조사'라는 개념이 있습니다.

경찰입니다.
경찰입니다만,
경찰입니다요.

읽어 보세요 반말 공식

1. い이형용사 or い이형용사 + の노
2. 동사 or 동사 + の노
3. 명사 or 명사 + なの나노

위 반말 공식의 の노, なの나노 자리에 か카를 넣어 사용할 수도 있습니다.
하지만 반말 의문문에서 か카만 단독으로 쓰는 것은 거친 뉘앙스를 줄 수 있으니 될 수 있으면 사용하지 않는 것이 좋습니다.

읽어 보세요 なの나노는 보통 혼잣말

대답을 기대하기보다는 혼잣말에 더 가까운 뉘앙스를 줍니다.

practice

종조사를 붙여 의문문 만들기

ミッション
12 7개의 문장을 12초 안에 말하기!

요일을 나타내는 명사에 종조사를 붙여주세요.

월요일	げつようび 月曜日	게츠 요오 비
화요일	かようび 火曜日	카 요오 비
수요일	すいようび 水曜日	스이 요오 비
목요일	もくようび 木曜日	모쿠 요오 비
금요일	きんようび 金曜日	킹 요오 비
토요일	どようび 土曜日	도 요오 비
일요일	にちようび 日曜日	니치 요오 비

1 월요일입니까?
月曜日 ______ ?

2 화요일이었습니까?
火曜日 ______ ?

3 수요일이 아닌가?
水曜日 ______ ?

4 목요일이 아닌 거야?
木曜日 ______ ?

5 금요일이 아닌 건가?
金曜日 ______ ?

6 토요일이 아니야?
土曜日 ______ ?

7 일요일이 아니었어?
日曜日 ______ ?

정답입니다!
1 月曜日ですか?
2 火曜日でしたか?
3 水曜日じゃないか?
4 木曜日じゃないの?
5 金曜日じゃないのか?
6 土曜日じゃない?
7 日曜日じゃなかった?

practice
의문문 만들기

ミッション
쓰면서 큰 소리로 읽어보기!

긍정문, 부정문, 평서문, 의문문, 현재, 과거가 섞여 있습니다.

1 그는 학생입니까?
彼は 学生ですか?
彼は

2 그는 학생이 아닙니까?
彼は 学生では ありませんか？

3 그는 학생이었습니까?
彼は 学生でしたか?

4 그는 학생이 아닌 거야?
彼は 学生じゃ ないの?

5 그는 학생이 아니었어?
彼は 学生じゃ なかった?

6 그는 학생이 아니었다.
彼は 学生じゃ なかった。

7 나와 너는 학생이다.
私と 君は 学生だ。

8 그것은 신발이 아닌가?
それは 靴じゃ ないか?

9 아침이 아니었다.
朝じゃ なかった。

10 오늘이 아니었습니까?
今日では ありませんでしたか?

11 오늘이 아니었어?
今日じゃ なかった?

12 그것은 오늘이었습니다.
それは 今日でした。

13 그가 학생이었어?
彼が 学生だったの?

14 우산이 아닙니까?
傘では ありませんか?

15 가방이 아니었던 거야?
カバンじゃ なかったの?

16 가방이 아니었던 건가?
カバンじゃ なかったのか?

practice

복습 100점 맞기

미ッション
아래 단어들을 모두 개별적으로 암기하세요.

각 표의 단어들을 일본어로 읽어 보세요.
히라가나를 보고 읽는 것보다 한자를, 한자를 보고 읽는 것보다 그림과 한글을 보고 읽을수록 점수가 높습니다.

100점	50점	30점
그림 보고 말하기	女 일본어 보고 말하기	お 히라가나 보고 말하기

100	50	30
남자	男	おとこ
여자	女	おんな
소녀	少女	しょうじょ
소년	少年	しょうねん
어린이	子供	こども
어른	大人	おとな
엄마	お母さん	おかあさん
아빠	お父さん	おとうさん
남동생	弟	おとうと
여동생	妹	いもうと
형, 오빠	お兄さん	おにいさん
언니, 누나	お姉さん	おねえさん
남편	夫	おっと
아내	妻	つま
친구	友達	ともだち
이름	名前	なまえ
선생님	先生	せんせい
학생	学生	がくせい
의사	医者	いしゃ
환자	患者	かんじゃ

100	50	30
간호사	看護師	かんごし
경찰	警察	けいさつ
어제	昨日	きのう
오늘	今日	きょう
내일	明日	あした
매일	毎日	まいにち
봄	春	はる
여름	夏	なつ
가을	秋	あき
겨울	冬	ふゆ
60" 분	分	ふん
시	時	じ
아침	朝	あさ
낮	昼	ひる
밤	夜	よる
오전	午前	ごぜん
오후	午後	ごご
하루	日	ひ
주	週	しゅう
월	月	がつ
해, 연	年	とし
물	水	みず
과자	お菓子	おかし
사탕	キャンディ	きゃんでぃ
옷	服	ふく

01 이 표현 꼭 외우자! 명사의 기본 문형

Level ★☆☆

저는 대학생이에요.

ダイアローグ 1-1

A 私 は 大学生 です。
와타시 / 와 / 다이 각 세에 / 데스.
나 / 는 / 대학생 / 입니다.

あなた も 学生 ですか?
아나타 / 모 / 각 세에 / 데스카?
당신 / 도 / 학생 / 입니까?

いいえ、私 は 学生 では あり ません。 **B**
이이에, / 와타시 / 와 / 각 세에 / 데와 / 아리 / 마셍.
아니요, / 나 / 는 / 학생 / 이 / 있기 / 하지 않습니다.

私 は 会社員 です。
와타시 / 와 / 카이 샤 인 / 데스.
나 / 는 / 회사원 / 입니다.

私は
会社員です。

조사의 발음

は, へ는 단어에서 사용될 때는 각각 [하], [헤]로 발음되지만, 조사로 쓰이면 [와]와 [에]로 발음됩니다.

A : 저는 대학생이에요.
당신도 학생이에요?
B : 아니요, 저는 학생이 아니에요.
저는 회사원이에요.

Level ★☆☆

나는 대학생이야.

ダイアローグ 1-2

A 私 は 大学生 だ。
와타시 / 와 / 다이 각 세에 / 다.
나 / 는 / 대학생 / 이다.

あなた も 学生?
아나타 / 모 / 각 세에?
당신 / 도 / 학생?

いえ、私 は 学生 では ない。 **B**
이에, / 와타시 / 와 / 각 세에 / 데와 / 나이.
아니, / 나 / 는 / 학생 / 이 / 아니다.

私 は 会社員 だ。
와타시 / 와 / 카이 샤 인 / 다.
나 / 는 / 회사원 / 이다.

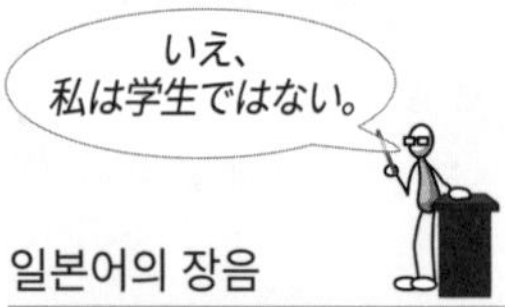
いえ、
私は学生ではない。

일본어의 장음

'아니요'라는 말은 いいえ[이이에]라고 합니다. 반말을 쓸 때는 짧게 いえ[이에]라고 하면 됩니다.

A : 나는 대학생이야.
당신도 학생이야?
B : 아니, 나는 학생이 아니야.
나는 회사원이야.

따라 말하기

Level ★★☆

지금 어디예요?

ダイアローグ 2-1

A 木村 さん、今 どこ ですか?
키 무라 / 상, / 이마 / 도코 / 데스카?
키무라 / 씨, / 지금 / 어디 / 입니까?

もう 三十 分 過ぎ ました。
모오 / 산쥽 / 푼 / 스기 / 마시타.
벌써 / 30 / 분 / 지나치기 / 했습니다.

明日 の 約束 では あり ません でしたか? **B**
아시타 / 노 / 약 소쿠 / 데와 / 아리 / 마센 / 데시타카?
내일 / 의 / 약속 / 이 / 있기 / 하지 않습니다 / 이었습니까?

A 明日 では あり ません。今日 です!
아시타 / 데와 / 아리 / 마셍. / 쿄오 / 데스!
내일 / 이 / 있기 / 하지 않습니다. / 오늘 / 입니다!

지시대명사 どこ

どこ[도코]는 장소를 가리키는 지시대명사입니다.

그 외의 지시대명사로는 '여기' ここ[코코], '거기' そこ[소코]가 있습니다.

もう三十分
過ぎました。

A : 키무라 씨, 지금 어디예요?
　　벌써 30분이 지났어요.
B : 내일 약속 아니었어요?
A : 내일이 아니에요. 오늘이에요!

Level ★★☆

지금 어디야?

ダイアローグ 2-2

A 木村 さん、今 どこ?
키 무라 / 상, / 이마 / 도코?
키무라 / 씨, / 지금 / 어디?

もう 三十 分 過ぎた。
모오 / 산쥽 / 푼 / 스기타.
벌써 / 30 / 분 / 지났다.

明日 の 約束 じゃ なかった? **B**
아시타 / 노 / 약 소쿠 / 쟈 / 나캇타?
내일 / 의 / 약속 / 이 / 아니었다?

A 明日 じゃ ない。今日 だ!
아시타 / 쟈 / 나이. / 쿄오 / 다!
내일 / 이 / 아니다. / 오늘 / 이다!

시간을 읽는 법

시간을 읽을 때 사용되는 分[훙]은 앞에 오는 숫자에 따라 예외적으로 ぷん[풍]으로 읽힙니다.

예외 숫자 : 1, 3, 4, 6, 8, 10

A : 키무라 씨, 지금 어디야?
　　벌써 30분이 지났어.
B : 내일 약속 아니었어?
A : 내일이 아니야. 오늘이야!

明日の約束じゃ
なかった?

01 이 표현 꼭 외우자! 명사의 기본 문형

Level ★★☆

날씨가 좋네요.

ダイアローグ 3-1

A いい 天気 ですね。
이이 / 텡키 / 데스네.
좋다 / 날씨 / 이네요.

今日 は 何 を する 予定 ですか?
쿄오 / 와 / 나니 / 오 / 스루 / 요 테에 / 데스카?
오늘 / 은 / 무엇 / 을 / 하다 / 예정 / 입니까?

B 何 も し ません。
나니 / 모 / 시 / 마셍.
무엇 / 도 / 하기 / 하지 않습니다.

A そう ですか?
소오 / 데스카?
그렇게 / 입니까?

B はい、私 は 友達 が いません。
하이, / 와타시 / 와 / 토모 다치 / 가 / 이마셍.
네, / 나 / 는 / 친구 / 가 / 없습니다.

です와 ですね

です[데스]의 뒤에 붙은 ね[네]는 어조를 나타내는 종조사입니다. 여기서는 ね[네]가 붙음으로 상대의 동의를 구하는 뉘앙스를 전달하고 있습니다.

A : 날씨가 좋네요.
오늘 뭐 할 예정이에요?
B : 아무것도 안 해요.
A : 그래요?
B : 네, 저는 친구가 없어요.

일본어와 우리말은 지나치게 비슷하다
日本語と 韓国語は あまりにも 似ている

今日の	メニュ－は	チキンですか?
쿄오노	메뉴－와	치킨데스카?
오늘의	메뉴는	치킨입니까?

오늘의 메뉴는 치킨입니까?

センチメ－トルは	長さの	単位です。
센치메－토루와	나가사노	탕이데스.
센티미터는	길이의	단위입니다.

센티미터는 길이 단위입니다.

따라 말하기

Level ★★☆

날씨가 좋네.

ダイアローグ 3-2

A いい 天気 だね。
이이 / 텡키 / 다네.
좋다 / 날씨 / 네.

今日 は 何 する 予定?
쿄오 / 와 / 나니 / 스루 / 요 테에?
오늘 / 은 / 무엇 / 하다 / 예정?

何 も し ない。 **B**
나니 / 모 / 시 / 나이.
무엇 / 도 / 하지 / 않다.

A そう?
소오?
그렇게?

うん、私 は 友達 が いない。 **B**
웅, / 와타시 / 와 / 토모 다치 / 가 / 이나이.
응, / 나 / 는 / 친구 / 가 / 있지 않다.

날씨와 관련된 일본어

일본어로 날씨는
'하늘'을 뜻하는 天[텡]과
'기분'을 뜻하는 気[키]가 합쳐져서
만들어졌습니다.

날씨와 관련된 단어

雨[아메] : 비
雪[유키] : 눈
風[카제] : 바람

A : 날씨가 좋네.
오늘 뭐 할 예정이야?
B : 아무것도 안 해.
A : 그래?
B : 응, 나는 친구가 없어.

일본어와 우리말은 지나치게 비슷하다
日本語と 韓国語は あまりにも 似ている

彼女は 心理 相談の 専門家だ。
카노죠와 신리 소오단노 셈몽카다.
그녀는 심리 상담의 전문가다.

그녀는 심리 상담 전문가다.

午後 3時に チェックアウトだ。
고고 산지니 첵쿠아우토다.
오후 3시에 체크아웃이다.

오후 3시에 체크아웃이다.

01 이 표현 꼭 외우자! 명사의 기본 문형

Level ★★☆

경찰 아니었어요?

ダイアローグ 4-1

A 先程 は 誰 でしたか?
사키 호도 / 와 / 다레 / 데시타카?
방금 / 은 / 누구 / 이었습니까?

警察 では あり ません でしたか?
케에 사츠 / 데와 / 아리 / 마센 / 데시타카?
경찰 / 이 / 있기 / 하지 않습니다 / 이었습니까?

はい、警察 でした。 **B**
하이, / 케에 사츠 / 데시타.
네, / 경찰 / 이었습니다.

A あなた も 警察 ですか?
아나타 / 모 / 케에 사츠 / 데스카?
당신 / 도 / 경찰 / 입니까?

いいえ、警察 では なく、検事 です。 **B**
이이에, / 케에 사츠 / 데와 / 나쿠, / 켄지 / 데스.
아니요, / 경찰 / 이 / 아니고, / 검사 / 입니다.

先程

先程[사키호도]는 '아까, 조금 전'이라는 뜻의 명사입니다. 반말로 사용할 때는 **さっき**[삭키]라는 표현으로 바꿔 쓸 수 있습니다.

A : 방금 누구였어요?
경찰 아니었어요?
B : 네, 경찰이었어요.
A : 당신도 경찰이에요?
B : 아니요,
경찰이 아니라, 검사예요.

일본어와 우리말은 지나치게 비슷하다
日本語と 韓国語は あまりにも 似ている

彼は	教師では	ありませんでした。
카레와	코오시데와	아리마센데시타.
그는	교사가	아닙니다이었습니다.

그는 교사가 아니었습니다.

彼は	プロ テニス 選手じゃ	ありませんでしたか?
카레와	푸로 테니스 센슈자	아리마센데시타카?
그는	프로 테니스 선수가	아닙니다이었습니까?

그는 프로 테니스 선수가 아니었습니까?

따라 말하기

Level ★★☆

경찰 아니었어?

ダイアローグ 4-2

A さっきは 誰 だった?

삭키 / 와 / 다레 / 닫타?

아까 / 는 / 누구 / 이었다?

警察 じゃ なかった?

케에 사츠 / 쟈 / 나캍타?

경찰 / 이 / 아니었다?

うん、警察 だった。 **B**

웅, / 케에 사츠 / 닫타.

응, / 경찰 / 이었다.

A あなた も 警察?

아나타 / 모 / 케에 사츠?

당신 / 도 / 경찰?

ううん、警察 じゃ なく、検事 だ。 **B**

우웅, / 케에 사츠 / 쟈 / 나쿠, / 켄지 / 다.

아니, / 경찰 / 이 / 아니고, / 검사 / 이다.

検事、判事、弁護士

켄지, 한지, 벵고시

검사, 판사, 변호사

ではหじゃ

명사의 부정형을 만드는 **ではない**[데와나이]에서 **では**[데와]는 회화 상에서 **じゃ**[쟈]로 바뀌기도 합니다. 이는 발음의 편의를 위한 것일 뿐, 의미 차이는 없습니다.

A : 방금 누구였어?
경찰 아니었어?
B : 응, 경찰이었어.
A : 당신도 경찰이야?
B : 아니, 경찰이 아니라, 검사야.

일본어와 우리말은 지나치게 비슷하다

日本語と 韓国語は あまりにも 似ている

医者が	その 殺人 事件の	犯人じゃ	なかった?
이샤가	소노 사츠진 지켄노	한닌쟈	나캍타?
의사가	그 살인 사건의	범인이	아니었다?

의사가 그 살인 사건 범인 아니었어?

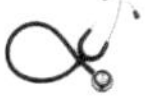

地震と	津波の	ニュースだった。
지신토	츠나미노	뉴-스닫타.
지진과	쓰나미의	뉴스이었다.

지진과 쓰나미에 관한 뉴스였다.

아래 일본어를 읽을 수 있게 연습한 후 ⟶ 히라가나로 쓰세요.

01 私は 大学生 です。

└ 나는 ┘└ 대학생 ┘└ 입니다. ┘

02 私は 会社員 です。

└ 나는 ┘└ 회사원 ┘└ 입니다. ┘

03 いい 天気 だね。

└ 좋다 ┘└ 날씨 ┘└ 네. ┘

04 いいえ、警察では なく、検事 です。

└ 아니요, ┘└ 경찰이 ┘└ 아니고, ┘└ 검사 ┘└ 입니다. ┘

05 あなたも 警察 ですか?

└ 당신도 ┘└ 경찰 ┘└ 입니까? ┘

06 明日では ありません。今日 です!

└ 내일이 ┘└ 아닙니다. ┘└ 오늘 ┘└ 입니다! ┘

정답입니다!

1 わたしは だいがくせい です。 와타시와 다이각세에 데스.

2 わたしは かいしゃいん です。 와타시와 카이샤인 데스.

3 いい てんき だね。 이이 텡키 다네.

4 いいえ、けいさつでは なく、けんじ です。 이이에, 케에사츠데와 나쿠, 켄지 데스.

5 あなたも けいさつ ですか? 아나타모 케에사츠 데스카?

6 あしたでは ありません。きょう です! 아시타데와 아리마셍. 쿄오 데스!

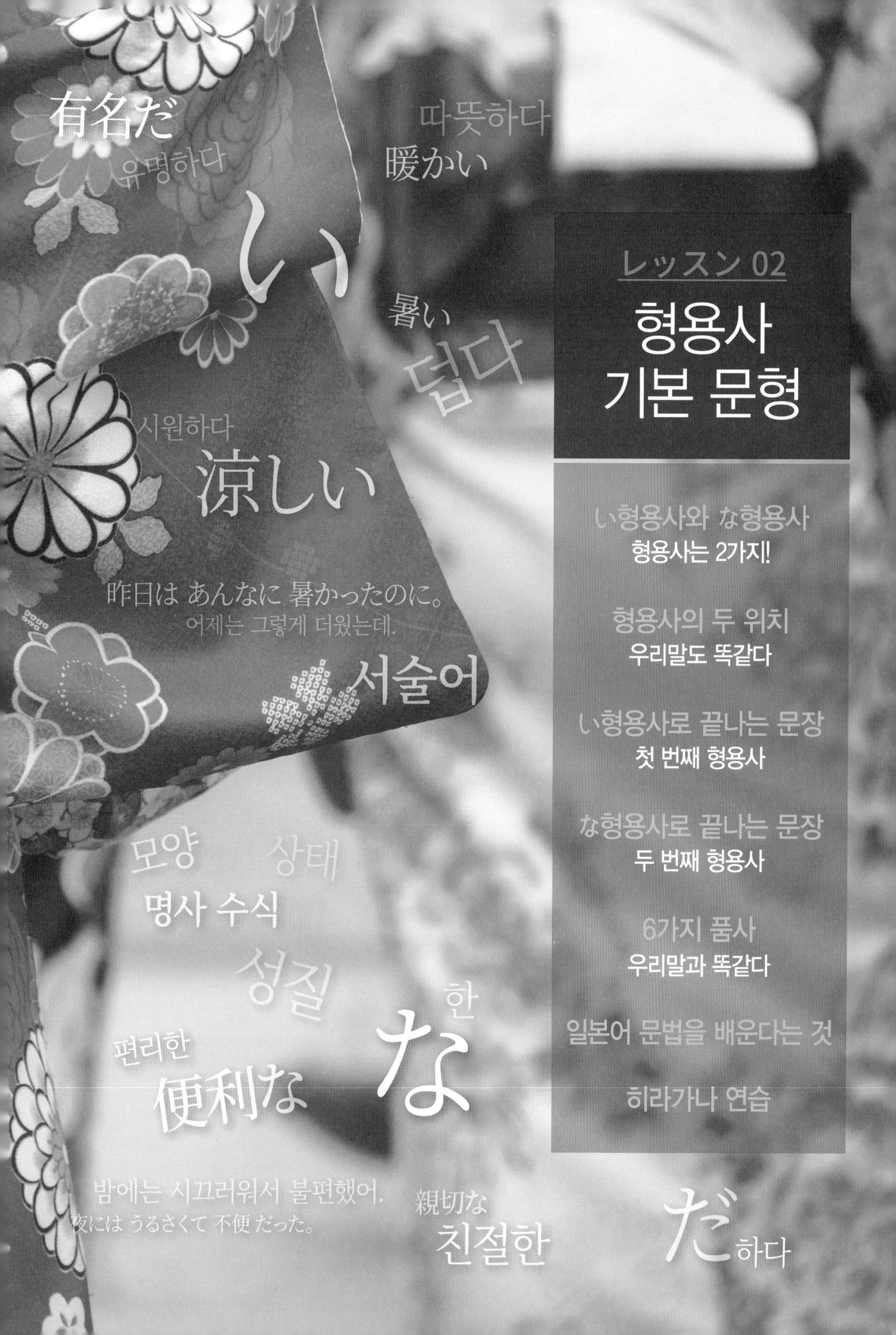

レッスン 02

형용사 기본 문형

い형용사와 な형용사
형용사는 2가지!

형용사의 두 위치
우리말도 똑같다

い형용사로 끝나는 문장
첫 번째 형용사

な형용사로 끝나는 문장
두 번째 형용사

6가지 품사
우리말과 똑같다

일본어 문법을 배운다는 것

히라가나 연습

Let's start

한눈에 배운다!
い이형용사와 な나형용사

형용사는 2가지!

동영상 강의

い이 형용사 일본어의 일반적인 형용사는 모두 い이로 끝납니다.
그러므로 일반적인 형용사를 い이형용사라고 부릅니다.

暑い	아츠이	더운
寒い	사무이	추운
暖かい	아타타카이	따뜻한
涼しい	스즈시이	시원한

い이 형용사는 모두 い이로 끝난다.

따뜻한 봄

명사를 꾸미는 역할

な나 형용사 그렇다면 な나형용사란 무엇일까요?
초기 일본어에는 형용사의 수가 많지 않았습니다.
그래서 일본어 사용자들은 자유롭게 형용사를 사용할 수 없었습니다.
그러던 중 일본어 사용자들은 형용사적인 의미의 명사들을
대거 발견하게 됩니다.

명사

- 그냥 명사
  형용사적 명사를 제외한 모든 명사.
  딱 봐도 형용사 같은 느낌이 없다.
  Ex 학생, 경찰, 자동차, 집 등…
- 형용사적 명사
  성질이나 상태를 나타내는 명사.
  딱 봐도 형용사 같은 느낌이 있다.
  Ex 친절, 유명, 편리, 건강, 예쁨 등…

TIP

<< 읽어 보세요 **い이형용사의 수식**

더운 계절
暑い 季節
아츠이 키세츠

추운 계절
寒い 季節
사무이 키세츠

따뜻한 계절
暖かい 季節
아타타카이 키세츠

시원한 계절
涼しい 季節
스즈시이 키세츠

<< 읽어 보세요 **な나형용사의 な나**

な나형용사의 な나는 우리말의
~한, ~인 등의 역할과 비슷합니다.

親切 + な
신세츠 나
친절 한

無理 + な
무리 나
무리 인

※ 주의 : 우리말의 '한'과 '인'은 조사에 불과하지만, な나형용사는 사전에 등재된 단어입니다.

뒤에 な 만 붙이면
형용사가 된다니!
정말 간단하지?

일본어 사용자들은 이 형용사적 명사를 변형해 형용사를 만들어냈습니다.
그리고 여러 과정을 거친 끝에 한 가지 약속을 하게 됩니다.
형용사적 명사를 형용사로 사용할 때는 명사 뒤에 な나를 붙여주자는 것이었죠.

형용사적인 **명사** + **な나** = "な나 형용사"

따라서 성질이나 상태를 나타내는 명사 뒤에
な나를 붙이는 아주 간단한 방법으로, 수많은 형용사가 만들어졌습니다.

명사				형용사
유우메에 有名 유명	+	な나	=	유우메에나 有名な 유명한
신세츠 親切 친절	+	な나	=	신세츠나 親切な 친절한
벤리 便利 편리	+	な나	=	벤리나 便利な 편리한

지금까지는 명사를 꾸미는 형용사에 대해 배웠습니다.
다음 페이지에서는 형용사가 술어 역할을 하는 경우를 살펴보겠습니다.
형용사는 다음 2가지 역할을 합니다.

따뜻한 **봄** — 명사를 꾸미는 역할

봄은 따뜻하다. — 술어 역할

TIP

읽어 보세요 — 2종류의 일본어 형용사

결국, 일본어에는 2종류의 형용사가 있는 셈입니다. い이 형용사는 우리말로 봐도 형용사로 보입니다. 반면 な나 형용사는 우리말로는 명사처럼 보입니다.

형용사
- い이형용사 — 원래부터 형용사, い이로 끝난다. 형용사처럼 보인다.
- な나형용사 — 명사 + だ다, だ다로 끝나고, な나로 활용한다.

읽어 보세요 — な나 와 の노

명사가 명사를 꾸밀 때는 조사 の노를 사용합니다. 하지만 명사처럼 보이는 な나 형용사는 の노가 아닌 な나를 사용하지요.
이것이 우리가 명사와 な나 형용사를 구분해야 하는 가장 큰 이유입니다.

중대한 문제
重大な 問題 : な나형용사
쥬우다이나 몬다이

친절한 사람들
親切な 人々 : な나형용사
신세츠나 히토비토

개인의 문제
個人の 問題 : 명사 + 조사
코진노 몬다이

도시의 사람들
都市の 人々 : 명사 + 조사
토시노 히토비토

Let's start

한눈에 배운다! 형용사의 두 위치

우리말도 똑같다

な나형용사 역시 2가지 역할을 합니다.
첫 번째 역할은 앞에서 배운 바와 같이 명사를 수식하는 것입니다.

これ	は	便利	な	鉛筆
코레	와	벤리	나	엠피츠
이것	은	편리	한	연필

두 번째 역할은 문장의 끝에서 서술어로 사용되는 것입니다.

この	鉛筆	は	便利	だ
코노	엠피츠	와	벤리	다
이	연필	은	편리	하다

な나형용사는 명사를 수식할 때는 な나로 끝나고
서술어로 사용할 때는 だ다로 끝납니다.

便利	な
벤리	나
편리	한

便利	だ
벤리	다
편리	하다

여기서 사용된 だ다는
우리가 처음 배운 문형인 명사 + だ다와 똑같은 형태입니다.

便利	だ
벤리	다
편리	하다

先生	だ
센세에	다
선생님	이다

이들 둘은 기본형뿐만 아니라 변형도 똑같습니다.
따라서 な나형용사가 명사를 수식할 때만 주의를 기울이면 됩니다.

그럼 い형용사는 어떻게 변하는지 살펴볼까?

TIP

읽어 보세요 장음과 단음

가타카나의 장음은 히라가나보다 훨씬 구별하기 쉽습니다. 장음 기호 'ー'를 사용하기 때문이죠. 따라서 장음 기호가 붙은 글자만 길게 읽어주면 됩니다.

1. メニュー 메뉴ー 메뉴
2. コーヒー 코ー히ー 커피

이제 장음인지 단음인지에 따라 의미가 달라지는 경우를 연습해 보겠습니다.

おじいさん	오지-상	할아버지
おじさん	오지상	삼촌, 아저씨
いいえ	이-에	아니요
いえ	이에	집
ゆうき	유-키	용기
ゆき	유키	눈
おばあさん	오바-상	할머니
おばさん	오바상	고모, 이모, 아줌마
ほしい	호시-	바라다
ほし	호시	별
サッカー	삭카-	축구
さっか	삭카	작가

읽어 보세요 선생님이다, 편리하다

便利だ벤리다 와 **先生だ**센세에다는 문법적으로는 다릅니다.

先生だ : 명사 + 조동사
便利だ : 어간 + 어미

하지만 활용할 때의 변화형은 비슷합니다.

한눈에 배운다!

い이형용사로 끝나는 문장

첫 번째 형용사

음성 파일

Table map

명사+だ	い형용사	な형용사	2그룹 동사 기본	1그룹 동사 기본	2그룹 동사 응용	1그룹 동사 응용	수식	가능	접속조사て 기본	접속조사て 응용	주의 표현

い이형용사의 기본 문형 8가지입니다.
부정문일 때 어미인 い이가 く쿠가 된다는 점에 주의하여 살펴보세요.

寒いです。
사무이 데스.

STEP1 A 8줄 일단 암기 · STEP2 A▸B 보고 말하기 · STEP3 C▸B 보고 말하기 · STEP4 AB 암송

	A	B	C
긍정	춥 다.	사무 이.	寒 い。
	추 웠다.	사무 캇타. 과거	寒 かった。
	춥 습니다.	사무 이 데스.	寒 いです。
	추 웠습니다.	사무 캇타 데스. 과거	寒 かったです。 ('寒いでした 사무이데시타'는 없음)
부정	춥 지 않다.	사무 쿠 나이.	寒 く ない。 ('い이'가 'く쿠'로!)
	춥 지 않았다.	사무 쿠 나캇타. 과거	寒 く なかった。
	춥 지 않습니다.	사무 쿠 아리 마셍.	寒 く あり ません。
	춥 지 않았습니다.	사무 쿠 아리 마센 데시타. 과거	寒 く ありません でした。

ミッション

17 12개의 문장을 17초 안에 말하기!

practice
い이 형용사의 변화

이 단어들은 모두 い이 형용사의 기본형입니다. 이 단어들을 응용해서 아래 문장을 완성해 보세요.
い이 형용사를 응용할 땐, 과거형에 주의하세요.

덥다	춥다	따뜻하다	시원하다

あつ 暑い 아츠 이	さむ 寒い 사무 이	あたた 暖かい 아타타 카이	すず 涼しい 스즈 시이

1 따뜻하다.
暖かい。
あたたかい。

2 따뜻했다.
暖かかった。
あたたかかった。

3 덥지 않다.
暑く ない。
あつく ない。

4 춥지 않습니다.
寒く ありません。
さむく ありません。

5 시원하다.
涼しい。
すずしい。

6 시원하지 않았다.
涼しく なかった。
すずしく なかった。

7 춥습니다.
寒いです。
さむいです。

8 춥지 않았습니다.
寒く ありませんでした。
さむく ありませんでした。

9 덥지 않았다.
暑く なかった。
あつく なかった。

10 덥지 않았습니다.
暑く ありませんでした。
あつく ありませんでした。

11 따뜻하지 않다.
暖かく ない。
あたたかく ない。

12 더웠습니다.
暑かったです。
あつかったです。

정답입니다! 1 아타타카이. 2 아타타카칻타. 3 아츠쿠 나이. 4 사무쿠 아리마셍. 5 스즈시이. 6 스즈시쿠 나칻타. 7 사무이데스. 8 사무쿠 아리마센데시타. 9 아츠쿠 나칻타. 10 아츠쿠 아리마센데시타. 11 아타타카쿠 나이. 12 아츠칻타데스.

ミッション
쓰면서 큰 소리로 읽어보기!

practice
い이 형용사로 명사 꾸미기

빈칸에 한글로 일본어 문장의 발음을 써 보세요.
이 문장들은 모두 い이 형용사가 표의 명사들을 꾸며주는 문장입니다.

계절	봄	여름	가을	겨울	날
き せつ	はる	なつ	あき	ふゆ	ひ
季節	春	夏	秋	冬	日
키 세츠	하루	나츠	아키	후유	히

1 暑い 季節 (아츠이 키세츠) — 더운 계절

2 寒い 季節 — 추운 계절

3 涼しい 季節 — 시원한 계절

4 暖かい 日 — 따뜻한 날

5 涼しい 秋 — 시원한 가을

6 寒い 冬 — 추운 겨울

7 暖かく ない 冬 — 따뜻하지 않은 겨울

8 暑く ない 春 — 덥지 않은 봄

9 寒く なかった 秋 — 춥지 않았던 가을

10 寒かった 冬 — 추웠던 겨울

11 暑かった 夏 — 더웠던 여름

12 暖かかった 日 — 따뜻했던 날

정답입니다!
1 아츠이 키세츠 2 사무이 키세츠 3 스즈시이 키세츠
4 아타타카이 히 5 스즈시이 아키 6 사무이 후유
7 아타타카쿠 나이 후유 8 아츠쿠 나이 하루 9 사무쿠 나칸타 아키
10 사무칸타 후유 11 아츠칸타 나츠 12 아타타카칸타 히

ミッション
쓰면서 큰 소리로 읽어보기!

practice
い이 형용사의 변화

주어진 일본어는 い이형용사의 기본형입니다. 이 기본형을 활용해서 문장을 만들어 보세요. 과거형과 부정형에 주의하세요.

嬉しい (うれ) 우레 시이

기쁘다.	嬉しい。
기뻤다.	嬉しかった。
기쁩니다.	嬉しいです。
기뻤습니다.	嬉しかったです。

可愛い (かわい) 카 와이 이

귀엽다.

귀여웠다.

귀엽습니다.

귀여웠습니다.

面白い (おもしろ) 오모 시로 이

재밌다.

재밌었다.

재밌습니다.

재밌었습니다.

美味しい (おい) 오이 시이

맛있다.

맛있었다.

맛있습니다.

맛있었습니다.

悲しい (かな) 카나 시이

슬프지 않다.

슬프지 않았다.

슬프지 않습니다.

슬프지 않았습니다.

寂しい (さび) 사비 시이

외롭지 않다.

외롭지 않았다.

외롭지 않습니다.

외롭지 않았습니다.

難しい (むずか) 무즈카 시이

어렵지 않다.

어렵지 않았다.

어렵지 않습니다.

어렵지 않았습니다.

楽しい (たの) 타노 시이

즐겁지 않다.

즐겁지 않았다.

즐겁지 않습니다.

즐겁지 않았습니다.

忙しい (いそが) 이소가 시이

바쁘지 않다.

바쁘지 않았다.

바쁘지 않습니다.

바쁘지 않았습니다.

정답

1	嬉しい。	嬉しかった。	嬉しいです。	嬉しかったです。
2	可愛い。	可愛かった。	可愛いです。	可愛かったです。
3	面白い。	面白かった。	面白いです。	面白かったです。
4	美味しい。	美味しかった。	美味しいです。	美味しかったです。
5	悲しくない。	悲しくなかった。	悲しくありません。	悲しくありませんでした。
6	寂しくない。	寂しくなかった。	寂しくありません。	寂しくありませんでした。
7	難しくない。	難しくなかった。	難しくありません。	難しくありませんでした。
8	楽しくない。	楽しくなかった。	楽しくありません。	楽しくありませんでした。
9	忙しくない。	忙しくなかった。	忙しくありません。	忙しくありませんでした。

Let's start

한눈에 배운다!

な나형용사로 끝나는 문장

두 번째 형용사

음성 파일

Table map

명사+だ | い형용사 | な형용사 | 2그룹 동사 기본 | 1그룹 동사 기본 | 2그룹 동사 응용 | 1그룹 동사 응용 | 수식 | 가능 | 접속조사て 기본 | 접속조사て 응용 | 주의 표현

な나형용사의 활용법은 명사 + だ다의 8개 문형 활용법과 같습니다.

앞에서 배운
명사의 문형 변화를
떠올려 보자

STEP1 A 8줄 일단 암기 | STEP2 A▸B 보고 말하기 | STEP3 C▸B 보고 말하기 | STEP4 AB 암송

	A	B	C
긍정	편리 하다.	벤리 다.	便利 だ。 (이게 기본형!)
	편리 했다.	벤리 닫타. 과거	便利 だった。
	편리 합니다.	벤리 데스.	便利 です。
	편리 했습니다.	벤리 데시타. 과거	便利 でした。
부정	편리 하지 않다.	벤리 데와 나이.	便利 では ない。 (명사 문형 변화와 동일)
	편리 하지 않았다.	벤리 데와 나캇타. 과거	便利 では なかった。
	편리 하지 않습니다.	벤리 데와 아리 마셍.	便利 では あり ません。 ('ないです나이 데스'도 가능)
	편리 하지 않았습니다.	벤리 데와 아리 마센 데시타. 과거	便利 では あり ません でした。

practice
なナ 형용사의 변화

ミッション
17
12개의 문장을 17초 안에 말하기!

아래는 なナ형용사의 기본형입니다. 이를 응용해야만 아래 문장을 완성할 수 있습니다. なナ형용사의 형태 변화는 명사의 형태 변화와 같습니다.

예쁘다	자유롭다	건강하다	안전하다	편하다	불편하다

きれい 奇麗だ	じゆう 自由だ	げんき 元気だ	あんぜん 安全だ	らく 楽だ	ふべん 不便だ
키 레에 다	지 유우 다	겡 키 다	안 젠 다	라쿠 다	후 벤 다

1 예쁘다.
奇麗だ。
きれいだ。

2 자유로웠다.
自由だった。
じゆうだった。

3 건강합니다.
元気です。
げんきです。

4 안전했습니다.
安全でした。
あんぜんでした。

5 편하지 않다.
楽じゃ ない。
らくじゃ ない。

6 불편하지 않았다.
不便じゃ なかった。
ふべんじゃ なかった。

7 예쁘지 않습니다.
奇麗では ありません。
きれいでは ありません。

8 자유롭지 않았습니다.
自由では ありませんでした。
じゆうでは ありませんでした。

9 건강하다.
元気だ。
げんきだ。

10 건강하지 않다.
元気じゃ ない。
げんきじゃ ない。

11 건강했습니다.
元気でした。
げんきでした。

12 불편하지 않았습니다.
不便では ありませんでした。
ふべんでは ありませんでした。

practice
なな형용사로 명사 꾸미기

ミッション
쓰면서 큰 소리로 읽어보기!

표의 일본어는 명사입니다. 이 명사들을 な형용사가 꾸며주고 있습니다. 이 표현들의 발음을 한글로 빈칸에 적어 보세요.

사람	사람들	좌석	자동차	자전거	오토바이
ひと	ひと びと	せき	じ どう しゃ	じ てん しゃ	
人	人 々	席	自 動 車	自 転 車	オートバイ
히토	히토 비토	세키	지 도오 샤	지 텐 샤	오–토바이

1 奇麗な 키레에나 / 人々 히토비토 — 예쁜 사람들

2 自由な / 人 — 자유로운 사람

3 安全な / 自動車 — 안전한 자동차

4 楽な / 席 — 편한 좌석

5 元気な / 人 — 건강한 사람

6 不便な / 自転車 — 불편한 자전거

7 奇麗な / オートバイ — 예쁜 오토바이

8 楽ではない / 席 — 편하지 않은 좌석

9 自由だった / 人 — 자유로웠던 사람

10 元気だった / 人々 — 건강했던 사람들

11 楽ではなかった / 自動車 — 편하지 않았던 자동차

12 奇麗ではなかった / 自転車 — 예쁘지 않았던 자전거

정답입니다!
1 키레에나 히토비토 2 지유우나 히토 3 안젠나 지도오샤
4 라쿠나 세키 5 겡키나 히토 6 후벤나 지텐샤
7 키레에나 오–토바이 8 라쿠데와 나이 세키 9 지유우닫타 히토
10 겡키닫타 히토비토 11 라쿠데와 나칻타 지도오샤 12 키레에데와 나칻타 지텐샤

practice
なㄴ 형용사의 변화

미션: 쓰면서 큰 소리로 읽어보기!

표의 일본어는 な나형용사의 기본형입니다. な나형용사를 활용해야 예문대로 문장을 만들 수 있습니다.
な나형용사의 활용법은 명사의 활용법과 같습니다.

幸せだ (しあわ) 시아와 세다

행복하다.
행복했다.
행복합니다.
행복했습니다.

不幸だ (ふこう) 후 코오 다

불행하다.
불행했다.
불행합니다.
불행했습니다.

本気だ (ほんき) 홍 키 다

진심이다.
진심이었다.
진심입니다.
진심이었습니다.

好きだ (す) 스 키다

좋아하다.
좋아했다.
좋아합니다.
좋아했습니다.

嫌いだ (きら) 키라 이다

싫어하지 않다.
싫어하지 않았다.
싫어하지 않습니다.
싫어하지 않았습니다.

親切だ (しんせつ) 신 세츠 다

친절하지 않다.
친절하지 않았다.
친절하지 않습니다.
친절하지 않았습니다.

無理だ (むり) 무 리 다

무리하지 않다.
무리하지 않았다.
무리하지 않습니다.
무리하지 않았습니다.

奇麗だ 키 레에 다

예쁘지 않다.
예쁘지 않았다.
예쁘지 않습니다.
예쁘지 않았습니다.

1+1

簡単だ (かんたん) 칸 탄 다

간단하지 않다.
간단하지 않았다.
간단하지 않습니다.
간단하지 않았습니다.

정답

1 幸せだ。幸せだった。幸せです。幸せでした。 2 不幸だ。不幸だった。不幸です。不幸でした。
3 本気だ。本気だった。本気です。本気でした。 4 好きだ。好きだった。好きです。好きでした。
5 嫌いではない。 嫌いではなかった。 嫌いではありません。 嫌いではありませんでした。
6 親切ではない。 親切ではなかった。 親切ではありません。 親切ではありませんでした。
7 無理ではない。 無理ではなかった。 無理ではありません。 無理ではありませんでした。
8 奇麗ではない。 奇麗ではなかった。 奇麗ではありません。 奇麗ではありませんでした。
9 簡単ではない。 簡単ではなかった。 簡単ではありません。 簡単ではありませんでした。

10번 읽어보세요!

12개의 **대표 형용사**

い이 형용사

따뜻하다	덥다	시원하다	춥다	크다	작다

あたた	あつ	すず	さむ	おお	ちい
暖かい	暑い	涼しい	寒い	大きい	小さい
아타타 카이	아츠 이	스즈 시이	사무 이	오오 키이	치이 사이

높다	낮다	많다	적다	뜨겁다	차갑다

たか	ひく	おお	すく	あつ	つめ
高い	低い	多い	少ない	熱い	冷たい
타카 이	히쿠 이	오오 이	스쿠 나이	아츠 이	츠메 타이

な나 형용사

예쁘다	자유롭다	건강하다	안전하다	편하다	불편하다

き れい	じ ゆう	げん き	あん ぜん	らく	ふ べん
綺麗だ	自由だ	元気だ	安全だ	楽だ	不便だ
키 레에 다	지 유우 다	겡 키 다	안 젠 다	라쿠 다	후 벤 다

편리하다	조용하다	떠들썩하다	좋아하다	싫어하다	충분하다

べん り	しず	にぎ	す	きら	じゅう ぶん
便利だ	静かだ	賑やかだ	好きだ	嫌いだ	十分だ
벤 리 다	시즈 카다	니기 야카다	스 키다	키라 이다	쥬우 분 다

Let's start

한눈에 배운다!
6가지 **품사**

우리말과 똑같다

동영상 강의

일본어를 배울 때 필요한 6개의 품사를 우리말을 이용해 배워 보겠습니다.

명사
사물의 이름

학교
선생님
물
요리
행복
사랑

대명사
명사 대신 편리하게 사용

나
너
이것
저것
어디
무엇

조사
명사 뒤에 붙이는 표현

그녀는
나에게
편지를

동사
움직임의 이름

먹다
마시다
사랑하다
가다

형용사
명사를 꾸미고 사물의 성질이나 상태를 설명하는 것

이 책은 좋다.
좋은 책

부사
동사나 형용사를 꾸민다.

매우 좋다. / 조금 좋다.
형용사를 꾸미는 경우

지금 간다. / 어디 가니?
동사를 꾸미는 경우

TIP

더 알아 봅시다! **품사들의 변신**

먹다	:	동사
먹음	:	만들어진 명사
예쁜	:	형용사
예쁨	:	만들어진 명사
사랑하다	:	동사
사랑하는	:	만들어진 형용사
그	:	대명사
그의	:	만들어진 형용사
사랑하다	:	동사
사랑하며	:	만들어진 부사
행복한	:	형용사
행복하게	:	만들어진 부사
학교	:	명사
학교로	:	만들어진 부사

우리말이랑 비슷하니까 어렵지 않을 거야!

Let's start

한눈에 배운다!
일본어 문법을 배운다는 것

히라가나 사용법

동영상 강의

일본어 문법을 배우는 것은 히라가나 사용법을 배우는 것과 같습니다.

일본어 문법 = 히라가나 사용법

위의 말이 어떤 의미인지
이제부터 각 품사의 사용법을 보면서 확인해 보겠습니다.

명사는 주로 한자나 가타카나로 만들어집니다. 그리고 명사 뒤에 붙는 조사는 히라가나죠. 여기서 명사는 어휘, 조사는 문법의 영역이 됩니다.

동사는 의미를 담당하는 어간과 문법을 담당하는 어미로 나뉩니다. 그리고 동사의 뒤에는 대부분 조동사가 뒤따릅니다. 이 중에서 어간은 주로 한자로, 어미와 조동사는 100% 히라가나로 이루어져 있습니다.

형용사 역시 동사와 마찬가지로 어간과 어미로 나뉘는데, 문법을 담당하는 어미는 히라가나 입니다.

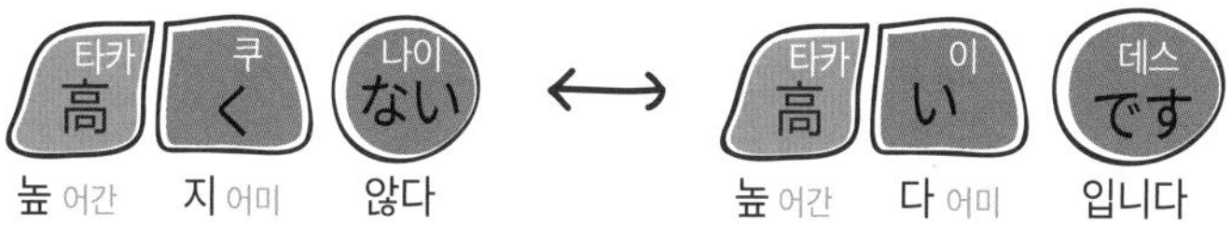

※ 그 밖에 부사는 다양한 문자로 이루어집니다. 한자로만 이루어진 것도 있고, 히라가나로만 이루어진 것도 있고, 한자와 히라가나가 섞여서 이루어진 것도 있습니다.

결국, 한자와 가타카나들 사이사이에 섞여 있는 히라가나가 일본어의 문법을 결정합니다.

彼女は	ドイツ語で	答えた。
그녀는	독일어로	대답했다.
카노죠와	**도이츠고데**	**코타에타.**

TIP

<< 더 알아 봅시다! **어간과 어미**

문법

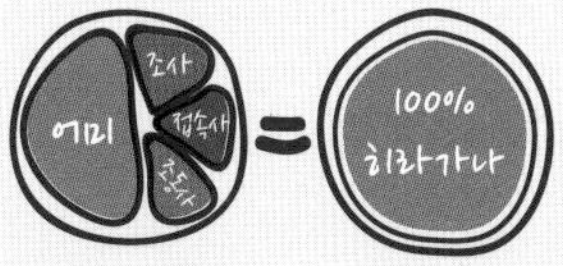

의미

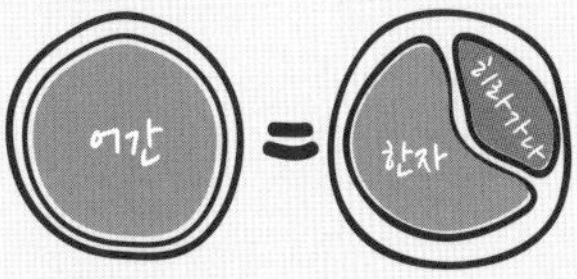

<< 더 알아 봅시다! **어간과 어미**

동사는 어간과 어미로 나뉩니다. 형용사도 마찬가지입니다. 하지만, 명사와 부사는 나뉘지 않는 한 덩어리입니다.

명사 : 덩이
부사 : 덩이
동사 : 어간 어미
형용사 : 어간 어미

<< 더 알아 봅시다! **어미의 변화**

飲む	마시다
飲んだ	마셨다
飲みます	마십니다
飲まない	마시지 않다

02 이 표현 꼭 외우자! 형용사 기본 문형

Level ★★☆

이거, 맛있다!

ダイアローグ 1-1

A これ、美味しい!
코레, / 오이시이!
이것, / 맛있다!

お母さん の 料理 は いつも 美味しい。
오 카아 상 / 노 / 료오 리 / 와 / 이츠모 / 오이시이.
엄마 / 의 / 요리 / 는 / 항상 / 맛있다.

この 野菜 も 食べて みて。 **B**
코노 / 야 사이 / 모 / 타베테 / 미테.
이 / 채소 / 도 / 먹어 / 봐.

A それ は 嫌 だ。
소레 / 와 / 이야 / 다.
그것 / 은 / 싫음 / 이다.

野菜 は 美味しく ない。まずい!
야 사이 / 와 / 오이시쿠 / 나이. / 마즈이!
채소 / 는 / 맛있지 / 않다. / 맛없다!

美味しい
美味しい[오이시이] 대신에 **うまい**[우마이]를 사용하기도 하는데, '맛있다' 이외에도 '잘한다', '상황이 좋다' 등의 의미로 자주 쓰이는 표현입니다.

玉ねぎを炒めると
甘くなるんだ。
타마 네기 오 이타 메루 토 아마 쿠 나룬다.
양파를 볶으면 달콤해진다.

A : 이거, 맛있다!
엄마 요리는 항상 맛있어.
B : 이 채소도 먹어봐.
A : 그건 싫어.
채소는 맛있지 않아. 맛없어!

일본어와 우리말은 지나치게 비슷하다
日本語と 韓国語は あまりにも 似ている

屋上は 景色が いい。
오쿠죠오와 케시키가 이이.
옥상은 경치가 좋다.
옥상은 경치가 좋다.

ビタミン ドリンクは 意外と おいしい。
비타민 도링쿠와 이가이토 오이시이.
비타민 음료수는 의외로 맛있다.
비타민 음료는 의외로 맛있다.

따라 말하기

Level ★★★

이거, 맛있어요!

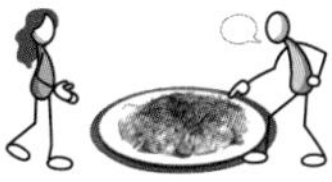

ダイアローグ 1-2

A これ、美味しい です!
코레, / 오이시이 / 데스!
이것, / 맛있다 / 입니다!

お母さん の 料理 は いつも 美味しい です。
오 카아 상 / 노 / 료오 리 / 와 / 이츠모 / 오이시이 / 데스.
엄마 / 의 / 요리 / 는 / 항상 / 맛있다 / 입니다.

この 野菜 も 食べて みて。 **B**
코노 / 야 사이 / 모 / 타베테 / 미테.
이 / 채소 / 도 / 먹어 / 봐.

A それ は 嫌 です。
소레 / 와 / 이야 / 데스.
그것 / 은 / 싫음 / 입니다.

野菜 は 美味しく あり ません。まずい です!
야 사이 / 와 / 오이시쿠 / 아리 / 마셍. / 마즈이 / 데스!
채소 / 는 / 맛있지 / 있기 / 하지 않습니다. / 맛없다 / 입니다!

私は悔しい。
와타시 와 쿠야 시이.
나는 억울하다.

食べてみて

어떤 행동을
한 번 시도해 본다는 표현은
동사 뒤에 **て 見る**[테 미루]를 붙여
만들 수 있습니다.

단, '눈'으로 본다는 뜻으로
사용된 것이 아니므로
한자가 아닌 히라가나로만
표기합니다.

A : 이거, 맛있어요!
엄마 요리는 항상 맛있어요.
B : 이 채소도 먹어봐.
A : 그건 싫어요.
채소는 맛있지 않아요. 맛없어요!

일본어와 우리말은 지나치게 비슷하다
日本語と 韓国語は あまりにも 似ている

この	日本語の	教材は	超簡単です。
코노	니홍고노	쿄오자이와	쵸오칸탄데스.
이	일본어의	교재는	초간단입니다.

이 일본어 교재는 아주 간단합니다.

タクシ-は	料金が	高いです。
탁시-와	료오킹가	타카이데스.
택시는	요금이	높다입니다.

택시는 요금이 비쌉니다.

02 이 표현 꼭 외우자!
형용사 기본 문형

Level ★★★

엄청난 추위네.

ダイアローグ 2-1

A 寒い、寒いね。
사무 이, / 사무 이네.
춥다, / 춥네.

寒いの? **B**
사무 이노?
추운 거야?

A うん、すごい 寒さ だね。
웅, / 스고이 / 사무 사 / 다네.
응, / 대단하다 / 추위 / 네.

昨日 は あんなに 暑かった のに。
키노오 / 와 / 안나니 / 아츠캇타 / 노니.
어제 / 는 / 그렇게 / 더웠다 / 는데.

暑かったの? **B**
아츠캇타노?
더웠던 거야?

私 は 全然 暑く なかった。
와타시 / 와 / 젠젠 / 아츠 쿠 / 나캇타.
나 / 는 / 전혀 / 덥지 / 않았다.

A : 춥다, 추워.
B : 추워?
A : 응, 엄청난 추위네.
어제는 그렇게 더웠는데.
B : 더웠어?
나는 전혀 덥지 않았어.

あんなに

こそあど[코소아도] 법칙에 따르면
'그렇게'라는 말에는
そんなに[손나니]를 사용합니다.

하지만 대화하는 사람들이
공통으로 알고 있는 사실을 가리킬 때는
そ[소]가 아닌 **あ**[아]를 활용한
あんなに[안나니]를 사용합니다.

일본어와 우리말은 지나치게 비슷하다
日本語と 韓国語は あまりにも 似ている

ゲストハウスの	料金が	ホテルより	安かった。
게스토하우스노	료오킹가	호테루요리	야스캇타.
게스트하우스의	요금이	호텔보다	쌌다.

게스트하우스 요금이 호텔보다 쌌다.

따라 말하기

Level ★★★

엄청난 추위네요.

ダイアローグ 2-2

A 寒い、寒い。
사무 이, / 사무 이.
춥다, / 춥다.

寒い ですか? **B**
사무 이 / 데스카?
춥다 / 입니까?

A はい、すごい 寒さ ですね。
하이, / 스고이 / 사무 사 / 데스네.
네, / 대단하다 / 추위 / 이네요.

昨日 は あんなに 暑かった のに。
키노오 / 와 / 안나니 / 아츠캍타 / 노니.
어제 / 는 / 그렇게 / 더웠다 / 는데.

暑かった ですか? **B**
아츠캍타 / 데스카?
더웠다 / 입니까?

私 は 全然 暑く あり ません でした。
와타시 / 와 / 젠젠 / 아츠 쿠 / 아리 / 마센 / 데시타.
나 / 는 / 전혀 / 덥지 / 있기 / 하지 않습니다 / 이었습니다.

A : 춥다, 추워.
B : 추우세요?
A : 네, 엄청난 추위네요.
어제는 그렇게 더웠는데.
B : 더웠어요?
저는 전혀 덥지 않았어요.

暑かったですか

い[이]형용사의 과거 존대표현은 かったです[캍타데스]입니다.

간혹 です[데스]의 과거형인 でした[데시타]를 붙이는 것과 혼동하는 경우가 있지만, 暑いでした[아츠이데시타]라는 표현은 잘못된 표현입니다.

일본어와 우리말은 지나치게 비슷하다
日本語と 韓国語は あまりにも 似ている

手術の	成功の	可能性は	高く	なかった。
슈쥬츠노	세에코오노	카노오세에와	타카쿠	나캍타.
수술의	성공의	가능성은	높지	않았다.

수술 성공 가능성은 높지 않았다.

02 이 표현 꼭 외우자!
형용사 기본 문형

Level ★★★

저 볼펜, 귀엽지 않아?

ダイアローグ 3-1

A あの ボールペン、可愛く ない?
아노 / 보-루펭, / 카 와이 쿠 / 나이?
저 / 볼펜, / 귀엽지 / 않다?

あれ も これ も、全部 可愛い。
아레 / 모 / 코레 / 모, / 젬부 / 카 와이 이.
저것 / 도 / 이것 / 도, / 전부 / 귀엽다.

B それ、全部 買うの?
소레, / 젬부 / 카우노?
그것, / 전부 / 사는 거야?

昨日 も 買って なかった?
키노오 / 모 / 캍테 / 나캍타?
어제 / 도 / 사고 / 않았다?

A それ は これ ほど 可愛く ない。
소레 / 와 / 코레 / 호도 / 카 와이 쿠 / 나이.
그것 / 은 / 이것 / 만큼 / 귀엽지 / 않다.

あれもこれも、
全部可愛い。

可愛くない

可愛い[카와이이]는
い[이]가 2번 나오는 단어입니다.

따라서 '귀엽지 않다'라는 표현은
かわくない[카와쿠나이]가 아니라,
かわいくない[카와이쿠나이]라는 점을
유의하셔야 합니다.

A : 저 볼펜, 귀엽지 않아?
이것도 저것도, 전부 귀여워.
B : 그거, 전부 살 거야?
어제도 사지 않았어?
A : 그건 이것만큼 귀엽지 않아.

일본어와 우리말은 지나치게 비슷하다
日本語と 韓国語は あまりにも 似ている

ヘアスプレーは	健康に	悪くない?
헤아스푸레-와	켕코오니	와루쿠 나이?
헤어스프레이는	건강에	나쁘지 않다?

헤어스프레이는 건강에 나쁘지 않아?

津波が	発生する	可能性は	低くない。
츠나미가	핫세에스루	카노오세에와	히쿠쿠 나이.
쓰나미가	발생하다	가능성은	낮지 않다.

쓰나미가 발생할 가능성은 작지 않다.

따라 말하기

Level ★★★

저 볼펜, 귀엽지 않아요?

ダイアローグ 3-2

A あの ボールペン、可愛く あり ませんか?
아노 / 보-루펭, / 카 와이 쿠 / 아리 / 마셍카?
저 / 볼펜, / 귀엽지 / 있기 / 하지 않습니까?

あれ も これ も、全部 可愛い です。
아레 / 모 / 코레 / 모, / 젬부 / 카 와이 이 / 데스.
저것 / 도 / 이것 / 도, / 전부 / 귀엽다 / 입니다.

B それ、全部 買い ますか?
소레, / 젬부 / 카이 / 마스카?
그것, / 전부 / 사기 / 합니까?

昨日 も 買って いません でしたか?
키노오 / 모 / 캇테 / 이마센 / 데시타카?
어제 / 도 / 사고 / 있지 않습니다 / 이었습니까?

A それ は これ ほど 可愛く あり ません。
소레 / 와 / 코레 / 호도 / 카 와이 쿠 / 아리 / 마셍.
그것 / 은 / 이것 / 만큼 / 귀엽지 / 있기 / 하지 않습니다.

ペンは剣よりも強し。
펭 와 켕 요리 모 츠요 시.
펜은 칼보다 강하다.

날짜를 나타내는 일본어

一昨日	[오토토이]	: 그저께
昨日	[키노오]	: 어제
今日	[쿄오]	: 오늘
明日	[아시타]	: 내일
明後日	[아삳테]	: 모레

A : 저 볼펜, 귀엽지 않아요?
이것도 저것도, 전부 귀여워요.
B : 그거, 전부 살 거예요?
어제도 사지 않았어요?
A : 그건 이것만큼 귀엽지 않아요.

일본어와 우리말은 지나치게 비슷하다
日本語と 韓国語は あまりにも 似ている

この 地域の 温泉は 皮膚に いいです。
코노 치이키노 온셍와 히후니 이이데스.
이 지역의 온천은 피부에 좋다입니다.

이 지역의 온천은 피부에 좋습니다.

学生 食堂は オムレツが 特に おいしいです。
각세에 쇼쿠도오와 오무레츠가 토쿠니 오이시이데스.
학생 식당은 오믈렛이 특에 맛있다입니다.

학생 식당에서 오믈렛이 특히 맛있습니다.

02 이 표현 꼭 외우자! 형용사 기본 문형

Level ★★☆

회사가 집에서 멀어?

ダイアローグ 4-1

A 会社 が 家 から 遠い?
카이 샤 / 가 / 이에 / 카라 / 토오 이?
회사 / 가 / 집 / 부터 / 멀다?

B 遠く ない。
토오 쿠 / 나이.
멀지 / 않다.

A じゃあ、駅 が 遠い?
쟈아, / 에키 / 가 / 토오 이?
그럼, / 역 / 이 / 멀다?

B ううん、駅 も 近い。
우웅, / 에키 / 모 / 치카 이.
아니, / 역 / 도 / 가깝다.

A じゃあ、なんで 遅れたの?
쟈아, / 난데 / 오쿠레타노?
그럼, / 어째서 / 늦은 거야?

A : 회사가 집에서 멀어?
B : 멀지 않아.
A : 그럼, 역이 멀어?
B : 아니, 가까워.
A : 그럼, 왜 늦은 거야?

遅れたの

여기서 쓰인 の[노]는 의문을 나타내는 종조사이며, 반말표현에서 사용됩니다.

です[데스]를 사용하는 존대표현을 의문형으로 만들 때는 반드시 か[카]를 사용해야 합니다.

일본어와 우리말은 지나치게 비슷하다
日本語と 韓国語は あまりにも 似ている

この	学校の	校舎と	校門は	近く	ない。
코노	각코오노	코오샤토	코오몽와	치카쿠	나이.
이	학교의	교사와	교문은	가깝지	않다.

이 학교의 교사와 교문은 가깝지 않다.

スクランブルエッグと	オムレツ、	どっちが	いい?
스쿠람부루엑구토	오무레츠,	돗치가	이이?
스크램블드에그와	오믈렛,	어느 쪽이	좋다?

스크램블드에그와 오믈렛, 어느 쪽이 좋아?

따라 말하기

Level ★★☆

회사가 집에서 멀어요?

ダイアローグ 4-2

A 会社 が 家 から 遠い ですか?
카이 샤 / 가 / 이에 / 카라 / 토오 이 / 데스카?
회사 / 가 / 집 / 부터 / 멀다 / 입니까?

B 遠く あり ません。
토오 쿠 / 아리 / 마셍.
멀지 / 있기 / 하지 않습니다.

A じゃあ、駅 が 遠い ですか?
쟈아, / 에키 / 가 / 토오 이 / 데스카?
그럼, / 역 / 이 / 멀다 / 입니까?

B いいえ、駅 も 近い です。
이이에, / 에키 / 모 / 치카 이 / 데스.
아니요, / 역 / 도 / 가깝다 / 입니다.

A じゃあ、何故 遅れ ましたか?
쟈아, / 나 제 / 오쿠 레 / 마시타카?
그럼, / 어째서 / 늦기 / 했습니까?

毎日が交通地獄
마이 니치 가 코오 츠으 지 고쿠
매일이 교통지옥

遠くありません
명사의 부정 존대형은 **ではありません**[데와아리마셍] 을 붙이는 것이지만 **い**[이]형용사는 **い**[이]를 활용해 **くありません**[쿠아리마셍] 을 붙입니다.

A : 회사가 집에서 멀어요?
B : 멀지 않습니다.
A : 그럼, 역이 멀어요?
B : 아니요, 가깝습니다.
A : 그럼, 왜 늦은 거예요?

일본어와 우리말은 지나치게 비슷하다
日本語と 韓国語は あまりにも 似ている

超緊張で	お腹が	痛いです。
쵸오킨쵸오데	오나카가	이타이데스.
초긴장으로	배가	아프다입니다.

초긴장해서 배가 아픕니다.

財テクは	難しいですか?
자이테쿠와	무즈카시이데스카?
재테크는	어렵다 입니까?

재테크는 어렵습니까?

02 이 표현 꼭 외우자! 형용사 기본 문형

Level ★★☆

컴퓨터가 망가졌어.

ダイアローグ 5-1

A 大変 だ。
타이 헨 / 다.
큰일 / 이다.

B 何 が?
나니 / 가?
무엇 / 이?

A パソコン が 壊れた。
파소콩 / 가 / 코와레타.
컴퓨터 / 가 / 부서졌다.

新しい パソコン が 必要 だ。
아타라시이 / 파소콩 / 가 / 히츠 요오 / 다.
새롭다 / 컴퓨터 / 가 / 필요 / 이다.

B それ は 無理 だ。
소레 / 와 / 무리 / 다.
그것 / 은 / 무리 / 이다.

◀ **大変だ**

일본어 **大変**[타이헹]은 '큰일', '힘듦', '몹시'를 의미하는 단어입니다.

일상 회화에서 자주 사용되는 표현으로, '부담스럽다', '힘들다' 같이 부정적인 의미를 담고 있습니다.

A : 큰일이다.
B : 뭐가?
A : 컴퓨터가 망가졌어.
새 컴퓨터가 필요해.
B : 그건 무리야.

일본어와 우리말은 지나치게 비슷하다
日本語と 韓国語は あまりにも 似ている

この 問題は 超簡単だ。
코노 몬다이와 쵸오칸탄다.
이 문제는 초간단이다.
이 문제는 아주 간단하다.

恋愛にも スキルが 必要だ。
렝아이니모 스키루가 히츠요오다.
연애에도 기술이 필요이다.
연애에도 기술이 필요하다.

따라 말하기

Level ★★☆

컴퓨터가 망가졌어요.

ダイアローグ 5-2

A 大変 です。
타이 헨 / 데스.
큰일 / 입니다.

何 が ですか? **B**
나니 / 가 / 데스카?
무엇 / 이 / 입니까?

A パソコン が 壊れ ました。
파소콩 / 가 / 코와 레 / 마시타.
컴퓨터 / 가 / 부서지기 / 했습니다.

新しい パソコン が 必要 です。
아타라시이 / 파소콩 / 가 / 히츠 요오 / 데스.
새롭다 / 컴퓨터 / 가 / 필요 / 입니다.

それ は 無理 です。 **B**
소레 / 와 / 무리 / 데스.
그것 / 은 / 무리 / 입니다.

二万円で買える
パソコンありますか?
니망엔데 카에루 파소콩 아리 마스카?
2만 엔으로 살 수 있는
컴퓨터 있어요?

パソコン

パソコン[파소콩]은
パーソナルコンピューター
[파-소나루콤퓨-타-]의 약자입니다.

노트북 컴퓨터를 일본어로 직역해서
ノートブック[노-토북쿠]라고 말하면
'공책'이라는 뜻이 됩니다.
'컴퓨터'를 뜻할 때는
パソコン[파소콩]이나
ノートパソコン[노-토파소콩]이라고
말해야 합니다.

A : 큰일이에요.
B : 뭐가요?
A : 컴퓨터가 망가졌어요.
새 컴퓨터가 필요해요.
B : 그건 무리예요.

일본어와 우리말은 지나치게 비슷하다
日本語と 韓国語は あまりにも 似ている

この 레스토랑は ソムリエが 有能です。
코노 레스토랑와 소무리에가 유우노오데스.
이 레스토랑은 소믈리에가 유능입니다.

이 레스토랑은 소믈리에가 유능합니다.

日本 料理は 材料が 大事です。
니혼 료오리와 자이료오가 다이지데스.
일본 요리는 재료가 중요입니다.

일본 요리는 재료가 중요합니다.

02 이 표현 꼭 외우자!
형용사 기본 문형

Level ★★☆

편리하지 않았어.

ダイアローグ 6-1

A この 前 使った 冷蔵庫 は どう だった?
코노 / 마에 / 츠캇타 / 레에 조오 코 / 와 / 도오 / 닫타?
이 / 전 / 사용했다 / 냉장고 / 는 / 어떻게 / 이었다?

氷 が 出る から 便利 じゃ なかった?
코오리 / 가 / 데루 / 카라 / 벤리 / 쟈 / 나캇타?
얼음 / 이 / 나오다 / 이니까 / 편리 / 가 / 아니었다?

少し も 便利 じゃ なかった。 **B**
스코 시 / 모 / 벤리 / 쟈 / 나캇타.
조금 / 도 / 편리 / 가 / 아니었다.

夜 には うるさくて 不便 だった。
요루 / 니 / 와 / 우루사쿠테 / 후벤 / 닫타.
밤 / 에 / 는 / 시끄러워서 / 불편 / 이었다.

全力で食べ物を守ります。
젠 료쿠 데 타베 모노 오 마모 리 마스.
전력을 다해 음식을 지키겠어요.

使った冷蔵庫

명사가 동사의 수식을 받을 때는 동사 그대로 명사 앞에 붙여주면 됩니다.

여기서는 과거에 사용했던 냉장고이기 때문에 **'사용하다'**라는 동사 **使う**[츠카우]의 과거형 **使った**[츠캇타]를 붙여주었습니다.

A : 이 전에 쓰던 냉장고는 어땠어? 얼음이 나오니까 편리하지 않았어?
B : 편리하지 않았어. 밤에 시끄러워서 불편했어.

Level ★★☆

편리하지 않았어요.

ダイアローグ 6-2

A この 前 使った 冷蔵庫 は どう でした?
코노 / 마에 / 츠캇타 / 레에 조오 코 / 와 / 도오 / 데시타?
이 / 전 / 사용했다 / 냉장고 / 는 / 어떻게 / 이었습니다?

氷 が 出る から 便利 では あり ません でしたか?
코오리 / 가 / 데루 / 카라 / 벤리 / 데와 / 아리 / 마센 / 데시타카?
얼음 / 이 / 나오다 / 이니까 / 편리 / 가 / 있기 / 하지 않습니다 / 이었습니까?

少し も 便利 では あり ません でした。 **B**
스코 시 / 모 / 벤리 / 데와 / 아리 / 마센 / 데시타.
조금 / 도 / 편리 / 가 / 있기 / 하지 않습니다 / 이었습니다.

夜 には うるさくて 不便 でした。
요루 / 니 / 와 / 우루사쿠테 / 후벤 / 데시타.
밤 / 에 / 는 / 시끄러워서 / 불편 / 이었습니다.

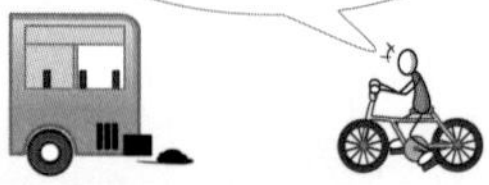
少しも便利では
ありませんでした。

ありませんでしたか

ない[나이]의 존대표현인 **ありません**[아리마셍]에 **でした**[데시타]가 붙으면 과거 시제를 의미하는 문형이 됩니다.

여기에 의문을 나타내는 종조사 **か**[카]가 있으면 과거 존대표현의 의문형이 되는 것이지요.

A : 이 전에 쓰던 냉장고는 어땠어요? 얼음이 나오니까 편리하지 않았어요?
B : 조금도 편리하지 않았어요. 밤에는 시끄러워서 불편했어요.

따라 말하기

Level ★★☆

나는 고기가 좋아.

ダイアローグ 7-1

A 子供 の 頃 は 野菜 が 嫌い だった。
코 도모 / 노 / 코로 / 와 / 야 사이 / 가 / 키라 이 / 닫타.
어린이 / 의 / 시절 / 은 / 채소 / 가 / 싫음 / 이었다.

B 今 は 好き?
이마 / 와 / 스키?
지금 / 은 / 좋음?

A 今 も 好き では ない。
이마 / 모 / 스키 / 데와 / 나이.
지금 / 도 / 좋음 / 이 / 아니다.

私 は 肉 が 好き だ。
와타시 / 와 / 니쿠 / 가 / 스키 / 다.
나 / 는 / 고기 / 가 / 좋음 / 이다.

A : 어렸을 때는 채소가 싫었다.
B : 지금은 좋아해?
A : 지금도 좋아하지는 않아.
나는 고기가 좋아.

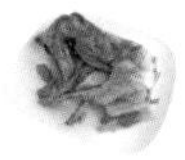

好きではない

では[데와]와 じゃ[쟈]는
의미 차이가 없으므로
好きじゃない[스키쟈나이]로
바꿔써도 무방합니다.

단, じゃ[쟈]는 주로
회화에서 사용되는 표현이기 때문에
문서나 공적인 자리에서는
では[데와]를 쓰는 것이 더 적절합니다.

Level ★★☆

저는 고기가 좋아요.

ダイアローグ 7-2

A 子供 の 頃 は 野菜 が 嫌い でした。
코 도모 / 노 / 코로 / 와 / 야 사이 / 가 / 키라 이 / 데시타.
어린이 / 의 / 시절 / 은 / 채소 / 가 / 싫음 / 이었습니다.

B 今 は 好き ですか?
이마 / 와 / 스키 / 데스카?
지금 / 은 / 좋음 / 입니까?

A 今 も 好き では あり ません。
이마 / 모 / 스키 / 데와 / 아리 / 마셍.
지금 / 도 / 좋음 / 이 / 있기 / 하지 않습니다.

私 は 肉 が 好き です。
와타시 / 와 / 니쿠 / 가 / 스키 / 데스.
나 / 는 / 고기 / 가 / 좋음 / 입니다.

子供の頃は
野菜が嫌いでした。

A : 어렸을 때는 채소가 싫었습니다.
B : 지금은 좋아해요?
A : 지금도 좋아하지는 않아요.
저는 고기가 좋아요.

肉が好き

好き[스키]는 항상
조사 が[가]와 함께 쓰입니다.

'고기를 좋아하다'라고 말하는
우리와는 다르게
'고기가 좋아하다'라고 하는 것이지요.

肉が好き[니쿠가스키] .... O
肉を好き[니쿠오스키] X

02 이 표현 꼭 외우자! 형용사 기본 문형

따라 말하기

Level ★★★

그건 그렇게 복잡하지 않아.

ダイアローグ 8-1

A 七 時 に は 終わる?
시치 / 지 / 니 / 와 / 오와루?
7 / 시 / 에 / 는 / 끝나다?

それ は 無理 だ。 **B**
소레 / 와 / 무리 / 다.
그것 / 은 / 무리 / 이다.

A どう して? それ は そんなに 複雑 じゃ ない。
도오 / 시테? 소레 / 와 / 손나니 / 후쿠 자츠 / 쟈 / 나이.
어떻게 / 해서? 그것 / 은 / 그렇게 / 복잡 / 이 / 아니다.

言う の は 簡単 だ。 **B**
이우 / 노 / 와 / 칸탄 / 다.
말하다 / 것 / 은 / 간단 / 이다.

言うのは簡単だ。

それは無理だ

일본인들은 거절할 때 **'무리다'**라고 직접적으로 표현하기 보다는 **難しいかも**[무즈카시이카모] 어려울 것 같다 처럼 돌려서 이야기하는 것을 일종의 배려라고 생각합니다.

A : 7시에는 끝나?
B : 그건 무리야.
A : 어째서?
그건 그렇게 복잡하지 않아.
B : 말은 쉽지.

Level ★★★

그건 그렇게 복잡하지 않아요.

ダイアローグ 8-2

A 七 時 に は 終わり ますか?
시치 / 지 / 니 / 와 / 오와리 / 마스카?
7 / 시 / 에 / 는 / 끝나기 / 합니까?

それ は 無理 です。 **B**
소레 / 와 / 무리 / 데스.
그것 / 은 / 무리 / 입니다.

A どう して? それ は そんなに 複雑 では あり ません。
도오 / 시테? 소레 / 와 / 손나니 / 후쿠 자츠 / 데와 / 아리 / 마셍.
어떻게 / 해서? 그것 / 은 / 그렇게 / 복잡 / 이 / 있기 / 하지 않습니다.

言う の は 簡単 です。 **B**
이우 / 노 / 와 / 칸탄 / 데스.
말하다 / 것 / 은 / 간단 / 입니다.

それは
無理です。

無理です

한자에 뿌리를 둔 단어의 경우, 우리말과 일본어의 발음과 뜻이 유사한 경우가 종종 있습니다.

無理[무리]라는 단어는 우리말 **'무리'**와 같은 발음인 데다가 뜻도 같습니다.

A : 7시에는 끝나요?
B : 그건 무리예요.
A : 어째서?
그건 그렇게 복잡하지 않아요.
B : 말은 쉽지요.

아래 일본어를 읽을 수 있게 연습한 후 → 히라가나로 쓰세요.

01 お母さんの 料理は いつも 美味しい です。

엄마의 / 요리는 / 항상 / 맛있다 / 입니다.

02 それは 嫌 です。

그것은 / 싫음 / 입니다.

03 寒い、寒いね。

춥다, / 춥네.

04 昨日は あんなに 暑かったのに。

어제는 / 그렇게 / 더웠는데.

05 あの ボールペン、可愛く ない?

저 / 볼펜, / 귀엽지 / 않다?

06 会社が 家から 遠い?

회사가 / 집부터 / 멀다?

정답입니다!

1 おかあさんの りょうりは いつも おいしい です。 오카아상노 료오리와 이츠모 오이시이 데스.
2 それは いや です。 소레와 이야 데스.
3 さむい、さむいね。 사무이, 사무이네.
4 きのうは あんなに あつかったのに。 키노오와 안나니 아츠캇타노니.
5 あの ぼーるぺん、かわいく ない? 아노 보―루펭, 카와이쿠 나이?
6 かいしゃが いえから とおい? 카이샤가 이에카라 토오이?

아래 일본어를
읽을 수 있게 연습한 후 → 히라가나로 쓰세요.

01 新しい パソコンが 必要 だ。

└ 새롭다 ┘└ 컴퓨터가 ┘└ 필요 ┘└이다.┘

02 それは 無理 です。

└ 그것은 ┘└ 무리 ┘└ 입니다. ┘

03 この 前 使った 冷蔵庫は どう でした?

└ 이 ┘└전┘└ 사용했다 ┘└ 냉장고는 ┘└어떻게┘└ 이었습니다? ┘

04 夜には うるさくて 不便 だった。

└ 밤에는 ┘└ 시끄러워서 ┘└ 불편 ┘└ 이었다. ┘

05 子供の 頃は 野菜が 嫌い だった。

└ 어린이의 ┘└시절은┘└ 채소가 ┘└ 싫음 ┘└ 이었다. ┘

06 私は 肉が 好き です。

└ 나는 ┘└고기가┘└ 좋음 ┘└ 입니다. ┘

정답입니다!

1 あたらしい ぱそこんが ひつよう だ。 아타라시이 파소콩가 히츠요오 다.
2 それは むり です。 소레와 무리 데스.
3 この まえ つかった れいぞうこは どう でした? 코노 마에 츠캇타 레에조오코와 도오 데시타?
4 よるには うるさくて ふべん だった。 요루니와 우루사쿠테 후벤 닫타.
5 こどもの ころは やさいが きらい だった。 코도모노 코로와 야사이가 키라이 닫타.
6 わたしは にくが すき です。 와타시와 니쿠가 스키 데스.

レッスン 03

2그룹 동사 기본 문형

동사는 3그룹
모양이 다르다

2그룹 동사로 끝나는 문장
る를 버려라!

히라가나 연습

Let's start

한눈에 배운다! 동사는 3그룹

모양이 다르다

동영상 강의

일본어의 동사는 모두 う우단 중 하나로 끝납니다.

う단

う く ぐ す つ ぬ ぶ む る

동사의 끝은 무조건 이 중 하나

그리고 무엇으로 끝나느냐에 따라 3개 그룹으로 나뉩니다.

1그룹 | 2그룹 | 3그룹

아래의 표는 동사의 마지막 글자에 따라 그룹을 구분하는 방법을 정리한 것입니다.

1 う く ぐ す つ ぬ ぶ む る

う	く	ぐ	す	つ	ぬ	ぶ	む	る
1그룹	1그룹	1그룹	1그룹	1그룹	1그룹	1그룹	1그룹	1,2,3 그룹

2 る루로 끝나면 그 앞글자에 따라 1그룹과 2그룹으로 나뉜다.

1그룹 동사	あ아단 + る루	Ex 分かる	와카루	알다
	う우단 + る루	Ex 売る	우루	팔다
	お오단 + る루	Ex 乗る	노루	타다
2그룹 동사	い이단 + る루	Ex 見る	미루	보다
	え에단 + る루	Ex 食べる	타베루	먹다

3 3그룹 동사는 する스루 | 하다, 来る쿠루 | 오다, 단 2개뿐이다.

TIP

읽어 보세요 | 동사의 그룹을 구분하는 이유는?

동사는 여러 가지로 변화하며 사용되는데, 변화의 규칙이 그룹별로 다릅니다.
정리해서 말하자면, 동사의 변화 형태를 결정하는 것은 동사의 마지막 글자입니다.

동사의 '마지막' 글자 = 변화의 힌트

읽어 보세요 | 1그룹 동사가 가장 많나요?

아닙니다. 동사는 う우단 중에서도 る루로 끝나는 경우가 가장 많으므로 결국 1그룹 동사와 2그룹 동사의 수는 비슷합니다.

더 알아 봅시다 | 2번 법칙의 예외

る루의 앞글자가 い이단 혹은 え에단인데도 불구하고 1그룹인 동사도 있습니다.

Ex	走る	하시루	달리다
	知る	시루	알다
	要る	이루	필요하다
	切る	키루	자르다

전 단원에서 배운 바와 같이 하나의 동사를 어간과 어미로 구분할 수 있습니다.
이 중에서 어간은 한자 혹은 한자+히라가나,
어미는 히라가나로 이루어져 있습니다.

먹 (어간) 다 (어미)

동사는 모두 う우단으로 끝나는데,
그중 지금 배울 2그룹 동사는 모두 る루로 끝납니다.
문장은 반말, 존댓말, 긍정, 부정, 과거 혹은 현재형으로 만들 수 있습니다.
이 모든 것은 동사의 어미와 조동사를 활용해 이루어집니다.
어간은 항상 그대로 둔 채 말이죠.

	어간	어미	조동사
먹다	食べ 타베	る 루	
먹습니다	食べ 타베		ます 마스
먹지 않다	食べ 타베		ない 나이
먹지 않습니다	食べ 타베		ません 마셍

2단원에서 배운 です데스는 명사와 형용사와 결합하고,
지금 배운 ます마스는 동사와 결합합니다.

명사 형용사	→ です	동사	→ ます

TIP

읽어 보세요 이쯤에서 배울 조사 5개

에서	で 데	家で 이에 데	집에서
에(에게)	に 니	家に行く。 이에 니 이쿠.	집에 가다.
으로	へ 에	家へ帰る。 이에 에 카에루.	집으로 돌아가다.
부터	から 카라	1時から 이치지 카라	1시부터
까지	まで 마데	2時まで 니지 마데	2시까지

읽어 보세요 동사의 그룹 구별법 복습

1그룹 동사는 **5단 동사** 라고도 합니다.

히라가나 50음도를 보면
あ아, い이, う우, え에, お오 라는 5개의 단이 있죠. 1그룹 동사는 바로 이 5개의 단을 응용하는 방식으로 변화합니다. 그러므로 1그룹 동사를 5단 동사라고 부르는 것이죠.

2그룹 동사는 **1단 동사** 라고도 합니다.

1그룹 동사와는 다르게, 단을 응용해서 변화하지 않기 때문이죠. 그냥 동사에서 어미 る루만 떼면 되기 때문에, 활용하기 가장 쉽습니다.

Let's start

한눈에 배운다!

2그룹 동사로 끝나는 문장

る루를 버려라!

음성 파일

Table map

명사+だ	い형용사	な형용사	2그룹 동사 기본	1그룹 동사 기본	2그룹 동사 응용	1그룹 동사 응용	수식	가능	접속조사て 기본	접속조사て 응용	주의 표현

2그룹 동사의 기본 8문형입니다.
2그룹 동사는 어미를 버리고 그 뒤에 ます마스, ない나이, なかった나캇타 등을 붙입니다.

2그룹 동사의 과거는 た로 끝난다

STEP1 A 8줄 일단 암기 | STEP2 A▸B 보고 말하기 | STEP3 C▸B 보고 말하기 | STEP4 AB 암송

	A	B	C
긍정	먹 다.	타베 루.	食べ る。
	먹 었다.	타베 타. 과거	食べ た。
	먹 습니다.	타베 마스.	食べ ます。
	먹 었습니다.	타베 마시타. 과거	食べ ました。
부정	먹 지 않다.	타베 나이.	食べ ない。
	먹 지 않았다.	타베 나캇타. 과거	食べ なかった。
	먹 지 않습니다.	타베 마셍.	食べ ません。
	먹 지 않았습니다.	타베 마센 데시타. 과거	食べ ません でした。

'ます마스'의 반대는 'ません마셍'

10번 읽어보세요!
20개의 대표 2그룹 동사

잠자다

ね
寝る
네 루

보다

み
見る
미 루

닫다

し
閉める
시 메루

열다

あ
開ける
아 케루

가르치다
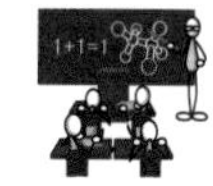
おし
教える
오시 에루

있다

いる
이루

느끼다

かん
感じる
칸 지루

생각하다

かんが
考える
캉가 에루

대답하다

こた
答える
코타 에루

결정하다

き
決める
키 메루

할 수 있다, 되다

できる
데키루

추천하다

すす
勧める
스스 메루

믿다

しん
信じる
신 지루

그만두다

やめる
야메루

떨어지다
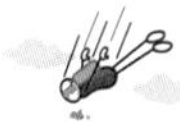
お
落ちる
오 치루

잊다

わす
忘れる
와스 레루

받다

う
受ける
우 케루

빌리다

か
借りる
카 리루

바꾸다
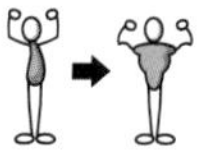
か
変える
카 에루

(옷을) 입다

き
着る
키 루

開ける아케루 | 열다는 2그룹 동사 중 하나로, 기본형입니다. 이 동사를 응용해서 빈칸을 채워 보세요. 2그룹 동사는 마지막 글자 る루를 버리고 활용한다는 점에 유의하세요.

1 열다.
開ける。

2 엽니다.
開けます。

3 열었다.
開けた。

4 열었습니다.
開けました。

practice
る루는 사라진다

미ッション
쓰면서 큰 소리로 읽어보기!

표의 일본어는 모두 2그룹 동사의 기본형입니다. 이 기본형을 활용해야만 문제를 풀 수 있습니다. 2그룹 동사는 어미를 버리고 활용한다는 점에 유의하세요.

1 느끼지 않다.

かん
感じる
칸 지루

感じ 칸지 / る 루
↓
感じ 칸지 / ない 나이

2 주지 않았습니다.

あげる
아게루

あげ / る
↓

3 조사했다.

しら
調べる
시라 베루

調べ / る
↓

4 지칩니다.

つか
疲れる
츠카 레루

疲れ / る
↓

5 잤습니다.

ね
寝る
네 루

寝 / る
↓

6 입지 않다.

き
着る
키 루

着 / る
↓

7 부서지지 않습니다.

こわ
壊れる
코와 레루

壊れ / る
↓

8 나가지 않았다.

で
出る
데 루

出 / る
↓

정답입니다!
1 칸지 나이. 2 아게 마센데시타. 3 시라베 타. 4 츠카레 마스.
5 네 마시타. 6 키 나이. 7 코와레 마셍. 8 데 나칸타.

practice
2그룹 동사의 변화

ミッション
쓰면서 큰 소리로 읽어보기!

표의 일본어는 모두 2그룹 동사의 기본형입니다. 이 기본형을 활용해야만 문제를 풀 수 있습니다. 2그룹 동사는 어미를 버리고 활용한다는 점에 유의하세요.

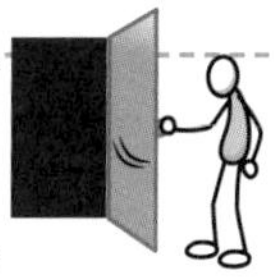

開(あ)ける
아 케루

열다. ______
열었다. ______
엽니다. ______
열었습니다. ______

閉(し)める
시 메루

닫다. ______
닫았다. ______
닫습니다. ______
닫았습니다. ______

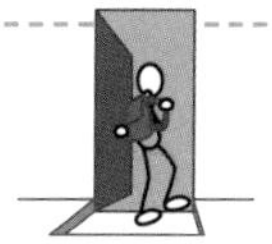

出(で)る
데 루

나가다. ______
나갔다. ______
나갑니다. ______
나갔습니다. ______

あげる
아게루

주다. ______
주었다. ______
줍니다. ______
주었습니다. ______

起(お)きる
오 키루

일어나지 않다. ______
일어나지 않았다. ______
일어나지 않습니다. ______
일어나지 않았습니다. ______

投(な)げる
나 게루

던지지 않다. ______
던지지 않았다. ______
던지지 않습니다. ______
던지지 않았습니다. ______

慣(な)れる
나 레루

익숙해지지 않다. ______
익숙해지지 않았다. ______
익숙해지지 않습니다. ______
익숙해지지 않았습니다. ______

捨(す)てる
스 테루

버리지 않다. ______
버리지 않았다. ______
버리지 않습니다. ______
버리지 않았습니다. ______

折(お)れる
오 레루

꺾이지 않다. ______
꺾이지 않았다. ______
꺾이지 않습니다. ______
꺾이지 않았습니다. ______

정답

1 開ける。開けた。開けます。開けました。
2 閉める。閉めた。閉めます。閉めました。
3 出る。出た。出ます。出ました。
4 あげる。あげた。あげます。あげました。
5 起きない。 起きなかった。 起きません。 起きませんでした。
6 投げない。 投げなかった。 投げません。 投げませんでした。
7 慣れない。 慣れなかった。 慣れません。 慣れませんでした。
8 捨てない。 捨てなかった。 捨てません。 捨てませんでした。
9 折れない。 折れなかった。 折れません。 折れませんでした。

practice
2그룹 동사로 끝나는 문장

ミッション
12개의 문장을 21초 안에 말하기!

표의 일본어는 명사입니다. 이 명사들과 2그룹 동사를 조합, 활용해야 문제를 풀 수 있습니다.

문, 도어	창문	과거	미래	아들	딸
	まど	か こ	み らい	むす こ	むすめ
ドア	窓	過去	未来	息子	娘
도아	마도	카 코	미 라이	무스 코	무스메

1 문을 열다.
ドアを 開ける。
ドアを あける。

2 창문을 닫다.
窓を 閉める。
まどを しめる。

3 문을 닫습니다.
ドアを 閉めます。
ドアを しめます。

4 창문을 닫았습니다.
窓を 閉めました。
まどを しめました。

5 미래를 생각하다.
未来を 考える。
みらいを かんがえる。

6 미래를 생각하지 않았다.
未来を 考え なかった。
みらいを かんがえ なかった。

7 과거를 생각하지 않습니다.
過去を 考え ません。
かこを かんがえ ません。

8 미래를 생각하지 않았습니다.
未来を 考え ませんでした。
みらいを かんがえ ませんでした。

9 아들을 보았습니다.
息子を 見ました。
むすこを みました。

10 딸이 있지 않습니다.
娘が い ません。
むすめが い ません。

11 질문에 대답했다.
質問に 答えた。
しつもんに こたえた。

12 질문에 대답하지 않았다.
質問に 答え なかった。
しつもんに こたえ なかった。

practice

2그룹 동사로 끝나는 문장

ミッション
23
12개의 문장을 23초 안에 말하기!

아래 단어들은 명사입니다. 이 명사들과 2그룹 동사를 조합하여 문장을 만들어 보세요.
예문들은 2그룹 동사의 변화형을 나타내고 있습니다.

메뉴	수학	맛	학교	대학	바람
	すう がく	あじ	がっ こう	だい がく	かぜ
メニュー	数学	味	学校	大学	風
메뉴―	스으 가쿠	아지	각 코오	다이 가쿠	카제

1 그는 잠자지 않다.
彼は 寝 ない。
かれは ね ない。

2 학교에서 학생을 가르칩니다.
学校で 学生を 教えます。
がっこうで がくせいを おしえます。

3 맛을 느끼다.
味を 感じる。
あじを かんじる。

4 메뉴를 결정했습니다.
メニューを 決めました。
メニューを きめました。

5 맛을 느끼지 않다.
味を 感じ ない。
あじを かんじ ない。

6 메뉴를 결정하지 않았습니다.
メニューを 決め ませんでした。
メニューを きめ ませんでした。

7 대학을 결정하지 않았다.
大学を 決め なかった。
だいがくを きめ なかった。

8 대학을 결정했다.
大学を 決めた。
だいがくを きめた。

9 그는 수학을 가르쳤다.
彼は 数学を 教えた。
かれは すうがくを おしえた。

10 우리는 메뉴를 결정했다.
私たちは メニューを 決めた。
わたしたちは メニューを きめた。

11 바람을 느끼다.
風を 感じる。
かぜを かんじる。

12 바람을 느꼈다.
風を 感じた。
かぜを かんじた。

03 이 표현 꼭 외우자!
2그룹 동사 기본 문형

Level ★★☆

벌써 자는 거야?

ダイアローグ 1-1

A もう 寝るの?
모오 / 네루노?
벌써 / 자는 거야?

朝 何 時 に 起きる?
아사 / 난 / 지 / 니 / 오키루?
아침 / 몇 / 시 / 에 / 일어나다?

そんなに 早く 起き ない。 **B**
손나니 / 하야 쿠 / 오키 / 나이.
그렇게 / 빨리 / 일어나지 / 않다.

九 時 くらい に 起きる。
쿠 / 지 / 쿠라이 / 니 / 오키루.
9 / 시 / 정도 / 에 / 일어나다.

もう寝る。

もう

もう [모오]에는 '**더**'라는 뜻과
'**벌써**', '**이제**'라는 뜻이 있습니다.

그래서
もう寝る [모오네루] 라고만 하면
상황에 따라 '**이제 잘래**'라는
의지를 나타내는 표현이
될 수도 있습니다.

A : 벌써 자는 거야?
아침 몇 시에 일어나?
B : 그렇게 빨리 일어나지는 않아.
9시 정도에 일어나.

Level ★★☆

벌써 자요?

ダイアローグ 1-2

A もう 寝 ますか?
모오 / 네 / 마스카?
벌써 / 자기 / 합니까?

朝 何 時 に 起き ますか?
아사 / 난 / 지 / 니 / 오키 / 마스카?
아침 / 몇 / 시 / 에 / 일어나기 / 합니까?

そんなに 早く 起き ません。 **B**
손나니 / 하야 쿠 / 오키 / 마셍.
그렇게 / 빨리 / 일어나기 / 하지 않습니다.

九 時 くらい に 起き ます。
쿠 / 지 / 쿠라이 / 니 / 오키 / 마스.
9 / 시 / 정도 / 에 / 일어나기 / 합니다.

よく寝た!
요쿠 네타!
잘 잤다!

寝

2그룹 동사의 어간은
명사처럼 쓰이기도 합니다.
아래와 같이 다른 한자와 결합하여
새로운 단어를
만들어낼 수 있습니다.

昼寝 [히루네] : 낮잠
寝癖 [네구세] : 잠버릇

A : 벌써 자요?
아침 몇 시에 일어나요?
B : 그렇게 빨리 일어나지는 않아요.
9시 정도에 일어나요.

따라 말하기

Level ★★★

사쿠라이 씨 못 봤어?

ダイアローグ 2-1

A 桜井 さん 見 なかった?
사쿠라이 / 상 / 미 / 나캇타?
사쿠라이 / 씨 / 보지 / 않았다?

さっき 一 階 で 見た。 **B**
삭키 / 익 / 카이 / 데 / 미타.
아까 / 1 / 층 / 에서 / 봤다.

A 鈴木 さん も 一緒 だった?
스즈키 / 상 / 모 / 잇쇼 / 닫타?
스즈키 / 씨 / 도 / 함께 / 이었다?

彼 は 見え なかった。 **B**
카레 / 와 / 미에 / 나캇타.
그 / 는 / 보이지 / 않았다.

さっき

'방금 막'이라는 의미로 **ついさっき**[츠이삭키] 또는 **今さっき**[이마삭키] 등이 쓰입니다. **今さっき**는 오사카 방언이지만 누구나 자연스럽게 사용하는 구어체 표현입니다.

A : 사쿠라이 씨 못 봤어?
B : 방금 1층에서 봤어.
A : 스즈키 씨도 같이 있었어?
B : 그 사람은 안 보였어.

Level ★★★

사쿠라이 씨 못 봤어요?

ダイアローグ 2-2

A 桜井 さん 見 ません でしたか?
사쿠라이 / 상 / 미 / 마센 / 데시타카?
사쿠라이 / 씨 / 보기 / 하지 않습니다 / 이었습니까?

先程 一 階 で 見 ました。 **B**
사키 호도 / 익 / 카이 / 데 / 미 / 마시타.
방금 / 1 / 층 / 에서 / 보기 / 했습니다.

A 鈴木 さん も 一緒 でしたか?
스즈키 / 상 / 모 / 잇쇼 / 데시타카?
스즈키 / 씨 / 도 / 함께 / 이었습니까?

彼 は 見え ません でした。 **B**
카레 / 와 / 미에 / 마센 / 데시타.
그 / 는 / 보이기 / 하지 않습니다 / 이었습니다.

一階

일본어의 한자 중에서도 **一**은 특히 다양한 발음을 가지고 있는 글자입니다.

一人 [히토리] : 한사람
一日 [이치니치] : 하루
一階 [익카이] : 1층

위와 같이 뒤에 오는 표현에 따라 읽는 방법이 달라질 수 있으므로 주의해야 합니다.

A : 사쿠라이 씨 못 봤어요?
B : 방금 1층에서 봤어요.
A : 스즈키 씨도 같이 있었어요?
B : 그 사람은 안 보였어요.

03 이 표현 꼭 외우자! 2그룹 동사 기본 문형

Level ★★☆

나, 생선은 안 먹어.

ダイアローグ 3-1

A 何 食べる?
나니 / 타베루?
무엇 / 먹다?

私、魚 は 食べ ない。 **B**
와타시, / 사카나 / 와 / 타베 / 나이.
나, / 물고기 / 는 / 먹지 / 않다.

魚 以外 なら 何 でも いい。
사카나 / 이 가이 / 나라 / 난 / 데모 / 이이.
물고기 / 이외 / 라면 / 무엇 / 라도 / 좋다.

A じゃあ、肉 は 食べる?
쟈아, / 니쿠 / 와 / 타베루?
그럼, / 고기 / 는 / 먹다?

うん。肉 は 食べる。 **B**
웅. / 니쿠 / 와 / 타베루.
응. / 고기 / 는 / 먹다.

朝も肉、昼も肉、夜も肉。
아사 모 니쿠, 히루 모 니쿠, 요루 모 니쿠.
아침에 고기, 점심에 고기,
저녁에 고기.

なら

なら[나라]는 '~라면'이라는 뜻의 조동사입니다.
어떠한 사실을 가정하거나, 조건을 제시할 때 사용합니다.

A : 뭐 먹을래?
B : 나, 생선은 안 먹어.
생선만 아니면 다 좋아.
A : 그럼, 고기는 먹어?
B : 응. 고기는 먹어.

일본어와 우리말은 지나치게 비슷하다
日本語と 韓国語は あまりにも 似ている

コンクールの	ため 週末にも	レッスンを	受ける。
콩쿠-루노	타메 슈우마츠니모	렛승오	우케루.
콩쿠르의	위해 주말에도	교습을	받다.

콩쿠르를 위해 주말에도 교습을 받는다.

ラジオを	聞き ながら	家計簿を	つける。
라지오오	키키나가라	카케에보오	*츠케루.
라디오를	들음하면서	가계부를	붙이다.

라디오를 들으면서 가계부를 쓰다.

*つける는 여기서 '쓰다'라는 의미로 쓰였습니다.
글씨를 쓸 때 잉크가 종이에 들러붙는 이미지를 상상해 보세요.

따라 말하기

Level ★★☆

저, 생선은 안 먹어요.

ダイアローグ 3-1

A 何 食べ ますか?
나니 / 타베 / 마스카?
무엇 / 먹기 / 합니까?

私、魚 は 食べ ません。 **B**
와타시, / 사카나 / 와 / 타베 / 마셍.
나, / 물고기 / 는 / 먹기 / 하지 않습니다.

魚 以外 なら 何 でも いい です。
사카나 / 이 가이 / 나라 / 난 / 데모 / 이이 / 데스.
물고기 / 이외 / 라면 / 무엇 / 라도 / 좋다 / 입니다.

A じゃあ、肉 は 食べ ますか?
쟈아, / 니쿠 / 와 / 타베 / 마스카?
그럼, / 고기 / 는 / 먹기 / 합니까?

はい。肉 は 食べ ます。 **B**
하이. / 니쿠 / 와 / 타베 / 마스.
네. / 고기 / 는 / 먹기 / 합니다.

海に行きたいです。
우미 니 이키 타이 데스.
바다에 가고 싶어요.

식재료에 관련된 일본어

魚	[사카나]	: 물고기
肉	[니쿠]	: 고기
豚肉	[부타니쿠]	: 돼지고기
牛肉	[규우니쿠]	: 소고기
野菜	[야사이]	: 채소
果物	[쿠다모노]	: 과일

A : 뭐 먹을래요?
B : 저, 생선은 안 먹어요.
생선만 아니면 다 좋아요.
A : 그럼, 고기는 먹어요?
B : 네. 고기는 먹어요.

일본어와 우리말은 지나치게 비슷하다
日本語と 韓国語は あまりにも 似ている

スイッチを 押しても 画面が 出ない。
스잇치오 오시테모 가멩가 데나이.
스위치를 눌러도 화면이 나옴않다.
스위치를 눌러도 화면이 나오지 않는다.

ステージ 上の 歌手を 見る。
스테-지 죠오노 카슈오 미루.
무대 위의 가수를 보다.
무대 위의 가수를 보다.

03 이 표현 꼭 외우자! 2그룹 동사 기본 문형

Level ★★☆

난 초콜릿 싫어해.

ダイアローグ 4-1

A 私 の パン が ない。
와타시 / 노 / 팡 / 가 / 나이.
나 / 의 / 빵 / 이 / 없다.

誰 が 食べた!—
다레 / 가 / 타베타!
누구 / 가 / 먹었다!

B 私 は 食べ なかった。
와타시 / 와 / 타베 / 나캇타.
나 / 는 / 먹지 / 않았다.

私 は チョコレート が 嫌い だ。
와타시 / 와 / 쵸코레-토 / 가 / 키라 이 / 다.
나 / 는 / 초콜릿 / 이 / 싫음 / 이다.

A チョコレート?
쵸코레-토?
초콜릿?

A : 내 빵이 없어.
누가 먹었어!
B : 나는 안 먹었어.
난 초콜릿 싫어해.
A : 초콜릿?

チョコレート

예전에 우리나라가 한글과 한자를 혼용해서 사용했던 것처럼 일본은 히라가나, 가타카나, 한문을 혼용해서 사용합니다.

이 중 가타카나는 외래어나 의성어, 의태어를 표기할 때 주로 쓰입니다.

일본어와 우리말은 지나치게 비슷하다
日本語と 韓国語は あまりにも 似ている

あの	チームは	決勝戦で	負けた。
아노	치-무와	켓쇼오센데	마케타.
저	팀은	결승전에서	졌다.

저 팀은 결승전에서 졌다.

僕の	スープには	野菜を	入れなかった。
보쿠노	스-푸니와	야사이오	이레 나캇타.
나의	수프에는	채소를	넣음 않았다.

내 수프에는 채소를 넣지 않았다.

따라 말하기

Level ★★☆

전 초콜릿 싫어해요.

ダイアローグ 4-2

A 私 の パン が あり ません。
와타시 / 노 / 팡 / 가 / 아리 / 마셍.
나 / 의 / 빵 / 이 / 있기 / 하지 않습니다.

誰 が 食べ ました!
다레 / 가 / 타베 / 마시타!
누구 / 가 / 먹기 / 했습니다!

B 私 は 食べ ません でした。
와타시 / 와 / 타베 / 마센 / 데시타.
나 / 는 / 먹기 / 하지 않습니다 / 이었습니다.

私 は チョコレート が 嫌い です。
와타시 / 와 / 쵸코레-토 / 가 / 키라 이 / 데스.
나 / 는 / 초콜릿 / 이 / 싫음 / 입니다.

A チョコレート?
쵸코레-토?
초콜릿?

A : 제 빵이 없어요.
누가 먹었어요!
B : 저는 안 먹었어요.
전 초콜릿 싫어해요.
A : 초콜릿?

食べませんでした

ませんでした[마센데시타] 대신 **なかったです**[나캇타데스]를 붙여도 같은 표현이 됩니다.

단, **ませんでした**[마센데시타] 문형이 더욱 격식을 차린 표현으로 윗사람 앞이나 공식적인 자리에서 주로 사용됩니다.

일본어와 우리말은 지나치게 비슷하다
日本語と 韓国語は あまりにも 似ている

ホットケーキ と　ミルク を　食べ ました。
홋토케-키토　미루쿠오　타베마시타.
핫케이크와　우유를　먹음 했습니다.
핫케이크와 우유를 먹었습니다.

最近 ドア を　オートロック に　変え ました。
사이킨 도아오　오-토록쿠니　카에마시타.
최근 문을　오토락에　바꿈 했습니다.
최근 문을 오토락으로 바꿨습니다.

아래 일본어를 읽을 수 있게 연습한 후 → 히라가나로 쓰세요.

01 私、魚は 食べ ない。

└나,┘└물고기는┘└ 먹지 ┘└ 않다. ┘

02 じゃあ、肉は 食べる?

└ 그럼, ┘└고기는┘└ 먹다? ┘

03 もう 寝るの?

└벌써┘└ 자는 거야? ┘

04 朝 何 時に 起き ますか?

└아침┘└몇┘└ 시에 ┘└일어나기┘└ 합니까? ┘

05 九時 くらいに 起き ます。

└ 9시 ┘└ 정도에 ┘└일어나기┘└ 합니다.┘

06 さっき 一階で 見た。

└ 아까 ┘└ 1층에서 ┘└ 봤다. ┘

정답입니다!

1 わたし、さかなは たべ ない。 와타시, 사카나와 타베 나이.
2 じゃあ、にくは たべる? 쟈아, 니쿠와 타베루?
3 もう ねるの? 모오 네루노?
4 あさ なん じに おき ますか? 아사 난 지니 오키 마스카?
5 くじ くらいに おき ます。 쿠지 쿠라이니 오키 마스.
6 さっき いっかいで みた。 삭키 익카이데 미타.

レッスン 04

1그룹 동사 기본 문형

1그룹 동사로 끝나는 문장
마지막 글자가 바뀐다!

음편현상
발음을 편하게

TIP
3가지 동사

히라가나 연습

Let's start

한눈에 배운다!
1그룹 동사로 끝나는 문장

마지막 글자가 바뀐다!

음성 파일

Table map

명사+だ | い형용사 | な형용사 | 2그룹 동사 기본 | **1그룹 동사 기본** | 2그룹 동사 응용 | 1그룹 동사 응용 | 수식 | 가능 | 접속조사て 기본 | 접속조사て 응용 | 주의 표현

자, 이번에는 1그룹 동사를 변형하는 방법을 배워보도록 하겠습니다.
1그룹 동사를 활용할 때는 마지막 글자를 떼지 않고 변형시킵니다.

존대표현들은 어미를 い이단으로 바꾸고 뒤에 ます마스를 붙입니다.

노 무
↓
노 미 + 마스
어간 어미

STEP1 A 8줄 일단 암기 | STEP2 A▸B 보고 말하기 | STEP3 C▸B 보고 말하기 | STEP4 AB 암송

	A	B	C
긍정	마시 다.	노 무.	飲 む。
	마셨 다.	노 ㄴ 다. 과거	飲 んだ。* ('飲た노타'가 아니라 '飲んだ논다')
	마십 니다.	노 미 마스.	飲 みます。
	마셨 습니다.	노 미 마시타. 과거	飲 みました。 ('ます마스'의 과거는 'ました마시타')
부정	마시 지 않다.	노 마 나이.	飲 まない。
	마시 지 않았다.	노 마 나캇타. 과거	飲 まなかった。
	마시 지 않습니다.	노 미 마셍.	飲 みません。 (대신 'ないです나이데스'도 가능)
	마시 지 않았습니다.	노 미 마센 데시타. 과거	飲 みませんでした。

*飲んだ : 이것을 '음편현상'이라 부르는데, 다음 단원에서 배울 예정입니다.

동영상 강의

	어간	어미	조동사
마시다	飲 노	む 무	
마십니다	飲 노	み 미	ます 마스
마시지 않다	飲 노	ま 마	ない 나이
마시지 않습니다	飲 노	み 미	ません 마셍

자, 이제
연습하러 가볼까?

이 일본어 단어들은 대표적인 1그룹 동사입니다. 일상에서 흔히 사용하는 쉽고 간단한 기초 동사들입니다. 이 장에서 외우는 것이 좋습니다.

가다

い
行く
이 쿠

걷다

ある
歩く
아루 쿠

달리다

はし
走る
하시 루

듣다

き
聞く
키 쿠

기다리다

ま
待つ
마 츠

바라다

のぞ
望む
노조 무

사다

か
買う
카 우

팔다

う
売る
우 루

알다

し
知る
시 루

날다

と
飛ぶ
토 부

돌아가다

かえ
帰る
카에 루

들어오다, 들어가다

はい
入る
하이 루

수영하다

およ
泳ぐ
오요 구

마시다

の
飲む
노 무

만나다

あ
会う
아 우

말하다

い
言う
이 우

이야기하다

はな
話す
하나 스

노래하다

うた
歌う
우타 우

깨뜨리다

こわ
壊す
코와 스

웃다

わら
笑う
와라 우

practice
마지막 글자가 바뀐다.

ミッション
쓰면서 큰 소리로 읽어보기!

각 문제의 일본어는 1그룹 동사의 기본형입니다. 동사들을 활용해서 빈칸에 한글 발음을 적어 보세요.
1그룹 동사는 응용 방법에 따라 마지막 글자가 변합니다.

1 생각합니다.

思う(おも) 오모 우

思 오모 / う 우 → 思 오모 / い 이 / ます 마스

2 계속하지 않습니다.

続く(つづ) 츠즈 쿠

続 / く →

3 일하지 않았습니다.

働く(はたら) 하타라 쿠

働 / く →

4 놓치지 않다.

逃す(のが) 노가 스

逃 / す →

5 용서하지 않았다.

許す(ゆる) 유루 스

許 / す →

6 읽지 않았습니다.

読む(よ) 요 무

読 / む →

7 이겼습니다.

勝つ(か) 카 츠

勝 / つ →

8 만나지 않다.

会う(あ) 아 우

会 / う →

정답입니다!
1 오모 이 마스. 2 츠즈 키 마셍. 3 하타라 키 마센데시타. 4 노가 사 나이.
5 유루 사 나칸타. 6 요 미 마센데시타. 7 카 치 마시타. 8 아 와 나이.

practice
8문형 반복연습

ミッション
쓰면서 큰 소리로 읽어보기!

行く 이쿠 | 가다

가 다.	行く。	
갔 다. 과거	行った。	
갑 니다.	行きます。	
갔 습니다. 과거	行きました。	
가 지 않다.	行かない。	
가 지 않았다. 과거	行かなかった。	
가 지 않습니다.	行きません。	
가 지 않았습니다. 과거	行きませんでした。	

書く 카쿠 | 쓰다

쓰 다.	書く。	
썼 다. 과거	書いた。	
씁 니다.	書きます。	
썼 습니다. 과거	書きました。	
쓰 지 않다.	書かない。	
쓰 지 않았다. 과거	書かなかった。	
쓰 지 않습니다.	書きません。	
쓰 지 않았습니다. 과거	書きませんでした。	

practice
1그룹 동사로 끝나는 문장

ミッション
23 12개의 문장을 23초 안에 말하기!

표에 있는 단어는 모두 명사입니다. 이 명사들을 1그룹 동사와 조합하여 문장을 만들어 보세요. 1그룹 동사는 활용하는 문형에 따라 마지막 글자가 변합니다.

공원	광장	길	옷	음악	친구
こう えん	ひろ ば	みち	ふく	おん がく	とも だち
公園	広場	道	服	音楽	友達
코오 엥	히로 바	미치	후쿠	옹 가쿠	토모 다치

1 공원에서 걷습니다.
公園で 歩きます。
こうえんで あるきます。

2 우리는 광장에 갑니다.
私たちは 広場に 行きます。
わたしたちは ひろばに いきます。

3 옷을 사지 않았습니다.
服を 買い ませんでした。
ふくを かい ませんでした。

4 길에서 옷을 팔지 않습니다.
道で 服を 売り ません。
みちで ふくを うり ません。

5 친구가 웃습니다.
友達が 笑います。
ともだちが わらいます。

6 음악을 들었습니다.
音楽を 聞きました。
おんがくを ききました。

7 음악은 듣지 않습니다.
音楽は 聞き ません。
おんがくは きき ません。

8 친구를 기다리다.
友達を 待つ。
ともだちを まつ。

9 나는 광장에서 기다리지 않았습니다.
私は 広場で 待ち ませんでした。
わたしは ひろばで まち ませんでした。

10 나는 길에서 기다렸습니다.
私は 道で 待ちました。
わたしは みちで まちました。

11 친구와 공원에 갑니다.
友達と 公園に 行きます。
ともだちと こうえんに いきます。

12 우리는 광장을 걸었습니다.
私たちは 広場を 歩きました。
わたしたちは ひろばを あるきました。

Let's start

한눈에 배운다! 음편현상

발음을 편하게

동영상 강의

무조건 '타'로 끝나는 것이 동사 과거형의 특징입니다.

현재형 食べ(타베) る(루)

과거형 食べ(타베) た(타) * 2그룹 동사 예시

하지만 1그룹 동사의 과거형을 만드는 것은 조금 더 복잡합니다.
이것은 음편현상 때문입니다.

현재형 会(아) う(우)

과거형 会(아) っ(ㄷ) た(타) * 1그룹 동사 예시

음편현상이란?

1 음편현상은 발음을 간단하게 하기 위해 일어납니다.

2 음편현상은 오직 1그룹 동사에서만 일어납니다. 2그룹 동사를 활용할 때는 마지막 글자를 제거한다는 점이 1그룹 동사의 활용과 다르기 때문입니다.

3 음편현상은 1그룹 동사 뒤에 다음 표현을 붙여줄 때 일어납니다.

– た	타	과거형 (~했다)
– て/で	테/데	조사 (~하고) *중요
– たら	타라	조사 (~하면)
– たり	타리	조사 (~하거나)

4 음편현상으로 인해 발음이 어떻게 바뀔지는 1그룹 동사의 마지막 글자에 의해 결정됩니다.

TIP

<< 읽어 보세요 **옛날 일본어에는 음편현상이 없었다.**

사실 옛날 일본어에는 음편현상이 발생하지 않았습니다.
옛날의 발음을 직접 말해보면서 오늘날의 발음과 비교해보세요.

옛날의 발음	오늘날의 발음	
かきた	かいた	썼다
かきて	かいて	쓰고
かきたり	かいたり	쓰거나

<< 읽어 보세요 **ㅌ, ㄷ 발음과 음편현상**

음편현상은 ㅌ, ㄷ 발음과 함께 발생한다는 것을 알 수 있습니다. 하지만 1그룹 동사 뒤에 ㅌ, ㄷ 발음이 왔다고 해서 무조건 음편현상이 발생하는 것은 아닙니다.
음편현상은 1그룹 동사 뒤에 왼쪽 4가지의 ㅌ, ㄷ 발음이 따라왔을 때만 발생합니다.

음편현상은 오직 1그룹 동사에서만!

Let's start

한눈에 배운다!
음편현상

발음을 편하게

음편현상은 1그룹 동사의 마지막 글자가 결정합니다.

현재형 → 과거형

会(아) う(우) → 会(아) っ(ㄷ) た(타)

↳ 마지막 글자에 따라 ↳ 음편의 형태가 결정된다

5가지 음편현상

○○う 우	→	○○った ㄷ타
○○つ 츠	→	○○った ㄷ타
○○る 루	→	○○った ㄷ타
○○む 무	→	○○んだ ㄴ다
○○ぶ 부	→	○○んだ ㄴ다
○○く 쿠	→	○○いた 이타
○○ぐ 구	→	○○いだ 이다
○○す 스	→	○○した 시타

* す스가 した시타로 변하는 것은 사실 음편현상이 아니라 정상적인 어미 변화입니다. 하지만 어차피 음편현상과 함께 외워야 합니다.

TIP

<< 읽어 보세요 **음편현상 활용 예**

현재형		과거형
買う 카우 사다	→	買った 칸타 샀다
打つ 우츠 때리다	→	打った 운타 때렸다
座る 스와루 앉다	→	座った 스왇타 앉았다
飲む 노무 마시다	→	飲んだ 논다 마셨다
遊ぶ 아소부 놀다	→	遊んだ 아손다 놀았다

* ぬ로 끝나는 동사도 역시 んだㄴ다라고 합니다. 하지만, ぬ로 끝나는 동사는 死ぬ시누 | 죽다라는 단어 하나밖에 없습니다. '죽었다'는 死んだ시ㄴ다라고 합니다.

聞く 키쿠 듣다	→	聞いた 키이타 들었다
泳ぐ 오요구 수영하다	→	泳いだ 오요이다 수영했다
探す 사가스 찾다	→	探した 사가시타 찾았다

ミッション
쓰면서 큰 소리로 읽어보기!

practice
음편현상

주어진 일본어는 1그룹 동사의 기본형입니다. 이 동사들을 과거형으로 만들어서, 한글 발음을 빈칸에 적어 보세요. 1그룹 동사는 과거형으로 변할 때, 마지막 글자에 따라 음편현상이 일어납니다.

1 생각했다.

思う(おも)
오모 우

思 오모 | う 우
↓
思 오모 | った ㄷ타

2 계속했다.

続く(つづ)
츠즈 쿠

続 | く
↓

3 일했다.

働く(はたら)
하타라 쿠

働 | く
↓

4 놓쳤다.

逃す(のが)
노가 스

逃 | す
↓

5 용서했다.

許す(ゆる)
유루 스

許 | す
↓

6 읽었다.

読む(よ)
요 무

読 | む
↓

7 이겼다.

勝つ(か)
카 츠

勝 | つ
↓

8 만났다.

会う(あ)
아 우

会 | う
↓

정답입니다!
1 오모 ㄷ타. 2 츠즈 이타. 3 하타라 이타. 4 노가 시타.
5 유루 시타. 6 요 ㄴ다. 7 카 ㄷ타. 8 아 ㄷ타.

practice
문장 속의 **음편현상**

ミッション
24
12개의 문장을 24초 안에 말하기!

표에 있는 단어는 명사입니다. 이 명사와 1그룹 동사를 조합해 음편현상이 일어나는 문장을 만들어 보세요. 음편현상은 과거형뿐만 아니라, '~하고'나 '~해서'라는 표현에서도 일어납니다.

벤치	강	바다	산	아메리카노	카페라테
	かわ	うみ	やま		
ベンチ	川	海	山	アメリカーノ	カフェラテ
벤치	카와	우미	야마	아메리카-노	카훼라테

1 아메리카노를 샀다.
アメリカーノを 買った。
アメリカーノを かった。

2 벤치에 앉았다.
ベンチに 座った。
ベンチに すわった。

3 산에서 놀았다.
山で 遊んだ。
やまで あそんだ。

4 바다에서 수영했다.
海で 泳いだ。
うみで およいだ。

5 카페라테를 사고
カフェラテを 買って
カフェラテを かって

6 질문을 듣고
質問を 聞いて
しつもん:질문
しつもんを きいて

7 강을 수영해서
川を 泳いで
かわを およいで

8 산을 올라서
山を 登って
登る | のぼる: 높은 곳으로 올라가다
やまを のぼって

9 벤치에 앉아서 놀았다.
ベンチに 座って 遊んだ。
ベンチに すわって あそんだ。

10 강을 수영해서 왔다.
川を 泳いで きた。
왔다.(くる의 과거형)
かわを およいで きた。

11 강에서 수영하고 산을 올랐다.
川で 泳いで 山を 登った。
かわで およいで やまを のぼった。

12 아메리카노를 사서 벤치에 앉았다.
アメリカーノを 買って ベンチに 座った。
アメリカーノを かって ベンチに すわった。

TIP 3가지 동사

1그룹 동사	2그룹 동사	3그룹 동사	
書く 카쿠 쓰다	**食べる** 타베루 먹다	**する** 스루 하다	**くる** 쿠루 오다
書かない 카카나이 쓰지 않다	**食べない** 타베나이 먹지 않다	**しない** 시나이 하지 않다	**こない** 코나이 오지 않다
書きます 카키마스 씁니다	**食べます** 타베마스 먹습니다	**します** 시마스 합니다	**きます** 키마스 옵니다
書きません 카키마셍 쓰지 않습니다	**食べません** 타베마셍 먹지 않습니다	**しません** 시마셍 하지 않습니다	**きません** 키마셍 오지 않습니다
書いた 카이타 썼다	**食べた** 타베타 먹었다	**した** 시타 했다	**きた** 키타 왔다
書かなかった 카카나캇타 쓰지 않았다	**食べなかった** 타베나캇타 먹지 않았다	**しなかった** 시나캇타 하지 않았다	**こなかった** 코나캇타 오지 않았다
書きました 카키마시타 썼습니다	**食べました** 타베마시타 먹었습니다	**しました** 시마시타 했습니다	**きました** 키마시타 왔습니다
書きませんでした 카키마센데시타 쓰지 않았습니다	**食べませんでした** 타베마센데시타 먹지 않았습니다	**しませんでした** 시마센데시타 하지 않았습니다	**きませんでした** 키마센데시타 오지 않았습니다

일본어 동사가 어떻게 변화하는지, 어떤 형태를 갖추고 있는지에 따라 1그룹 동사, 2그룹 동사로 구분할 수 있습니다.
3그룹 동사는 する스루 '하다'와 くる쿠루 '오다'뿐이죠.
3그룹 동사는 이렇게 2개뿐이고, 둘 다 불규칙하게 변화합니다.

04 이 표현 꼭 외우자!
1그룹 동사 기본 문형

Level ★★☆

좀 안 쉴래?

ダイアローグ 1-1

A もう こんな 時間 だ。

모오 / 콘나 / 지칸 / 다.
벌써 / 이런 / 시간 / 이다.

ちょっと 休ま ない?

춋토 / 야스 마 / 나이?
조금 / 쉬지 / 않다?

B 休む 時間 は ない。

야스 무 / 지캉 / 와 / 나이.
쉬다 / 시간 / 은 / 없다.

私 は 早く 帰り たい!

와타시 / 와 / 하야 쿠 / 카에 리 / 타이!
나 / 는 / 빨리 / 돌아가기 / ~하고 싶다!

休まない

맨 마지막 글자가 **む**[무]로 끝나는 **休む**[야스무]를 부정형으로 만들 때는 **む**[무]를 **ま**[마]로 바꿔주어야 합니다.

A : 벌써 이런 시간이다.
좀 안 쉴래?
B : 쉴 시간 없어.
난 빨리 집에 가고 싶어!

Level ★★☆

좀 안 쉴래요?

ダイアローグ 1-2

A もう こんな 時間 です。

모오 / 콘나 / 지칸 / 데스.
벌써 / 이런 / 시간 / 입니다.

ちょっと 休み ませんか?

춋토 / 야스 미 / 마셍카?
조금 / 쉬기 / 하지 않습니까?

B 休む 時間 は あり ません。

야스 무 / 지캉 / 와 / 아리 / 마셍.
쉬다 / 시간 / 은 / 있기 / 하지 않습니다.

私 は 早く 帰り たい です!

와타시 / 와 / 하야 쿠 / 카에 리 / 타이 / 데스!
나 / 는 / 빨리 / 돌아가기 / ~하고 싶다 / 입니다!

A : 벌써 이런 시간이에요.
좀 안 쉴래요?
B : 쉴 시간 없어요.
전 빨리 집에 가고 싶어요!

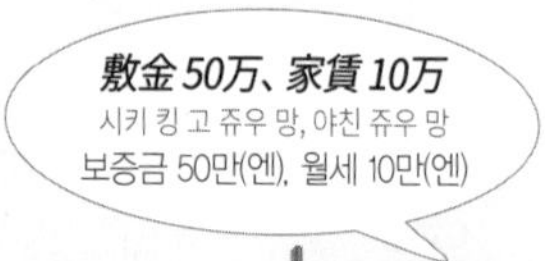

帰りたいです

たい[타이]는 **'~하고 싶다'**라는 뜻으로 희망을 나타내는 표현입니다.

たい[타이] 앞에는 동사의 명사형을 붙여주어 표현을 만듭니다.

따라 말하기

Level ★★☆

나도 안 했어!

ダイアローグ 2-1

A 宿題 やった?
슈쿠 다이 / 야타?
숙제 / 했다?

宿題? 宿題 が あった? **B**
슈쿠 다이? / 슈쿠 다이 / 가 / 아타?
숙제? / 숙제 / 가 / 있었다?

全然 知ら なかった。
젠젠 / 시라 / 나캇타.
전혀 / 알지 / 않았다.

A 大丈夫。私 も やって いない!
다이 죠오 부. / 와타시 / 모 / 얏테 / 이나이!
괜찮음. / 나 / 도 / 하고 / 있지 않다!

A : 숙제했어?
B : 숙제? 숙제가 있었어?
전혀 몰랐어.
A : 괜찮아. 나도 안 했어!

やって

やって [얏테] 의 기본형은 **やる** [야루] 입니다. **やる** [야루] 와 **する** [스루] 는 둘 다 '하다'를 의미하며 자주 쓰이는 동사이지만, 그 행동을 하는 사람의 의도가 느껴진다면 **やる** [야루], 그렇지 않다면 **する** [스루] 로 구분하여 사용합니다.

Level ★★☆

저도 안 했어요!

ダイアローグ 2-2

A 宿題 やり ましたか?
슈쿠 다이 / 야리 / 마시타카?
숙제 / 하기 / 했습니까?

宿題? 宿題 が あり ましたか? **B**
슈쿠 다이? 슈쿠 다이 / 가 / 아리 / 마시타카?
숙제? 숙제 / 가 / 있기 / 했습니까?

全然 知り ません でした。
젠젠 / 시리 / 마센 / 데시타.
전혀 / 알기 / 하지 않습니다 / 이었습니다.

A 大丈夫 です。私 も やって いません!
다이 죠오 부 / 데스. / 와타시 / 모 / 얏테 / 이마셍!
괜찮음 / 입니다. / 나 / 도 / 하고 / 있지 않습니다!

監視してるよ。
칸시 시테루요.
지켜보고 있다.

A : 숙제했어요?
B : 숙제? 숙제가 있었어요?
전혀 몰랐어요.
A : 괜찮아요. 저도 안 했어요!

やっていません

동사의 **て** [테] 형에 **いる** [이루] 가 붙으면, '~하고 있다'라는 표현이 됩니다.

이렇게 동사를 동사의 **て** [테] 형으로 바꾸면, 뒤에 다른 동사를 덧붙여서 다양한 표현을 만들 수 있습니다.

자세한 내용은 뒤에서 다뤄 보겠습니다.

04 이 표현 꼭 외우자!
1그룹 동사 기본 문형

Level ★★☆

약 먹었어?

ダイアローグ 3-1

A 鈴木 さん、薬 は 飲んだ?
스즈 키 / 상, / 쿠스리 / 와 / 논다?
스즈키 / 씨, / 약 / 은 / 마셨다?

B 飲んだ。
논다.
마셨다.

A じゃあ、これ は 何 だ?
쟈아, / 코레 / 와 / 난 / 다?
그럼, / 이것 / 은 / 무엇 / 이다?

B それ は 昨日 の 薬。
소레 / 와 / 키노오 / 노 / 쿠스리.
그것 / 은 / 어제 / 의 / 약.

昨日 は 飲ま なかった。
키노오 / 와 / 노마 / 나캇타.
어제 / 는 / 마시지 / 않았다.

薬を飲む

飲む[노무]라는 단어는
'마시다'라는 뜻입니다.

일본에서는
약을 '먹는다'라고 하지 않고
'마신다'라고 표현합니다.

私は水薬より
丸薬が好きです。
와타시 와 미즈 구스리 요리 강 야쿠 가 스키 데스.
저는 물약보다 알약을 좋아합니다.

A : 스즈키 씨, 약 먹었어?
B : 먹었어.
A : 그럼, 이건 뭐야?
B : 그건 어제 약.
어제는 안 먹었어.

일본어와 우리말은 지나치게 비슷하다
日本語と 韓国語は あまりにも 似ている

先輩と	図書館に	行った。
셈파이토	토쇼칸니	읻타.
선배와	도서관에	갔다.

선배랑 도서관에 갔다.

病院 まで	タクシー で	何 分 かかった?
뵤오임마데	탁시-데	남 풍 카캍타?
병원까지	택시로	몇 분 걸렸다?

병원 까지 택시 로 몇 분 걸렸다?

따라 말하기

Level ★★☆

약 먹었어요?

ダイアローグ 3-2

A 鈴木 さん、薬 は 飲み ましたか?
스즈 키 / 상, / 쿠스리 / 와 / 노미 / 마시타카?
스즈키 / 씨, / 약 / 은 / 마시기 / 했습니까?

飲み ました。 **B**
노미 / 마시타.
마시기 / 했습니다.

A じゃあ、これ は 何 ですか?
쟈아, / 코레 / 와 / 난 / 데스카?
그럼, / 이것 / 은 / 무엇 / 입니까?

それ は 昨日 の 薬 です。 **B**
소레 / 와 / 키노오 / 노 / 쿠스리 / 데스.
그것 / 은 / 어제 / 의 / 약 / 입니다.

昨日 は 飲み ません でした。
키노오 / 와 / 노미 / 마센 / 데시타.
어제 / 는 / 마시기 / 하지 않습니다 / 이었습니다.

私は粉薬が
好きではありません。
와타시 와 코나 구스리 가 스키 데와 아리 마셍.
저는 가루약을 좋아하지 않습니다.

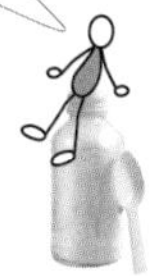

じゃあ

じゃあ[쟈아]는 '그럼'이라는 뜻도 있습니다.
그래서 회화에서는 작별 인사 대신 말하기도 합니다.

또한, 앞서 언급했던 것처럼 では[데와]와 같은 의미이므로, じゃ[쟈] 대신 では[데와]를 사용할 수도 있습니다.

A : 스즈키 씨, 약 먹었어요?
B : 먹었어요.
A : 그럼, 이건 뭐예요?
B : 그건 어제 약이에요.
어제는 안 먹었어요.

일본어와 우리말은 지나치게 비슷하다
日本語と 韓国語は あまりにも 似ている

デスクに	牛乳瓶が	ありましたか?
데스쿠니	규우뉴우빙가	아리마시타카?
책상에	우유병이	있음 했습니까?

책상에 우유병이 있었습니까?

失職で	生活が	困難に	なりました。
싯쇼쿠데	세에카츠가	콘난니	나리마시타.
실직으로	생활이	곤란에	됨 했습니다.

실직으로 생활이 곤란해졌습니다.

04 이 표현 꼭 외우자! 1그룹 동사 기본 문형

따라 말하기

Level ★★☆

스즈키는 신문 같은 거 읽어?

ダイアローグ 4-1

A 鈴木 ちゃん は 新聞 とか 読む?
스즈 키 / 쨩 / 와 / 심붕 / 토카 / 요무?
스즈키 / 쨩(호칭) / 은 / 신문 / 던가 / 읽다?

あまり 読ま ない。 **B**
아마리 / 요마 / 나이.
그다지 / 읽지 / 않다.

A 桜井 君 は?
사쿠라 이 / 쿵 / 와?
사쿠라이 / 군 / 은?

俺 は 毎日 読んで いる。 **B**
오레 / 와 / 마이 니치 / 욘데 / 이루.
나 / 는 / 매일 / 읽고 / 있다.

難しい、難しい。
무즈카 시이, 무즈카 시이.
어렵다. 어려워.

ちゃん과 君

ちゃん[짱]이나 君[쿵]은
상대의 이름 뒤에 붙여서
사용하는 호칭으로,
비교적 가까운 사이에서 사용합니다.

처음 만나는 사람에게는
さん[상]을 붙이는 것이 무난합니다.

A : 스즈키는 신문 같은 거 읽어?
B : 아니, 별로 안 읽어.
A : 사쿠라이는?
B : 나는 매일 읽고 있어.

Level ★★☆

스즈키는 신문 같은 거 읽어요?

ダイアローグ 4-2

A 鈴木 ちゃん は 新聞 とか 読み ますか?
스즈 키 / 쨩 / 와 / 심붕 / 토카 / 요미 / 마스카?
스즈키 / 쨩(호칭) / 은 / 신문 / 던가 / 읽기 / 합니까?

あまり 読み ません。 **B**
아마리 / 요미 / 마셍.
그다지 / 읽기 / 하지 않습니다.

A 桜井 君 は?
사쿠라 이 / 쿵 / 와?
사쿠라이 / 군 / 은?

僕 は 毎日 読んで います。 **B**
보쿠 / 와 / 마이 니치 / 욘데 / 이마스.
나 / 는 / 매일 / 읽고 / 있습니다.

日刊紙、週刊誌、旬刊紙
닛칸시, 슈우 칸 시, 슌칸시
일간지, 주간지, 순간지

あまり

あまり[아마리]는 여러 개의 뜻을
가진 단어입니다.

명사로 쓰일 때는
'나머지'라는 뜻이지만,
부사로 쓰일 땐 긍정표현 앞에선 '너무',
부정표현 앞에선 '그다지'라는 뜻입니다.

A : 스즈키는 신문 같은 거 읽어요?
B : 그다지 읽지 않아요.
A : 사쿠라이는?
B : 저는 매일 읽고 있어요.

아래 일본어를 읽을 수 있게 연습한 후 ⟶ 히라가나로 쓰세요.

01 休む 時間は ありません。

└ 쉬다 ┘└ 시간은 ┘└ 없습니다. ┘

02 私は 早く 帰り たい です!

└ 나는 ┘└ 빨리 ┘└돌아가기┘└~하고 싶다┘└ 입니다! ┘

03 全然 知ら なかった。

└ 전혀 ┘└ 알지 ┘└ 않았다. ┘

04 大丈夫。私も やって いない!

└ 괜찮음. ┘└ 나도 ┘└ 하고 ┘└ 있지 않다! ┘

05 薬は 飲んだ?

└ 약은 ┘└ 마셨다? ┘

06 鈴木ちゃんは 新聞 とか 読み ますか?

└ 스즈키 짱은 ┘└ 신문 ┘└ 던가 ┘└ 읽기 ┘└ 합니까? ┘

정답입니다!

1 やすむ じかんは ありません。 야스무 지캉와 아리마셍.
2 わたしは はやく かえり たい です! 와타시와 하야쿠 카에리 타이 데스!
3 ぜんぜん しら なかった。 젠젠 시라 나캇타.
4 だいじょうぶ。わたしも やって いない! 다이죠오부. 와타시모 얏테 이나이!
5 くすりは のんだ? 쿠스리와 논다?
6 すずきちゃんは しんぶん とか よみ ますか? 스즈키짱와 심붕 토카 요미 마스카?

レッスン 05

2그룹 동사 응용 문형

명령과 권유-2그룹 동사
る를 버리자

TIP
동사의 명사형

TIP
11가지 접속사

히라가나 연습

일어나요!
起きなさい!
의미적
어간
형용사
서술어
변하지 않는다
어미
변한다
동사
문법적
먹다.
食べる。
먹으세요.
食べなさい。
먹지 마라.
食べるな。
먹어라.
食べろ。
먹읍시다.
食べましょう。
食べよう。
먹자
출구로 나가세요.
出口で出なさい。

Let's start

한눈에 배운다!
명령과 권유 – 2그룹 동사

る루를 버리자!

일본어의 동사는 3개 그룹으로 나뉘고,
그에 따른 어미 변화로 문형을 구분한다는 사실을 배웠습니다.
앞에서 배운 2그룹 동사의 기본 문형을 잠시 복습해 보겠습니다.

	어간	어미	
먹다	食べ 타베	る 루	
↓ 먹습니다	食べ 타베		ます 마스
먹지 않다	食べ 타베		ない 나이
먹지 않습니다	食べ 타베		ません 마셍

이번 단원에서 배울 표현 역시 동사를 변형하여 만드는 것입니다.
이번에도 る루를 떼고 어미를 바꿔서 다른 표현으로 만들어 주면 됩니다.

		어간	어미	
명령	먹다	食べ 타베	る 루	
명령	↓ 먹어라	食べ 타베		ろ 로
명령	먹으시오	食べ 타베		なさい 나사이
명령	먹지 마라	食べ 타베	る 루	な 나
권유	먹자	食べ 타베		よう 요오
권유	먹읍시다	食べ 타베		ましょう 마쇼오
권유	먹어 줘	食べ 타베		て 테
권유	먹어주세요	食べ 타베		てください 테 쿠다사이

TIP

<< 읽어 보세요 **1그룹 동사와 2그룹 동사의 변화 차이**

아래 예시를 보시죠. 같은 부정문이지만 하나는 1그룹, 다른 하나는 2그룹 동사기 때문에 변화 방식이 서로 다릅니다.

1그룹 동사	2그룹 동사
聞く 키쿠 듣다	見る 미루 보다
↓	↓
聞かない 키카나이 듣지 않다	見ない 미나이 보지 않다

<< 읽어 보세요 **なさい나사이는 존댓말이 아닙니다.**

なさい나사이는 '하시다'라는 뜻의 なさる나사루의 명령형으로, 자칫 존대표현이라 생각할 수 있지만 실은 '~하시오'에 가까운 표현입니다. '~해라' 보다는 가볍고 부드러운 어조이지만 엄연히 윗사람이 아랫사람에게 사용하는 명령 표현이므로 주의해야 합니다. 하지만, 흔히 사용되는 ごめんなさい고멘나사이(미안합니다), おやすみなさい오야스미나사이(안녕히 주무세요) 와 같은 표현은 관용구처럼 굳어진 것이므로 명령형의 뉘앙스는 가지고 있지 않습니다.

<< 읽어 보세요 **てください테 쿠다사이**

ください쿠다사이는 て테라는 접속조사와 종종 결합해 사용되기 때문에 てください테쿠다사이라고 외우는 것도 좋습니다. て테만 보고도 뒤에 ください쿠다사이가 생략되었다고 생각할 수 있을 정도로 함께 쓰이기 때문입니다.

음성 파일

Table map

명사+だ | い형용사 | な형용사 | 2그룹 동사 기본 | 1그룹 동사 기본 | 2그룹 동사 응용 | 1그룹 동사 응용 | 수식 | 가능 | 접속조사て 기본 | 접속조사て 응용 | 주의 표현

STEP1 **A** 9줄 일단 암기
STEP2 **A▸B** 보고 말하기
STEP3 **C▸B** 보고 말하기
STEP4 **AB** 암송

어미가 정말 다양하게 변화하지?

	A	B	C
긍정	먹 어라.	타베 로.	食べ ろ。
	먹 으시오.	타베 나사이.	食べ なさい。
부정	먹 지 마라.	타베 루 나.	食べ るな。 (원형 + 'な')
긍정	먹 자.	타베 요오.	食べ よう。 ('よう요오'에 집중!)
	먹 읍시다.	타베 마쇼오.	食べ ましょう。
긍정	먹 어 줘.	타베 테.	食べ て。 (접속조사에서 더 자세히)
	먹 어 주세요.	타베 테 쿠다사이.	食べ てください。
부정	먹 지 말아 줘.	타베 나이데.	食べ ないで。
	먹 지 말아 주세요.	타베 나이데 쿠다사이.	食べ ないでください。

practice
명령과 권유

ミッション
14 14개의 문장을 14초 안에 말하기!

표에 있는 2그룹 동사들은 모두 기본형입니다. 이 동사들을 명령형과 권유형으로 활용해 보세요.
2그룹 동사의 명령형과 권유형을 만들 때는, 부정 명령형에 주의해야 합니다.

기억하다	바꾸다	빌리다	나가다	입다	돕다

おぼ 覚える	か 変える	か 借りる	で 出る	き 着る	たす 助ける
오보 에루	카 에루	카 리루	데 루	키 루	타스 케루

1 기억하자.
覚えよう。
おぼえよう。

2 기억합시다.
覚えましょう。
おぼえましょう。

3 기억하세요.
覚えなさい。
おぼえなさい。

4 기억해라.
覚えろ。
おぼえろ。

5 기억하지 마라.
覚える な。
おぼえる な。

6 기억해 주세요.
覚えて ください。
おぼえて ください。

7 기억하지 말아 주세요.
覚え ないで ください。
おぼえ ないで ください。

8 바꾸자.
変えよう。
かえよう。

9 바꿉시다.
変えましょう。
かえましょう。

10 바꾸세요.
変えなさい。
かえなさい。

11 바꿔라.
変えろ。
かえろ。

12 바꾸지 마라.
変える な。
かえる な。

13 바꿔 주세요.
変えて ください。
かえて ください。

14 바꾸지 말아 주세요.
変え ないで ください。
かえ ないで ください。

practice
명령과 권유

ミッション
12개의 문장을 19초 안에 말하기!

표에 있는 명사와 부사를 2그룹 동사와 조합해서 활용해 보세요.
활용할 때는 부정 명령형에 주의하세요.

제복	입구	출구	종업원	혼자서	같이
せいふく	いりぐち	でぐち	てんいん	ひとり	いっしょ
制服	入口	出口	店員	一人で	一緒に
세에 후쿠	이리 구치	데 구치	텡 잉	히토리 데	잇 쇼 니

1 종업원을 도와주세요.
店員を 助けて ください。
てんいんを たすけて ください。

2 제복을 빌리지 마라.
制服を 借りる な。
せいふくを かりる な。

3 같이 입으세요.
一緒に 着なさい。
いっしょに きなさい。

4 혼자 입지 말아 주세요.
一人で 着 ないで ください。
ひとりで き ないで ください。

5 입구로 나가지 마라.
入口で 出る な。
いりぐちで でる な。

6 출구로 나가세요.
出口で 出なさい。
でぐちで でなさい。

7 같이 도웁시다.
一緒に 助けましょう。
いっしょに たすけましょう。

8 제복을 입어라.
制服を 着ろ。
せいふくを きろ。

9 혼자 도와라.
一人で 助けろ。
ひとりで たすけろ。

10 종업원은 나가지 말아 주세요.
店員は 出 ないで ください。
てんいんは で ないで ください。

11 제복은 입지 마라.
制服は 着る な。
せいふくは きる な。

12 같이 나가자.
一緒に 出よう。
いっしょに でよう。

TIP 동사의 명사형

동사를 명사처럼 개조할 수 있습니다. 우리말로 예를 들자면, 가다라는 동사를 개조해 가기라는 명사로 만드는 것이죠. 이렇게 동사를 명사형으로 개조하는 방법을 배워보겠습니다. 동사들은 어떤 그룹에 속해 있느냐에 따라 각기 다른 개조 방법을 가지고 있습니다.

2그룹 동사 마지막 글자 る루만 뺀다.

食べ(타베) る(루) → 食べ(타베)

1그룹 동사 마지막 글자를 い이단으로 만든다.

作(츠쿠) る(루) → 作(츠쿠) り(리)

3그룹 동사 3그룹 동사는 다음과 같이 변화합니다.

する스루 → し시

くる쿠루 → き키

동사의 꼬리를 바꾸면
다양한 문형으로 변하는 일본어

위에서 배운 내용을 통해 다음의 동사를 명사형으로 바꿔 보세요. 食べ/る

1. 기억하다 → 기억 / 覚える 오보에루
2. 생각하다 → 생각 / 考える 캉가에루
3. 지다 → 지기 / 負ける 마케루
4. 외치다 → 외치기 / 叫ぶ 사케부
5. 수영하다 → 수영 / 泳ぐ 오요구
6. 이기다 → 이기기 / 勝つ 카츠

정답입니다! 1 覚え 오보에 2 考え 캉가에 3 負け 마케 4 叫び 사케비 5 泳ぎ 오요기 6 勝ち 카치

TIP 11가지 접속사

and

그리고 저도 갑니다.
そして 私も 行きます。
소시테 와타시모 이키마스.

そして

so

그래서 제가 갑니다.
だから 私が 行きます。
다카라 와타시가 이키마스.

だから

앞서 언급한 일에 대한 생각을 말할 때 사용.

그래서 제가 갑니다.
それで 私が 行きます。
소레데 와타시가 이키마스.

それで

앞서 언급한 일에 대한 결과를 말할 때 사용.

but

그러나 저는 갑니다.
でも 私は 行きます。
데모 와타시와 이키마스.

でも

구어체에서 사용.

그러나 저는 갑니다.
しかし 私は 行きます。
시카시 와타시와 이키마스.

しかし

문어체에서 사용.

그러나 저는 갑니다.
けれども 私は 行きます。
케레도모 와타시와 이키마스.

けれども

공손한 말씨.

if

만약 제가 간다면,
もし 私が 行くなら、
모시 와타시가 이쿠나라,

もし

if so

그렇다면 제가 갑니다.
それでは 私が 行きます。
소레데와 와타시가 이키마스.

それでは

윗사람과의 대화에서 쓰이는 공손한 말씨.

그렇다면 제가 갑니다.
それなら 私が 行きます。
소레나라 와타시가 이키마스.

それなら

편한 사이에서 쓰는 스스럼없는 말씨.

if not

아니면 제가 갑니까?
それとも 私が 行きますか?
소레토모 와타시가 이키마스카?

それとも

선택을 종용하는 의문문에서 사용.

moreover

게다가 저도 갑니다.
それに 私も 行きます。
소레니 와타시모 이키마스.

それに

05 이 표현 꼭 외우자! 2그룹 동사 응용 문형

Level ★★☆

오늘은 내가 살게.

今日は私がおごる。

ダイアローグ 1-1

A 何 食べようか?
나니 / 타베요오카?
무엇 / 먹을까?

B おごって くれるの?
오곧테 / 쿠레루노?
한턱내 / 주는 거야?

A うん、今日 は 私 が おごる。
웅, / 쿄오 / 와 / 와타시 / 가 / 오고루.
응, / 오늘 / 은 / 나 / 가 / 한턱내다.

B じゃあ、高い もの を 食べよう。
쟈아, / 타카 이 / 모노 / 오 / 타베요오.
그럼, / 비싸다 / 것 / 을 / 먹자.

おごってくれる

おごる[오고루]는 '한턱내다' 라는 뜻의 표현입니다. '내가 살게'라는 표현은 私がおごる[와타시가오고루]라고 할 수 있지요.

A : 뭐 먹을까?
B : 사주는 거야?
A : 응, 오늘은 내가 살게.
B : 그럼, 비싼 거 먹자.

Level ★★☆

오늘은 제가 살게요.

特別な日に
会いましょう。
토쿠 베츠 나 히니 아이마쇼오.
특별한 날에 만나요.

ダイアローグ 1-2

A 何 食べ ましょうか?
나니 / 타베 / 마쇼오카?
무엇 / 먹기 / 할까요?

B おごって くれる の ですか?
오곧테 / 쿠레루 / 노 / 데스카?
한턱내 / 주다 / 것 / 입니까?

A はい、今日 は 私 が おごり ます。
하이, / 쿄오 / 와 / 와타시 / 가 / 오고리 / 마스.
네, / 오늘 / 은 / 나 / 가 / 한턱내기 / 합니다.

B じゃあ、高い もの を 食べ ましょう。
쟈아, / 타카 이 / 모노 / 오 / 타베 / 마쇼오.
그럼, / 비싸다 / 것 / 을 / 먹기 / 합시다.

A : 뭐 먹을까요?
B : 사주는 거예요?
A : 네, 오늘은 제가 살게요.
B : 그럼, 비싼 거 먹어요.

일본인이 함께 식사할 때

음식을 함께 나누어 먹는 것이 자연스러운 우리나라와 달리 일본에서는 본인이 먹을 음식만을 주문하고, 먹고, 계산하는 것이 일반적입니다.

자신의 음식을 권하거나 '한 입만!'하며 상대의 음식을 맛보려 하는 행동은 정말 가까운 사이가 아니라면 실례가 될 수 있습니다.

따라 말하기

Level ★★☆

에어컨을 켤까?

ダイアローグ 2-1

A おはよう。ちょっと 暑いね。
오하요오. / 촏토 / 아츠이네.
안녕. / 조금 / 덥네.

エアコン を つけようか?
에아콩 / 오 / 츠케요오카?
에어컨 / 을 / 켤까?

つける な。 **B**
츠케루 / 나.
켜다 / 하지 마라.

窓 を 開ければ いい。
마도 / 오 / 아케레바 / 이이.
창문 / 을 / 열면 / 좋다.

A : 안녕. 좀 덥네.
에어컨을 켤까?
B : 켜지 마.
창문을 열면 돼.

つける

つける에는 여러 가지 뜻이 있습니다.

1. 닿게 하다.

壁に手をつける。
[카베니테오츠케루.]
: 벽에 손을 대다.

2. (불을) 붙이다, (스위치를) 켜다.

電気をつける。
[뎅키오츠케루.]
: 전등을 켜다.

3. (채소 등을) 담그다, 절이다.

白菜をつける。
[학사이오츠케루.]
: 배추를 절이다.

Level ★★☆

에어컨을 켤까요?

ダイアローグ 2-2

A おはようございます。ちょっと 暑い ですね。
오하요오고자이마스. / 촏토 / 아츠 이 / 데스네.
안녕하세요. / 조금 / 덥다 / 이네요.

エアコン を つけ ましょうか?
에아콩 / 오 / 츠케 / 마쇼오카?
에어컨 / 을 / 켜기 / 할까요?

つけ ないで ください。 **B**
츠케 / 나이데 / 쿠다사이.
켜지 / 말아 / 주세요.

窓 を 開ければ いい です。
마도 / 오 / 아케레바 / 이이 / 데스.
창문 / 을 / 열면 / 좋다 / 입니다.

エアコンが必要だ。
에아콩 가 히츠 요오 다.
에어컨이 필요하다.

A : 안녕하세요. 좀 덥네요.
에어컨을 켤까요?
B : 켜지 마세요.
창문을 열면 돼요.

つけないでください

'~하지 말아 주세요'라는 부탁의 표현을 할 때는 ないでください[나이데쿠다사이]를 사용합니다.

반대로 '~해 주세요'라고 할 때는 てください[테쿠다사이]를 쓸 수 있습니다.

エアコンをつけてください。
[에아콩오츠케테쿠다사이.]
: 에어컨을 켜 주세요.

05 이 표현 꼭 외우자! 2그룹 동사 응용 문형

Level ★★☆

일어나! 일어나!

起きろ、人間。
오키로, 닝겡.
일어나라. 인간.

ダイアローグ 3-1

A 起きろ! 起きろ!
오키로! / 오키로!
일어나라! / 일어나라!

B 今 何 時?
이마 / 난 / 지?
지금 / 몇 / 시?

まだ 七 時 だろう!
마다 / 시치 / 지 / 다로오!
아직 / 7 / 시 / ~것이다!

私 を いじめる な。
와타시 / 오 / 이지메루 / 나.
나 / 를 / 괴롭히다 / 하지 마라.

◀ **起きろ**

우리말에서 명령형은 상황에 따라 권유의 표현이 될 수도 있지만, 일본어에서는 권유와 명령을 구분해서 사용합니다.

그렇기에 명령형 표현은 상대방에게 무례한 느낌을 줄 수 있으며, 실생활에서 활용도도 낮은 편입니다.

A : 일어나! 일어나!
B : 지금 몇 시야?
아직 7시잖아!
나 좀 괴롭히지 마.

Level ★★☆

일어나요! 일어나요!

私を
いじめないでください。

ダイアローグ 3-2

A 起き なさい! 起き なさい!
오키 / 나사이! / 오키 / 나사이!
일어나기 / ~하시오! / 일어나기 / ~하시오!

B 今 何 時 ですか?
이마 / 난 / 지 / 데스카?
지금 / 몇 / 시 / 입니까?

まだ 七 時 でしょう!
마다 / 시치 / 지 / 데쇼오!
아직 / 7 / 시 / 겠지요!

私 を いじめ ないで ください。
와타시 / 오 / 이지메 / 나이데 / 쿠다사이.
나 / 를 / 괴롭히지 / 말아 / 주세요.

◀ **起きなさい**

なさい[나사이]는 주로 엄마가 아이에게 많이 사용하는 표현으로, 우리말로 해석하자면 '~하시오'라는 표현에 더 가깝습니다.

그래서 존댓말처럼 보이지만 정말 존댓말은 아니므로 윗사람에게 사용해서는 안 됩니다.

A : 일어나요! 일어나요!
B : 지금 몇 시예요?
아직 7시잖아요!
나 좀 괴롭히지 마세요.

따라 말하기

Level ★★☆

이거 잘 모르겠어.

ダイアローグ 4-1

A これが分からない。
코레 / 가 / 와카라 / 나이.
이것 / 이 / 알지 / 않다.

もう一回説明して。
모오 / 익 / 카이 / 세츠 메에 / 시테.
더 / 한 / 번 / 설명 / 해.

B これでもう十回目だろう?
코레 / 데 / 모오 / 쥬 / 카이 / 메 / 다로오?
이것 / 으로 / 벌써 / 10 / 회 / 째 / ~것이다?

いい加減に覚えろ!
이이카겐 / 니 / 오보에로!
적당함 / 으로 / 기억해라!

これが分からない。

だろう

だろう[다로오]는 '~겠지'라는 추측을 나타내는 표현이지만, 동의를 구할 때 사용하기도 합니다.

A : 이거 잘 모르겠어.
한 번만 더 설명해 줘.
B : 이걸로 벌써 10번째잖아?
이제 좀 외워라!

Level ★★☆

이거 잘 모르겠어요.

ダイアローグ 4-2

A これが分かりません。
코레 / 가 / 와카리 / 마셍.
이것 / 이 / 알기 / 하지 않습니다.

もう一回説明してください。
모오 / 익 / 카이 / 세츠 메에 / 시테 / 쿠다사이.
더 / 한 / 번 / 설명 / 해 / 주세요.

B これでもう十回目でしょう?
코레 / 데 / 모오 / 쥬 / 카이 / 메 / 데쇼오?
이것 / 으로 / 벌써 / 10 / 회 / 째 / 겠지요?

いい加減に覚えなさい!
이이카겐 / 니 / 오보에 / 나사이!
적당함 / 으로 / 기억하기 / ~하시오!

私のせいではありません。
와타시 노 세에 데와 아리 마셍.
저의 잘못이 아닙니다.

A : 이거 잘 모르겠어요.
한 번만 더 설명해 주세요.
B : 이걸로 벌써 10번째잖아요?
이제 좀 외우세요!

いい加減

いい加減[이이카겐]은 '적당함, 알맞음'이라는 뜻입니다. 상대방에게 화를 내며 "적당히 해!" 라고 말하는 상황에서 자주 들을 수 있는 표현입니다.

아래 일본어를 읽을 수 있게 연습한 후 → 히라가나로 쓰세요.

01 じゃあ、高い ものを 食べよう。

그럼, / 비싸다 / 것을 / 먹자.

02 エアコンを つけようか?

에어컨을 / 켤까?

03 窓を 開ければ いい です。

창문을 / 열면 / 좋다 / 입니다.

04 起き なさい! 起き なさい!

일어나기 / ~하시오! / 일어나기 / ~하시오!

05 もう 一回 説明 して ください。

더 / 한 번 / 설명 / 해 / 주세요.

06 いい加減に 覚えろ!

적당함으로 / 기억해라!

정답입니다!

1 じゃあ、たかい ものを たべよう。 쟈아, 타카이 모노오 타베요오.
2 えあこんを つけようか? 에아콩오 츠케요오카?
3 まどを あければ いい です。 마도오 아케레바 이이 데스.
4 おき なさい! おき なさい! 오키 나사이! 오키 나사이!
5 もう いっかい せつめい して ください。 모오 익카이 세츠메에 시테 쿠다사이.
6 いいかげんに おぼえろ! 이이카겐니 오보에로!

レッスン 06

1그룹 동사 응용 문형

명령과 권유-1그룹 동사
어간과 어미를 생각하며

를 = 오, 가, 니
불규칙 조사

히라가나 연습

Let's start

한눈에 배운다!

명령과 권유 – 1그룹 동사

어간과 어미를 생각하며

음성 파일

Table map

명사+だ | い형용사 | な형용사 | 2그룹 동사 기본 | 1그룹 동사 기본 | 2그룹 동사 응용 | 1그룹 동사 응용 | 수식 | 가능 | 접속조사て 기본 | 접속조사て 응용 | 주의 표현

원형 書く。 카쿠. 쓰다.

STEP1 A 9줄 일단 암기 | STEP2 A▸B 보고 말하기 | STEP3 C▸B 보고 말하기 | STEP4 AB 암송

	A	B	C
긍정	써 라.	카 케.	書 け。
	쓰 시오.	카 키 나사이.	書 きなさい。 (‘ますマス’ 대신 ‘なさい나사이’)
부정	쓰 지 마라.	카 쿠 나.	書 くな。
긍정	쓰 자.	카 코 오.	書 こう。 (‘おオ’단+う우)
	씁 시다.	카 키 마쇼오.	書 きましょう。
긍정	써 줘.	카 이 테.	書 いて。 (접속조사에서 더 자세히)
	써 주세요.	카 이 테 쿠다사이.	書 いてください。
부정	쓰 지 말아 줘.	카 카 나이데.	書 かないで。
	쓰 지 말아 주세요.	카 카 나이데 쿠다사이.	書 かないでください。

practice
합쳐지면 살짝 바뀐다

ミッション
쓰면서 큰 소리로 읽어보기!

飲む노무 | 마시다는 1그룹 동사의 기본형입니다. 옆의 예문에 따라서 명령형과 권유형으로 활용해 보세요. 1그룹 동사는 활용에 따라 마지막 글자가 변합니다.

원형 飲む。 노무. 마시다.

마셔라.	노 무 + 에. →	
마시세요.	노 무 + 나사이. →	
마시지 마라.	노 무 + 나. →	
마시자.	노 무 + 우. →	
마십시다.	노 무 + 마쇼오. →	
마셔 줘.	노 무 + 테. →	
마셔 주세요.	노 무 + 테 쿠다사이. →	
마시지 말아 줘.	노 무 + 나이 데. →	
마시지 말아 주세요.	노 무 + 나이 데 쿠다사이. →	

정답입니다!

1 飲 め。노 메. 2 飲 み なさい。노 미 나사이. 3 飲 む な。노 무 나. 4 飲 も う。노 모 오.
5 飲 み ましょう。노 미 마쇼오. 6 飲 んで。노 ㄴ데. 7 飲 んで ください。노 ㄴ데 쿠다사이.
8 飲 ま ないで。노 마 나이데. 9 飲 ま ないで ください。노 마 나이데 쿠다사이.

practice
명령과 권유

ミッション
12
14개의 문장을 12초 안에 말하기!

표의 단어들은 1그룹 동사의 기본형입니다. 이 동사들을 명령형과 권유형으로 활용해 보세요. 1그룹 동사는 활용할 때, 마지막 글자가 변화합니다.

말하다	읽다	움직이다	사다	가다	기다리다

い	よ	うご	か	い	ま
言う	読む	動く	買う	行く	待つ
이 우	요 무	우고 쿠	카 우	이 쿠	마 츠

1 말하자.
言おう。
いおう。

2 말합시다.
言いましょう。
いいましょう。

3 말하세요.
言いなさい。
いいなさい。

4 말해라.
言え。
いえ。

5 말하지 마라.
言う な。
いう な。

6 말해 주세요.
言って ください。
いって ください。

7 말하지 말아 주세요.
言わ ないで ください。
いわ ないで ください。

8 사자.
買おう。
かおう。

9 삽시다.
買いましょう。
かいましょう。

10 가세요.
行きなさい。
いきなさい。

11 사라.
買え。
かえ。

12 사지 마라.
買う な。
かう な。

13 사 주세요.
買って ください。
かって ください。

14 사지 말아 주세요.
買わ ないで ください。
かわ ないで ください。

practice
명령과 권유

미ッション
17 12개의 문장을 17초 안에 말하기!

표 안의 단어는 명사입니다. 이 명사들을 1그룹 동사와 조합해서, 명령형과 권유형으로 만들어 보세요. 동사를 활용할 때는 마지막 글자에 주의하세요.

책	공부	쇼핑	이야기	손님	시장
ほん 本 홍	べんきょう 勉強 벵 쿄오	か　もの 買い物 카 이 모노	はなし 話 하나시	きゃくさま お客様 오 캭 사마	いち　ば 市場 이치 바

1 책을 읽읍시다.
本を 読みましょう。
ほんを よみましょう。

2 손님을 기다립시다.
お客様を 待ちましょう。
おきゃくさまを まちましょう。

3 이 이야기는 말하지 말아 주세요.
この 話は 言わ ないで ください。
この はなしは いわ ないで ください。

4 시장에 갑시다.
市場に 行きましょう。
いちばに いきましょう。

5 책을 읽어라.
本を 読め。
ほんを よめ。

6 책을 사세요.
本を 買いなさい。
ほんを かいなさい。

7 쇼핑하러 가자.
買い物に 行こう。
かいものに いこう。

8 시장에 가라.
市場に 行け。
いちばに いけ。

9 손님을 기다려 주세요.
お客様を 待って ください。
おきゃくさまを まって ください。

10 이야기를 기다려라.
話を 待て。
はなしを まて。

11 손님, 움직이지 말아 주세요.
お客様、動か ないで ください。
おきゃくさま、うごか ないで ください。

12 움직이지 마라.
動く な。
うごく な。

Let's start

한눈에 배운다!
를 = 오, 가, 니

불규칙 조사

동영상 강의

앞에서 배운 바와 같이 우리말의 조사 '~을 / 를'은 일본어로 を오입니다.

を 食べる。
~ 를 먹다. | ~ 오 타베루.

하지만 다음과 같은 예외가 있습니다.

が ほしい。
~ 를 원하다. | ~ 가 호시이.

が 好きだ。
~ 를 좋아하다. | ~ 가 스키다.

が 上手だ。
~ 를 잘하다. | ~ 가 죠오즈다.

が 下手だ。
~ 를 못하다. | ~ 가 헤타다.

が できる。
~ 를 할 수 있다. | ~ 가 데키루.

に 会う。
~ 를 만나다. | ~ 니 아우.

に 乗る。
~ 를 타다. | ~ 니 노루.

に 似る。
~ 를 닮다. | ~ 니 니루.

TIP

읽어 보세요 **조사 を오, が가, に니**

조사 を오 が가 に니는 표현에 따라 결정됩니다. 따라서 조사와 조사 뒤에 나오는 표현을 통째로 외워두세요.

읽어 보세요 **が가는 대부분 이, 가**

が가는 우리말의 조사 **이, 가**와 같은 표현이며 발음도 유사합니다. 그렇다면 が가는 원래 어떻게 사용하는 표현일까요? 예시를 살펴봅시다.

오렌지가 크다.
オレンジが 大きい。
오렌지가 오오키이.

오렌지가 맛있다.
オレンジが おいしい。
오렌지가 오이시이.

읽어 보세요 **조사 に니의 원래 역할**

조사 に니는 원래 '~에, ~에게'라는 뜻입니다.

7시에 일어나다.
7時に 起きる。
시치지니 오키루.

친구에게 편지를 쓰다.
友達に 手紙を書く。
토모다치니 테가미오카쿠.

하지만 일부 표현의 앞에서는 다양한 의미로 사용됩니다.

~을/를
- 会う 아우 만나다
- 乗る 노루 타다
- 似る 니루 닮다

가
- なる 나루 되다

직접 읽으면서
자연스럽게 익혀보자!

practice
오, 가, 니 연습

미션
12개의 문장을 18초 안에 말하기!

표의 단어들은 명사입니다. 이 명사들을 오, 가, 니 법칙에 해당하는 な형용사나 동사와 조합해 보세요. 오, 가, 니 법칙이 적용되면 우리말 예문과 다른 조사를 쓴다는 점에 유의해야 합니다.

운전	버스	택시	공부	수학	영어
うんてん 運転 운 텐	バス 바스	タクシー 탁시—	べんきょう 勉強 벵 쿄오	すうがく 数学 스으 가쿠	えいご 英語 에에 고

1 공부를 좋아했다.
勉強が 好きだった。
べんきょうが すきだった。

2 운전을 할 수 있습니까?
運転が でき ますか?
うんてんが でき ますか?

3 버스를 탔다.
バスに 乗った。
バスに のった。

4 택시를 타지 않았다.
タクシーに 乗ら なかった。
タクシーに のら なかった。

5 친구를 만났습니다.
友達に 会いました。
ともだちに あいました。

6 운전을 잘합니다.
運転が 上手です。
うんてんが じょうずです。

7 영어를 좋아합니다.
英語が 好きです。
えいごが すきです。

8 수학을 못하다.
数学が 下手だ。
すうがくが へただ。

9 영어를 할 수 있습니다.
英語が でき ます。
えいごが でき ます。

10 공부를 잘하다.
勉強が 上手だ。
べんきょうが じょうずだ。

11 운전을 못했습니다.
運転が 下手でした。
うんてんが へたでした。

12 전 남자친구를 만났습니다.
元カレに 会いました。
もとかれ : 옛 남자친구
もとカレに あいました。

06 이 표현 꼭 외우자! 1그룹 동사 응용 문형

Level ★☆☆

올 때까지 기다릴게.

ダイアローグ 1-1

A 明日、公園 で 会おう。
아시타, / 코오 엔 / 데 / 아오오.
내일, / 공원 / 에서 / 만나자.

来る まで 待つ。
쿠루 / 마데 / 마츠.
오다 / 까지 / 기다리다.

待た ないで。 **B**
마타 / 나이데.
기다리지 / 말아.

私 は 行か ない から。
와타시 / 와 / 이카 / 나이 / 카라.
나 / 는 / 가지 / 않다 / 이니까.

来るまで待つ。

待つ

待つ[마츠]는 '기다리다'라는 뜻의 동사입니다. 우리에게 익숙한 '촏토 맏테'라는 표현에서, '맏테'의 원형이 바로 이 **待つ**[마츠]입니다.

단어의 맨 뒤가 **る**[루]로 끝나지 않는 것만 봐도 알 수 있듯 **待つ**[마츠]는 1그룹 동사입니다.

A : 내일, 공원에서 만나자.
올 때까지 기다릴게.
B : 기다리지 마.
난 안 갈 거야.

Level ★☆☆

올 때까지 기다릴게요.

ダイアローグ 1-2

A 明日、公園 で 会い ましょう。
아시타, / 코오 엔 / 데 / 아이 / 마쇼오.
내일, / 공원 / 에서 / 만나기 / 합시다.

来る まで 待ち ます。
쿠루 / 마데 / 마치 / 마스.
오다 / 까지 / 기다리기 / 합니다.

待た ないで ください。 **B**
마타 / 나이데 / 쿠다사이.
기다리지 / 말아 / 주세요.

私 は 行き ません から。
와타시 / 와 / 이키 / 마셍 / 카라.
나 / 는 / 가기 / 하지 않습니다 / 이니까.

待たないでください。

まで

まで[마데]는 '~까지'라는 뜻의 조사입니다. '~부터'라는 뜻의 **から**[카라]와 함께 외워두면 좋습니다.

A : 내일, 공원에서 만나요.
올 때까지 기다릴게요.
B : 기다리지 마세요.
전 안 갈 거예요.

따라 말하기

Level ★★☆

자기 것은 자기가 내.

ダイアローグ 2-1

A 財布 を 忘れて きた。
사이 후 / 오 / 와스 레테 / 키타.
지갑 / 을 / 잊고 / 왔다.

これ も 一緒に 払って。
코레 / 모 / 잇쇼니 / 하랃테.
이것 / 도 / 같이 / 내 줘.

何 して いるの? **B**
나니 / 시테 / 이루노?
무엇 / 하고 / 있는 거야?

自分 の もの は 自分 で 払え。
지분 / 노 / 모노 / 와 / 지분 / 데 / 하라 에.
자신 / 의 / 것 / 은 / 자신 / 으로 / 내라.

A : 지갑을 안 가져왔다.
이것도 같이 내줘.
B : 뭐 하는 거야?
자기 것은 자기가 내.

何しているの

반말에서
무엇을 하고 있는지에 대한
질문을 만드는 것은
何している[나니시테이루]만 써도
충분합니다.

여기에 **の**[노]를 붙이게 되면
조금 더 강한 어조가 됩니다.

Level ★★☆

자기 것은 자기가 내세요.

ダイアローグ 2-2

A 財布 を 忘れて きました。
사이 후 / 오 / 와스 레테 / 키마시타.
지갑 / 을 / 잊고 / 왔습니다.

これ も 一緒に 払って ください。
코레 / 모 / 잇쇼니 / 하랃테 / 쿠다사이.
이것 / 도 / 같이 / 지불해 / 주세요.

何 して いる の ですか? **B**
나니 / 시테 / 이루 / 노 / 데스카?
무엇 / 하고 / 있다 / 것 / 입니까?

自分 の もの は 自分 で 払って ください。
지분 / 노 / 모노 / 와 / 지분 / 데 / 하랃테 / 쿠다사이.
자신 / 의 / 것 / 은 / 자신 / 으로 / 지불해 / 주세요.

これも一緒に
払ってください。

A : 지갑을 안 가져왔어요.
이것도 같이 계산해 주세요.
B : 뭐 하는 거예요?
자기 것은 자기가 내세요.

自分

自分[지붕]은
'자기 자신', '스스로'라는
뜻의 명사입니다.

운동선수나 체육 관련 활동을 하는
남성들 사이에서는
'나'라는 1인칭 호칭으로
自分[지붕]을 사용하는 경우도
종종 있습니다.

06 이 표현 꼭 외우자!
1그룹 동사 응용 문형

Level ★☆☆

적당히 해!

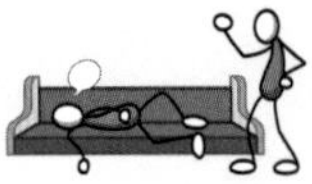

ダイアローグ 3-1

A 休む な。
야스 무 / 나.
쉬다 / 하지 마라.

早く 働け。
하야 쿠 / 하타라 케.
빨리 / 일해라.

B いい加減 に しろ!
이이카겐 / 니 / 시로!
적당함 / 으로 / 해라!

A 怒る な。
오코 루 / 나.
화내다 / 하지 마라.

A : 쉬지 마.
빨리 일해.
B : 적당히 해!
A : 화내지 마.

怒るな。

怒るな

동사의 원형에 종조사 な[나]를 붙이면 '~하지 마라'라는 반말 금지표현이 됩니다.

◀ 존대표현의 경우, な[나] 대신 ないで[나이데]를 사용하면 됩니다.

Level ★☆☆

적당히 하세요!

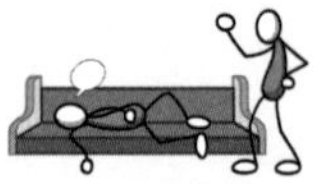

ストライキを宣言します。
스토라이키 오 셍겐 시마스.
파업을 선언합니다.

ダイアローグ 3-2

A 休まないで ください。
야스 마 / 나이데 / 쿠다사이.
쉬지 / 말아 / 주세요.

早く 働いて ください。
하야 쿠 / 하타라이테 / 쿠다사이.
빨리 / 일해 / 주세요.

B いい加減 に して ください!
이이카겐 / 니 / 시테 / 쿠다사이!
적당함 / 으로 / 해 / 주세요!

A 怒ら ないで ください。
오코 라 / 나이데 / 쿠다사이.
화내지 / 말아 / 주세요.

働いてください

'~해 주세요'와 '~하지 말아 주세요'는 모두 て[테]형을 활용한 문형입니다.

◀ 이때 한 가지 주의할 점은 긍정형에는 て[테], 부정형에는 で[데]를 활용한다는 것입니다.

ぬ[누], ぶ[부], む[무]로 끝나는 동사는 긍정형, 부정형 둘 다 で[데]를 사용합니다.

A : 쉬지 마세요.
빨리 일해 주세요.
B : 적당히 하세요!
A : 화내지 마세요.

따라 말하기

Level ★★☆

다이어트 해야지.

ダイアローグ 4-1

A ダイエット しよう。
다이엗토 / 시요오.
다이어트 / 하자.

野菜 だけ 食べよう。
야 사이 / 다케 / 타베요오.
채소 / 만 / 먹자.

一緒に 肉 食べ に 行こう。 **B**
잇쇼니 / 니쿠 / 타베 / 니 / 이코오.
같이 / 고기 / 먹기 / 으로 / 가자.

A 早く 行こう。
하야 쿠 / 이코오.
빨리 / 가자.

일본의 운동 문화

일본에서는 아직 헬스장 등에서 개인적으로 운동하는 문화가 자리잡혀 있지는 않습니다. 대신 학교에서 체육 시간에 배구, 체조, 농구, 배드민턴 등 다양한 운동을 배우는데, 계속 운동을 하는 사람과 그렇지 않은 사람들 사이의 차이가 큰 편입니다.

A : 다이어트 해야지.
채소만 먹어야지.
B : 같이 고기 먹으러 가자.
A : 빨리 가자.

Level ★★☆

다이어트 합시다.

ダイアローグ 4-2

A ダイエット し ましょう。
다이엗토 / 시 / 마쇼오.
다이어트 / 하기 / 합시다.

野菜 だけ 食べ ましょう。
야 사이 / 다케 / 타베 / 마쇼오.
채소 / 만 / 먹기 / 합시다.

一緒に 肉 食べ に 行き ましょう。 **B**
잇쇼니 / 니쿠 / 타베 / 니 / 이키 / 마쇼오.
같이 / 고기 / 먹기 / 으로 / 가기 / 합시다.

A 早く 行き ましょう。
하야 쿠 / 이키 / 마쇼오.
빨리 / 가기 / 합시다.

一緒に肉食べに
行きましょう。

食べに行きましょう

동사의 명사형에 조사 に[니]가 붙으면 '~하러'라는 목적을 나타내는 표현이 됩니다.

食に行く [타베니이쿠]라고 하면 '먹으러 가다',
食に来る [타베니쿠루]라고 하면 '먹으러 오다'라는 표현을 만들 수 있습니다.

A : 다이어트 합시다.
채소만 먹읍시다.
B : 같이 고기 먹으러 가요.
A : 빨리 가요.

아래 일본어를
읽을 수 있게 연습한 후 ——→ 히라가나로 쓰세요.

01 明日、公園で 会い ましょう。
└ 내일, ┘└ 공원에서 ┘└ 만나기 ┘└ 합시다. ┘

02 来る まで 待ち ます。
└ 오다 ┘└ 까지 ┘└ 기다리기 ┘└ 합니다. ┘

03 財布を 忘れて きた。
└ 지갑을 ┘└ 잊고 ┘└ 왔다. ┘

04 自分の ものは 自分で 払え。
└ 자신의 ┘└ 것은 ┘└ 자신으로 ┘└ 내라. ┘

05 ダイエット し ましょう。
└ 다이어트 ┘└ 하기 ┘└ 합시다. ┘

06 一緒に 肉 食べに 行こう。
└ 같이 ┘└ 고기 ┘└ 먹으러 ┘└ 가자. ┘

정답입니다!

1 あした、こうえんで あい ましょう。 아시타, 코오엔데 아이 마쇼오.
2 くる まで まち ます。 쿠루 마데 마치 마스.
3 さいふを わすれて きた。 사이후오 와스레테 키타.
4 じぶんの ものは じぶんで はらえ。 지분노 모노와 지분데 하라에.
5 だいえっと し ましょう。 다이엣토 시 마쇼오.
6 いっしょに にく たべに いこう。 잇쇼니 니쿠 타베니 이코오.

レッスン 07
수식 표현

TIP
형용사와 부사

수식은 2가지
형용사 표현, 부사 표현

TIP
の의 용법

문장으로 형용사
표현 만들기
그대로 꾸민다

TIP
い형용사의 명사화

히라가나 연습

TIP 형용사와 부사

동영상 강의

여기 상자가 하나 있습니다. 이 상자가 어떤 상자인지 상상해 보겠습니다.

어떤 색일까요? 검은색일까요?
어떤 크기일까요? 작은 크기일까요?
어디에 있을까요? 교실 한가운데 있을까요?

형용사

검정의
아름다운 작은
교실 한가운데 있는

이 질문들에 대한 답은 모두 형용사입니다.

왜 모두 형용사일까요?
그것은 상자가 명사이기 때문입니다.

* **명사를 설명하는 것 : 형용사**

상자 안에는 무언가 움직이고 있습니다.
그것이 무엇인지는 알 수 없지만 움직이고 있는 것은 분명합니다.
어떻게 움직이고 있는지 상상해 보겠습니다.

빠르게 움직일까요?
위아래로 움직일까요?
쉬지 않고 움직일까요?
시끄럽게 움직일까요? 왜 움직일까요?

부사

빠르게
위아래로 바쁘게
시끄럽게 매우

이 질문들에 대한 답은 모두 부사입니다.

왜 모두 부사일까요?
그것은 움직이다가 동사이기 때문입니다.

* **동사를 설명하는 것 : 부사**

부사는 동사와 어울리든, 형용사와 어울리든 형태가 변하지 않습니다.

부사	동사		
少し	驚く。	스코시 오도로쿠.	조금 놀라다.
부사	형용사		
少し	大きい。	스코시 오오키이.	조금 크다.

Let's start

한눈에 배운다!
수식은 2가지

형용사 표현
부사 표현

음성 파일

수식이란 크게 나누어서 다음 2가지뿐입니다.

1. 명사를 꾸미는 모든 것은 형용사 표현이라 부른다.
2. 동사를 꾸미는 모든 것은 부사 표현이라 부른다.

1. 형용사 표현

꾸민다

형용사 → 명사

2. 부사 표현

꾸민다

부사 → 동사

아래 내용은 모두 위 두 법칙에 관한 내용입니다.

수식은 2가지 뿐이라니,
정말 간단하지?

STEP1	STEP2	STEP3	STEP4
A 6줄 일단 암기	A▸B 보고 말하기	C▸B 보고 말하기	AB 암송

A | B | C

い형용사가 명사를 꾸민다.

A	B	C
추운 겨울	사무 이 후유	寒い冬
춥지 않은 겨울	사무 쿠 나이 후유	寒くない冬

な형용사가 명사를 꾸민다.

A	B	C
편리한 연필	벤리 나 엠피츠	便利な鉛筆
편리하지 않은 연필	벤리 데와 나이 엠피츠	便利ではない鉛筆

부사가 동사를 꾸민다. (い형용사 변형)

A	B	C
빠르게 달리다.	하야 쿠 하시루.	早く走る。

부사처럼 동사를 꾸민다. (な형용사 변형)

A	B	C
편리하게 사용하다.	벤리 니 츠카우.	便利に使う。

TIP の의 용법

の노의 주요 용법에는 다음 3가지가 있습니다.

1. 나의 가방
2. 나의 것
3. 선생님인 타나카 씨

1 수식의 の노

私 の カバン 와타시 노 카방	나의 가방
ソウル の 名所 소오루 노 메에쇼	서울의 명소

수식의 の노는 우리말의 의로 번역됩니다.
의를 붙이면 앞 단어가 뒤의 단어를 수식하게 됩니다.
우리말과 똑같이 말입니다.

日本語 の 先生 니홍고 노 센세에	일본어 선생님
博士 の 学位 학시 노 가쿠이	박사 학위

하지만 우리말과 다를 때도 있습니다.
우리말에서는 의를 사용하지 않아도,
일본어에서는 の노를 사용합니다. 이 の노는 아무런 뜻이 없고 우리말로 번역하지도 않습니다.

2 소유대명사 の노

それ は 私 の です。 소레 와 와타시 노 데스.	그것은 내 것입니다.
それ は 私 の カバン です。 소레 와 와타시 노 카방 데스.	그것은 나의 가방입니다.

の노는 ~의 것이라는 의미로도 사용합니다. 따라서 私の와타시노라고 하면 2가지 의미입니다.

3 동격의 の노

先生 の 田中 さん 센세에 노 타나카 상	선생님인 타나카 씨
私 の 友達 の 桜井 さん 와타시 노 토모다치 노 사쿠라이 상	내 친구인 사쿠라이 씨

동격의 の노는 ~인으로 번역됩니다.
선생님과 타나카 씨는 같은 대상입니다. 선생님이 타나카 씨고, 타나카 씨가 선생님입니다. 두 번째 예문 역시 내 친구가 사쿠라이 씨고, 사쿠라이 씨가 내 친구라는 의미입니다. 이렇게 둘의 사이를 동격으로 잇는 것이 の노입니다.

Let's start

한눈에 배운다!
문장으로 **형용사** 표현 만들기

그대로 꾸민다

일본어에서는 명사 앞에 문장을 두면, 그 문장은 저절로 형용사 표현이 되어 뒤에 있는 명사를 꾸밉니다.

일본어 :

料理 로오리 요리	する 스루 하다	人 히토 사람	(요리하는 사람)
医師 이샤 의사	だった 닫타 였다	人 히토 사람	(의사였던 사람)

우리말은 이런 경우에 문장을 살짝 개조해주어야 하지만, 일본어는 그럴 필요가 없어 편리합니다.

우리말 : 요리하다 사람 X　　요리하는 사람 O

의사였다 사람 X　　의사였던 사람 O

일본어	명사	뜻
각세에닫타 学生だった 학생이었다	카타 方 분	학생이었던 분
카나 시쿠나이 悲しくない 슬프지 않다	하나시 話 이야기	슬프지 않은 이야기
하타라 쿠 働く 일하다	히토 人 사람	일하는 사람
네루 寝る 잠자다	네코 猫 고양이	잠자는 고양이

명사 앞에 오는 문장이
저절로 형용사 표현이 된다!

practice
꾸미기 연습

미ッション
19
12개의 문장을 19초 안에 말하기!

왼쪽 단어는 명사, 오른쪽 단어는 형용사입니다. 여기에 동사나 다른 형용사를 조합해서 수식 표현을 만들어 보세요. 형용사가 동사를 수식할 때 변하는 형태에 주의해서 빈칸을 채워 보세요.

작가	이야기	이유

さっ か 作家 삭 카	はなし 話 하나시	り ゆう 理由 리 유우

행복한	훌륭한	재미있는

しあわ 幸せな 시아와 세나	す てき 素敵な 스 테키 나	おも しろ 面白い 오모 시로 이

1 작가의 이야기
作家の 話
さっかの はなし

2 재미있는 이야기
面白い 話
おもしろい はなし

3 훌륭한 이유
素敵な 理由
すてきな りゆう

4 행복한 작가
幸せな 作家
しあわせな さっか

5 재미있지 않은 이야기
面白く ない 話
おもしろく ない はなし

6 행복하지 않은 이유
幸せじゃ ない 理由
しあわせじゃ ない りゆう

7 훌륭하지 않은 이야기
素敵じゃ ない 話
すてきじゃ ない はなし

8 이야기를 모으는 작가
話を 集める 作家
はなしを あつめる さっか

9 재미있는 이야기를 찾는 이유
面白い 話を 探す 理由
おもしろい はなしを さがす りゆう

10 달리는 작가
走る 作家
はしる さっか

11 재미있게 봤다.
面白く 見た。
おもしろく みた。

12 행복하게 수영하다.
幸せに 泳ぐ。
しあわせに およぐ。

practice
꾸미기 연습

ミッション
23 12개의 문장을 23초 안에 말하기!

표에 있는 동사에 다른 명사나 형용사를 조합해서 수식 표현을 만들어 보세요.
다양한 수식 표현이 등장합니다. 각 품사가 수식할 때 변화하는 형태에 주의해서 빈칸을 채워 보세요.

보다	모으다	찾다	걷다	달리다	수영하다

み	あつ	さが	ある	はし	およ
見る	集める	探す	歩く	走る	泳ぐ
미 루	아츠 메루	사가 스	아루 쿠	하시 루	오요 구

1 걷는 사람
歩く 人
あるく ひと

2 수영했던 사람
泳いだ 人
およいだ ひと

3 걷지 않았던 사람
歩か なかった 人
あるか なかった ひと

4 그가 찾는 것
彼が 探す もの
かれが さがす もの

5 그가 모았던 것
彼が 集めた もの
かれが あつめた もの

6 우리가 달리는 이유
私たちが 走る 理由
わたしたちが はしる りゆう

7 우리가 달리지 않았던 이유
私たちが 走ら なかった 理由
わたしたちが はしら なかった りゆう

8 그를 보지 않는 그녀
彼を 見 ない 彼女
かれを み ない かのじょ

9 그녀가 찾지 않았던 사람
彼女が 探さ なかった 人
かのじょが さがさ なかった ひと

10 행복하게 달렸던 사람
幸せに 走った 人
しあわせに はしった ひと

11 행복하게 찾고 모은 것
幸せに 探して 集めた もの
しあわせに さがして あつめた もの

12 수영해서 찾은 것
泳いで 探した もの
およいで さがした もの

TIP い형용사의 명사화

우리는 앞에서 な나형용사에 대해서 배웠습니다. 그 내용 중에는 な나형용사가 생긴 이유에 관한 이야기도 있었죠.

な나형용사의 탄생 과정을 한 마디로 줄여 설명한다면
다음과 같은 동기 때문이었다고 할 수 있습니다.

명사를 형용사로 바꾸고 싶어.

그렇다면 당연히 반대의 생각도 있을 수 있겠죠.
다음과 같이 말입니다.

형용사를 명사로 바꾸고 싶어.

우리말에서 형용사를 명사로 만들 땐 어간에 'ㅁ'을 붙이면 되죠.

따뜻한 → 따뜻함
더운 → 더움 ← 명사

이제 본격적으로 형용사를 명사로 바꾸는 방법에 대해 배워보려 합니다. 하지만 이 방법은 온전히 い이형용사에만 해당합니다. 그 이유는 な나형용사의 경우 똑같은 의미의 명사가 이미 있기 때문입니다.
그러니까 い이형용사를 명사로 바꾸는 방법만 알면 되겠죠?

い이형용사를 명사로 바꾸려면 い이를 さ사로 바꿔줍니다.

さ

高い 높다 / 타카이	長い 길다 / 나가이	暑い 덥다 / 아츠이	寒い 춥다 / 사무이
↓	↓	↓	↓
高さ 높이 / 타카사	長さ 길이 / 나가사	暑さ 더움 / 아츠사	寒さ 추움 / 사무사

대부분 さ사를 사용하지만, 어떤 형용사들은 さ사를 사용해도 되고, み미 를 사용해도 됩니다. さ사와 み미는 서로 뉘앙스가 조금 다릅니다. さ사와 み미를 동시에 허용하는 형용사들은 주로 사람의 오감에 관한 것들입니다.

み

甘い 달다 / 아마이	辛い 맵다 / 카라이	うまい 맛있다 / 우마이	臭い 냄새나다 / 쿠사이
↓	↓	↓	↓
甘み 달음 / 아마미	辛み 매움 / 카라미	うまみ 맛있음 / 우마미	臭み 냄새 / 쿠사미

practice
마지막 글자를 바꾸면 변한다

ミッション
쓰면서 큰 소리로 읽어보기!

분홍 박스에 들어있는 일본어는 い형용사의 기본형입니다. 이 い형용사를 명사화해서, 그 발음을 써 주세요. い형용사가 명사로 변할 때는, 마지막 글자를 바꿔서 변화합니다.

1 사전의 두꺼움 厚い
辞書 [지쇼] の ______

2 시간의 빠름 速い
時 [토키] の ______

3 건물의 높이 高い
建物 [타테모노] の ______

4 연애의 위험함 危ない
恋愛 [렝아이] の ______

5 봄의 따뜻함 暖かい
春 [하루] の ______

6 나사의 길이 長い
ねじ [네지] の ______

7 여름의 더움 暑い
夏 [나츠] の ______

8 어머니의 강함 強い
母 [하하] の ______

9 광장의 넓음 広い
広場 [히로바] の ______

10 겨울의 추움 寒い
冬 [후유] の ______

11 산의 아름다움 美しい
山 [야마] の ______

12 높이 10m 高い
______

정답입니다!
1 지쇼 노 아츠사 2 토키 노 하야사 3 타테모노 노 타카사
4 렝아이 노 아부나사 5 하루 노 아타타카사 6 네지 노 나가사
7 나츠 노 아츠사 8 하하 노 츠요사 9 히로바 노 히로사
10 후유 노 사무사 11 야마 노 우츠쿠시사 12 타카사 10m

07 이 표현 꼭 외우자! 수식 표현

Level ★☆☆

수학 선생님이에요.

なんで私を投げるの!
난데 와타시 오 나게루 노!
왜 나를 던져!

ダイアローグ 1

A あなた の 友達 は 先生 ですか?
아나타 / 노 / 토모 다치 / 와 / 센 세에 / 데스카?
당신 / 의 / 친구 / 는 / 선생님 / 입니까?

はい、この 学校 の 先生 です。 **B**
하이, / 코노 / 각 코오 / 노 / 센 세에 / 데스.
네, / 이 / 학교 / 의 / 선생님 / 입니다.

A なん の 科目 の 先生 ですか?
난 / 노 / 카 모쿠 / 노 / 센 세에 / 데스카?
무엇 / 의 / 과목 / 의 / 선생님 / 입니까?

数学 の 先生 です。 **B**
스으 가쿠 / 노 / 센 세에 / 데스.
수학 / 의 / 선생님 / 입니다.

A : 당신의 친구는 선생님이에요?
B : 네, 이 학교의 선생님이에요.
A : 무슨 과목의 선생님이에요?
B : 수학 선생님이에요.

数学の先生

일본어에서
명사가 명사를 꾸며줄 때는
그 안에 の[노]를 넣어
수식 관계를 만들어줍니다.

数学の先生[스으가쿠노센세이]는
'수학의 선생님'이 아니라
の[노]에 뜻을 부여하지 않고
'수학 선생님'으로 해석하는 것이
자연스럽습니다.

Level ★☆☆

단 케이크는 어떠세요?

あなたにあげられるのは カロリーだけです。
아나타 니 아게라레루 노 와 카로리- 다케 데스.
당신에게 줄 수 있는 것은
칼로리뿐이에요.

ダイアローグ 2

A デザート は 何 が いい ですか?
데자-토 / 와 / 나니 / 가 / 이이 / 데스카?
디저트 / 는 / 무엇 / 이 / 좋다 / 입니까?

私 は 甘い デザート が いい です。 **B**
와타시 / 와 / 아마 이 / 데자-토 / 가 / 이이 / 데스.
나 / 는 / 달다 / 디저트 / 가 / 좋다 / 입니다.

A 甘い ケーキ は どう ですか?
아마 이 / 케-키 / 와 / 도오 / 데스카?
달다 / 케이크 / 는 / 어떻게 / 입니까?

大好き です! **B**
다이 스 키 / 데스!
매우 좋아함 / 입니다!

甘いデザート

い[이]형용사의 명사 수식 표현은
원형 그대로를 앞에 써주면 됩니다.

달콤한 디저트
甘い　デザート
[아마이 데자-토]

A : 디저트는 뭐가 좋으세요?
B : 저는 단 디저트가 좋아요.
A : 단 케이크는 어떠세요?
B : 아주 좋아요!

따라 말하기

Level ★★★

장미 축제로 유명해졌어요. 

ダイアローグ 3

A 本当に 賑やかな 町 ですね。
혼 토오 니 / 니기야카나 / 마치 / 데스네.
정말로 / 활기 넘치는 / 마을 / 이네요.

B 昔 は 静かな 町 でした。
무카시 / 와 / 시즈카나 / 마치 / 데시타.
예전 / 은 / 조용한 / 마을 / 이었습니다.

A 誰 か 有名な 人 でも いますか?
다레 / 카 / 유우 메에 나 / 히토 / 데모 / 이마스카?
누구 / 인가 / 유명한 / 사람 / 라도 / 있습니까?

B いいえ、バラ 祭り で 有名 に なり ました。
이이에, / 바라 / 마츠 리 / 데 / 유우 메에 / 니 / 나리 / 마시타.
아니요, / 장미 / 축제 / 로 / 유명 / 해 / 되기 / 했습니다.

私には刺があります。
와타시 니 와 토게 가 아리 마스.
저에게는 가시가 있어요.

◀ **町**

町는 경우에 따라
まち[마치] 또는 ちょう[쵸오]로
읽습니다.

まち[마치]로 읽을 때는
단독으로 쓰여서
주로 마을이나 동네를 의미하며,
ちょう[쵸오]로 읽을 때는
주로 지명 뒤에 붙어
행정 구획의 단위로 사용됩니다.

A : 정말 활기 넘치는 마을이네요.
B : 예전에는 조용한 마을이었어요.
A : 유명한 사람이라도 있어요?
B : 아니요, 장미 축제로 유명해졌어요.

Level ★★☆

서프라이즈로 해주고 싶었어. 

ダイアローグ 4

A 来る 時 に は 連絡 してよ!
쿠루 / 토키 / 니 / 와 / 렌라쿠 / 시테요!
오다 / 때 / 에 / 는 / 연락 / 해!

B サプライズ に し たかった。
사푸라이즈 / 니 / 시 / 타캇타.
서프라이즈 / 로 / 하기 / ~하고 싶었다.

誕生日 おめでとう。
탄 죠오 비 / 오메데토오.
생일 / 축하하다.

A ありがとう。忘れられ ない 誕生日 だね。
아리가토오. / 와스레라레 / 나이 / 탄 죠오 비 / 다네.
고맙다. / 잊을 수 있지 / 않다 / 생일 / 이네.

◀ **来る時**

동사의 명사 수식 역시
원형 그대로가 사용됩니다.

과거 표현인 '왔을 때'라고 할 때는
과거 시제의 원형인
来た[키타]를 사용해
来た時[키타토키]라고 하면 됩니다.

A : 올 때는 연락 좀 해!
B : 서프라이즈로 해주고 싶었어.
생일 축하해.
A : 고마워. 잊을 수 없는 생일이네.

07 이 표현 꼭 외우자! 수식 표현

Level ★★☆

빨리 일어나!

ダイアローグ 5

A 早く 起き なさい!
하야 쿠 / 오키 / 나사이!
빨리 / 일어나기 / ~하시오!

今 起き ない と 遅刻 するよ。
이마 / 오키 / 나이 / 토 / 치 코쿠 / 스루요.
지금 / 일어나지 / 않다 / 면 / 지각 / 한다.

B 今 何 時?
이마 / 난 / 지?
지금 / 몇 / 시?

どう して もっと 早く 起こして くれ なかったの?
도오 / 시테 / 몯토 / 하야 쿠 / 오코시테 / 쿠레 / 나칻타노?
어떻게 / 해서 / 더 / 빨리 / 깨워 / 주지 / 않은 거야?

時間は金だ。
지캉 와 킹 다.
시간은 돈이다.

今起きないと遅刻するよ

여기에 나온 と[토]는 '~하면'이라는 뜻의 조사입니다.

'~하면 ~할 것이다'와 같이 어떤 일이 발생하면 그 다음 상황이 이어질 것이라는 가정을 만들 때 사용할 수 있습니다.

A : 빨리 일어나!
지금 안 일어나면 지각한다.
B : 지금 몇 시야?
왜 더 일찍 안 깨워줬어?

Level ★★★

벌써 끝났어요?

ダイアローグ 6

A もう 終わり ましたか?
모오 / 오와리 / 마시타카?
벌써 / 끝내기 / 했습니까?

B はい。簡単な こと でした。
하이. / 칸탄나 / 코토 / 데시타.
네. / 간단한 / 일 / 이었습니다.

A 本当 ですか?
혼 토오 / 데스카?
정말 / 입니까?

真面目に して ください。
마지메니 / 시테 / 쿠다사이.
성실하게 / 해 / 주세요.

A : 벌써 끝났어요?
B : 네. 간단한 일이었어요.
A : 정말이에요?
진지하게 해주세요.

真面目に

な[나]형용사는 명사를 수식할 때 だ[다]가 な[나]가 되기 때문에 명칭도 な[나]형용사입니다.

그런데 이 な[나]형용사가 동사를 수식할 때는 だ[다]가 に[니]로 바뀌게 됩니다.

따라 말하기

Level ★★☆

청소했어?

ダイアローグ 7

A 掃除 した?
소오 지 / 시타?
청소 / 했다?

した。 **B**
시타.
했다.

A 奇麗に した?
키 레에 니 / 시타?
깨끗하게 / 했다?

した。いちいち うるさい。 **B**
시타. / 이치이치 / 우루사이.
했다. / 하나하나 / 시끄럽다.

A : 청소했어?
B : 했어.
A : 깨끗하게 했어?
B : 했어. 일일이 따지지 마.

うるさい

うるさい[우루사이]는 '시끄럽다'뿐만 아니라 '번거롭다', '귀찮다'라는 뜻을 가지고 있습니다.

사람에게 이 표현을 쓸 경우 잔소리가 많거나 어떤 분야에 까다롭다는 뜻이 될 수도 있습니다.

Level ★★★

재미있는 책이네요.

ダイアローグ 8

A 明日 は ピアノ 教室 に 行く 日 じゃ ない。
아시타 / 와 / 피아노 / 쿄오 시츠 / 니 / 이쿠 / 히 / 쟈 / 나이.
내일 / 은 / 피아노 / 교실 / 에 / 가다 / 날 / 이 / 아니다.

彼女 が 私 に ウインク する こと は ない。
카노죠 / 가 / 와타시 / 니 / 우잉쿠 / 스루 / 코토 / 와 / 나이.
그녀 / 가 / 나 / 에게 / 윙크 / 하다 / 일 / 은 / 없다.

B 面白い 本 ですね。タイトル は 何 ですか?
오모 시로 이 / 혼 / 데스네. / 타이토루 / 와 / 난 / 데스카?
재미있다 / 책 / 이네요. / 제목 / 은 / 무엇 / 입니까?

A 『日本語 と 韓国語 は あまりにも 似ている』 です。
『니홍고 / 토 / 캉 코쿠 고 / 와 / 아마리니모 / 니테이루』 / 데스.
'일본어 / 와 / 한국어 / 는 / 지나치게 / 비슷하다' / 입니다.

A : 내일은 피아노 교실에 가는 날이 아니다. 그녀가 나에게 윙크할 일은 없다.
B : 재미있는 책이네요. 제목이 뭐예요?
A : '일본어와 우리말은 지나치게 비슷하다'예요.

日本語と韓国語はあまりにも似ている

일본어와 우리말은 한자어를 기반으로 만들어진 단어를 사용한다는 공통점 때문에 발음이나 사용법이 유사한 경우가 많습니다.

아래 일본어를 읽을 수 있게 연습한 후 → 히라가나로 쓰세요.

01 なんの 科目の 先生 ですか?

어떤 / 과목의 / 선생님 / 입니까?

02 私は 甘い デザートが いい です。

나는 / 달다 / 디저트가 / 좋다 / 입니다.

03 本当に 賑やかな 町 ですね。

정말로 / 활기 넘치는 / 마을 / 이네요.

04 ありがとう。忘れられない 誕生日 だね。

고맙다. / 잊을 수 없다 / 생일 / 이네.

05 はい。簡単な こと でした。

네. / 간단한 / 일 / 이었습니다.

06 明日は ピアノ 教室に 行く 日じゃ ない。

내일은 / 피아노 / 교실에 / 가다 / 날이 / 아니다.

정답입니다!

1 なんの かもくの せんせい ですか? 난노 카모쿠노 센세에 데스카?
2 わたしは あまい でざーとが いい です。 와타시와 아마이 데자―토가 이이 데스.
3 ほんとうに にぎやかな まち ですね。 혼토오니 니기야카나 마치 데스네.
4 ありがとう。わすれられない たんじょうび だね。 아리가토오. 와스레라레나이 탄죠오비 다네.
5 はい。かんたんな こと でした。 하이. 칸탄나 코토 데시타.
6 あしたは ぴあの きょうしつに いく ひじゃ ない。 아시타와 피아노 쿄오시츠니 이쿠 히쟈 나이.

レッスン 08
가능 표현

~할 수 있다
can

히라가나 연습

~수 있다
られる
2그룹 동사
食べられる。
먹을 수 있다.
올 수 있다.
こられる。
가능
쓸 수 있다.
書ける。
する
できる。
할 수 있다.
君を忘れられなかった。
너를 잊을 수 없었다.

Let's start

한눈에 배운다! ~할 수 있다

can

동영상 강의

Table map

명사+だ	い형용사	な형용사	2그룹 동사 기본	1그룹 동사 기본	2그룹 동사 응용	1그룹 동사 응용	수식	가능	접속조사て 기본	접속조사て 응용	주의 표현

'~할 수 있다'라는 표현은
동사가 1그룹이냐 2그룹이냐에 따라 만드는 방법이 달라집니다.
2그룹 동사는 る루를 떼고,
그 자리에 られる라레루를 붙여서 만들 수 있습니다.

食べ 타베	る 루	
먹	다	
食べ 타베	られ 라레	る 루
먹을	수 있	다
食べ 타베	られ 라레	た 타
먹을	수 있	었다

STEP1 **A** 8줄 일단 암기
STEP2 **A▸B** 보고 말하기
STEP3 **C▸B** 보고 말하기
STEP4 **AB** 암송

	A	B	C
긍정	먹을 수 있다.	타베 라레 루.	食べ られる。 ← 'る' 대신 'られる'
	먹을 수 있었다.	타베 라레 타. 과거	食べ られた。
	먹을 수 있습니다.	타베 라레 마스.	食べ られます。
	먹을 수 있었습니다.	타베 라레 마시타. 과거	食べ られました。
부정	먹을 수 없다.	타베 라레 나이.	食べ られない。
	먹을 수 없었다.	타베 라레 나캇타. 과거	食べ られなかった。
	먹을 수 없습니다.	타베 라레 마셍.	食べ られません。 ← 'られないです'도 가능
	먹을 수 없었습니다.	타베 라레 마센 데시타. 과거	食べ られませんでした。

1그룹 동사를 가능형으로 쓰려면,
마지막 글자를 え에단으로 바꾸고 る루를 붙여 줍니다.

書 카 쓰	く 쿠 다	
書 카 쓸	け 케 수 있	る 루 다
書 카 쓸	け 케 수 있	た 타 었다

음성 파일

STEP1 **A** 8줄 일단 암기 | STEP2 **A▸B** 보고 말하기 | STEP3 **C▸B** 보고 말하기 | STEP4 **AB** 암송

	A	B	C
긍정	쓸 수 있다.	카 케 루.	書 ける。 ('書け'는 변하지 않음)
	쓸 수 있었다.	카 케 타. 과거	書 けた。
	쓸 수 있습니다.	카 케 마스.	書 けます。
	쓸 수 있었습니다.	카 케 마시타. 과거	書 けました。
부정	쓸 수 없다.	카 케 나이.	書 けない。 ('書かない'는 '쓰지 않다')
	쓸 수 없었다.	카 케 나캇타. 과거	書 けなかった。
	쓸 수 없습니다.	카 케 마셍.	書 けません。
	쓸 수 없었습니다.	카 케 마센 데시타. 과거	書 けません でした。

3그룹 동사의 가능형을 살펴보겠습니다.
3그룹 동사는 불규칙하게 변화하므로,
가능형 표현도 그냥 외우는 수밖에 없습니다.
する스루 | 하다의 가능형인 できる데키루 | 할 수 있다는
회화에서 자주 사용됩니다.

する 스루 하다	くる 쿠루 오다
↓	↓
できる 데키루 할 수 있다	こられる 코라레루 올 수 있다

할 수 있다!
できる!

practice
‘られ라레’를 붙여라 (2그룹)

ミッション
쓰면서 큰 소리로 읽어보기!

2그룹 동사의 기본형을 가능형으로 바꿔 보세요. 그리고 응용한 2그룹 동사의 가능 표현을 한글로 빈칸에 적어 주세요. 2그룹 동사의 가능형은 られ까지 어간으로 취급합니다.

1 느낄 수 있다.
(느끼다 + 할 수 있다)

感じる (かん)
칸 지루

感じ 칸지 | る 루
↓
感じ 칸지 | られ 라레 | る 루

2 추천할 수 있습니다.
(추천하다 + 할 수 있다)

勧める (すす)
스스 메루

勧め ____ | る ____
↓
____ | ____ | ____

3 믿을 수 있었다.
(믿다 + 할 수 있다)

信じる (しん)
신 지루

信じ ____ | る ____
↓
____ | ____ | ____

4 바꿀 수 있었습니다.
(바꾸다 + 할 수 있다)

変える (か)
카 에루

変え ____ | る ____
↓
____ | ____ | ____

5 받아들일 수 없다.
(받아들이다 + 할 수 있다)

受け入れる (う い)
우 케 이 레루

受け入れ ____ | る ____
↓
____ | ____ | ____

6 셀 수 없습니다.
(세다 + 할 수 있다)

数える (かぞ)
카조 에루

数え ____ | る ____
↓
____ | ____ | ____

7 지지할 수 없었다.
(지지하다 + 할 수 있다)

支える (ささ)
사사 에루

支え ____ | る ____
↓
____ | ____ | ____

8 잊을 수 없었습니다.
(잊다 + 할 수 있다)

忘れる (わす)
와스 레루

忘れ ____ | る ____
↓
____ | ____ | ____

정답입니다! 1 칸지 라레 루. 2 스스메 라레 마스. 3 신지 라레 타. 4 카에 라레 마시타. 5 우케이레 라레 나이. 6 카조에 라레 마셍. 7 사사에 라레 나캇타. 8 와스레 라레 마센데시타.

ミッション
쓰면서 큰 소리로 읽어보기!

practice
え에단으로 바꾸고 る루를 붙여라

1그룹 동사의 기본형을 가능형으로 바꿔 보세요. 1그룹 동사의 가능형은 2그룹 동사와 같은 방법으로 활용됩니다. 빈칸에 한글로 발음을 적어 주세요.

1 생각할 수 있다.
(생각하다 + 할 수 있다)

思う(おもう) 오모 우

思 오모 / う 우
↓
思 오모 / え 에 / る 루

2 고칠 수 있습니다.
(고치다 + 할 수 있다)

直す(なおす) 나오 스

直 / す
↓

3 쉴 수 있었다.
(쉬다 + 할 수 있다)

休む(やすむ) 야스 무

休 / む
↓

4 읽을 수 있었습니다.
(읽다 + 할 수 있다)

読む(よむ) 요 무

読 / む
↓

5 움직일 수 없다.
(움직이다 + 할 수 있다)

動く(うごく) 우고 쿠

動 / く
↓

6 탈 수 없습니다.
(타다 + 할 수 있다)

乗る(のる) 노 루

乗 / る
↓

7 서두를 수 없었다.
(서두르다 + 할 수 있다)

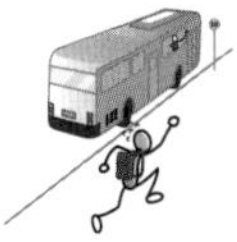

急ぐ(いそぐ) 이소 구

急 / ぐ
↓

8 갈 수 없었습니다.
(가다 + 할 수 있다)

行く(いく) 이 쿠

行 / く
↓

정답입니다! 1 오모 에 루. 2 나오 세 마스. 3 야스 메 타. 4 요 메 마시타.
5 우고 케 나이. 6 노 레 마셍. 7 이소 게 나캇타. 8 이 케 마센데시타.

practice
'られ라레'를 붙여라 (2그룹)

ミッション
22 12개의 문장을 22초 안에 말하기!

표에 있는 2그룹 동사의 기본형을 가능형으로 바꿔 보세요. 명사나 대명사 등과 조합해서 문장을 만들어 보세요. 가능형으로 변한 2그룹 동사는 られ까지를 어간으로 봅니다.

보다	빌리다	잊다

み 見る 미 루	か 借りる 카 리루	わす 忘れる 와스 레루

영화	공연	비디오

えいが 映画 에에 가	こうえん 公演 코오 엥	ビデオ 비데오

1 영화를 볼 수 있었다.
映画が 見られた。
えいがが みられた。

2 전부 먹을 수 있었다.
全部 食べられた。
ぜんぶ: 전부
ぜんぶ たべられた。

3 영화는 볼 수 없었습니다.
映画は 見られ ませんでした。
えいがは みられ ませんでした。

4 비디오를 빌릴 수 있었습니다.
ビデオを 借りられ ました。
ビデオを かりられ ました。

5 전부 먹을 수 없었다.
全部 食べられ なかった。
ぜんぶ たべられ なかった。

6 너를 잊을 수 없었다.
君を 忘れられ なかった。
きみを わすれられ なかった。

7 비디오를 빌릴 수 없었다.
ビデオを 借りられ なかった。
ビデオを かりられ なかった。

8 공연을 볼 수 있었습니다.
公演を 見られ ました。
こうえんを みられ ました。

9 그 공연은 잊을 수 없다.
あの 公演は 忘れられ ない。
あの こうえんは わすれられ ない。

10 비디오를 빌릴 수 있습니까?
ビデオを 借りられ ますか?
ビデオを かりられ ますか?

11 잊을 수 없는 영화였다.
忘れられ ない 映画だった。
わすれられ ない えいがだった。

12 그것은 잊을 수 없습니다.
それは 忘れられ ません。
それは わすれられ ません。

practice

え에단으로 바꾸고 る루를 붙여라

ミッション
20 12개의 문장을 20초 안에 말하기!

표에 있는 일본어는 1그룹 동사의 기본형입니다.
가능형으로 변한 1그룹 동사는 2그룹 동사와 같은 방법으로 활용합니다.

만나다	쓰다	사다	가다	날다	읽다

あ	か	か	い	と	よ
会う	書く	買う	行く	飛ぶ	読む
아우	카쿠	카우	이쿠	토부	요무

1 친구와 만날 수 있다.
友達に 会える。
ともだちに あえる。

2 편지를 쓸 수 없었다.
手紙を 書け なかった。
てがみを かけ なかった。

3 미국에 갈 수 있습니다.
アメリカに 行け ます。
アメリカに いけ ます。

4 전부 살 수 없었습니다.
全部 買え ませんでした。
ぜんぶ かえ ませんでした。

5 하늘을 날 수 없다.
空を 飛べ ない。
そら:하늘
そらを とべ ない。

6 친구와 만날 수 있었습니다.
友達に 会え ました。
ともだちに あえ ました。

7 하늘을 날 수 있습니다.
空を 飛べ ます。
そらを とべ ます。

8 편지를 읽을 수 없었다.
手紙を 読め なかった。
てがみを よめ なかった。

9 걸어서 갈 수 있습니다.
歩いて 行け ます。
あるいて いけ ます。

10 비디오를 사러 갈 수 없었다.
ビデオを 買いに 行け なかった。
ビデオを かいに いけ なかった。

11 영화를 보러 갈 수 있습니까?
映画を 見に 行け ますか?
えいがを みに いけ ますか?

12 하늘을 날 수 있었습니까?
空を 飛べ ましたか?
そらを とべ ましたか?

08 이 표현 꼭 외우자!
가능 표현

Level ★☆☆

그럼, 디저트 먹으러 가자.

ダイアローグ 1

A 次 は 何 食べようか?
츠기 / 와 / 나니 / 타베요오카?
다음 / 은 / 무엇 / 먹을까?

まだ 食べられる? **B**
마다 / 타베라레루?
아직 / 먹을 수 있다?

私 は 無理。もう 食べられ ない。
와타시 / 와 / 무리. / 모오 / 타베라레 / 나이.
나 / 는 / 무리. / 더 / 먹을 수 있지 / 않다.

A じゃあ、デザート 食べ に 行こう。
쟈아, / 데자-토 / 타베 / 니 / 이코오.
그럼, / 디저트 / 먹기 / 으로 / 가자.

次は何食べようか?

まだ

まだ[마다]는 '아직도', '그 외에도 더'라는 뜻의 부사로
また[마타]와 다른 단어입니다.
また[마타]는 '다시', '또'라는 뜻입니다.

A : 다음은 뭐 먹을까?
B : 더 먹을 수 있어?
나는 무리야. 더는 못 먹어.
A : 그럼, 디저트 먹으러 가자.

Level ★★☆

이번 주는 못 만나요.

ダイアローグ 2

A 仕事 が あって 今日 は 会え ません。
시 고토 / 가 / 앋테 / 쿄오 / 와 / 아에 / 마셍.
일 / 이 / 있어 / 오늘 / 은 / 만날 수 있기 / 하지 않습니다.

そう ですか? では 明日 は 会え ますか? **B**
소오 / 데스카? / 데와 / 아시타 / 와 / 아에 / 마스카?
그렇게 / 입니까? / 그럼 / 내일 / 은 / 만날 수 있기 / 합니까?

A いいえ、明日 も 仕事 が あり ます。
이이에, / 아시타 / 모 / 시 고토 / 가 / 아리 / 마스.
아니요, / 내일 / 도 / 일 / 이 / 있기 / 합니다.

今週 は 会え ません。
콘 슈우 / 와 / 아에 / 마셍.
이번 주 / 는 / 만날 수 있기 / 하지 않습니다.

彼女には
いつも仕事がある。
카노죠 니 와 이츠모 시 고토 가 아루.
그녀에게는 항상 일이 있다.

今日와 明日

今週[콘슈우]라는 단어는 각각의 한자를 こん[콩]과 しゅう[슈우]로 읽습니다.

하지만 今日[쿄오]나 明日[아시타]는 각각의 한자를 따로 읽는 것이 아니라 전체를 한 묶음으로 읽습니다.
이런 단어를 '숙자훈'이라고 합니다.

A : 일이 있어서 오늘은 못 만나요.
B : 그래요?
그러면 내일은 만날 수 있어요?
A : 아니요, 내일도 일이 있어요.
이번 주는 못 만나요.

Level ★★★

새 핸드폰은 샀어?

ダイアローグ 3

A 新しい 携帯 は 買った?
아타라시이 / 케에 타이 / 와 / 칻타?
새롭다 / 핸드폰 / 은 / 샀다?

ううん、人 が 多すぎて 買え なかった。 **B**
우웅, / 히토 / 가 / 오오스기테 / 카에 / 나칻타.
아니, / 사람 / 이 / 너무 많아서 / 살 수 있지 / 않았다.

A 人 が そんなに 多かった?
히토 / 가 / 손나니 / 오오칻타?
사람 / 이 / 그렇게 / 많았다?

ちゃんと 歩け ない ほど 多かった。 **B**
챤토 / 아루케 / 나이 / 호도 / 오오칻타.
제대로 / 걸을 수 있지 / 않다 / 정도 / 많았다.

多すぎて

い[이]형용사 뒤에 すぎる[스기루]가 붙어서 '너무 ~하다'라는 표현을 만들 땐 마지막 글자 い[이]가 빠지고, 그 자리에 すぎる[스기루]가 바로 연결됩니다.

多い + すぎる = 多すぎる
[오오이+스기루=오오스기루]

A : 새 핸드폰은 샀어?
B : 아니, 사람이 많아서 못 샀어.
A : 사람이 그렇게 많았어?
B : 제대로 못 걸을 정도로 많았어.

Level ★★★

저 수영 못해요.

ダイアローグ 4

A 夏 休み に 海 へ 行き ませんか?
나츠 / 야스 미 / 니 / 우미 / 에 / 이키 / 마셍카?
여름 / 휴가 / 에 / 바다 / 에 / 가기 / 하지 않습니까?

私 は 泳げ ません。 **B**
와타시 / 와 / 오요게 / 마셍.
나 / 는 / 수영할 수 있기 / 하지 않습니다.

A 大丈夫 です。私 が 教えて あげ ます。
다이 죠오 부 / 데스. / 와타시 / 가 / 오시에테 / 아게 / 마스.
괜찮음 / 입니다. / 나 / 가 / 알려 / 주기 / 합니다.

すぐ 学べ ます。
스구 / 마나베 / 마스.
금방 / 배울 수 있기 / 합니다.

조사 へ

조사 へ[에]는 '헤'가 아닌 '에'로 발음합니다. 주로 동작의 방향을 나타내는 데 사용되며, '~으로, ~에게'라는 뜻이 있습니다.

私と一緒に
海に行きましょう。
와타시 토 잇쇼 니 우미 니 이키 마쇼오.
저와 함께 바다로 가시죠.

A : 여름 휴가 때 바다에 안 갈래요?
B : 저 수영 못해요.
A : 괜찮아요. 제가 알려줄게요.
금방 배워요.

08 이 표현 꼭 외우자! 가능 표현

Level ★★☆

긴장해서 아무 말도 못 했어.

ダイアローグ 5

A どう だった? 言った?
도오 / 닫타? / 읻타?
어떻게 / 이었다? / 말했다?

ううん、全然 ダメ だった。 **B**
우웅, / 젠젠 / 다메 / 닫타.
아니, / 전혀 / 안 됨 / 이었다.

緊張 して 何 も 言え なかった。
킨 쵸오 / 시테 / 나니 / 모 / 이에 / 나칻타.
긴장 / 해서 / 무엇 / 도 / 말할 수 있지 / 않았다.

A 次 は きっと 言えるよ。
츠기 / 와 / 킫토 / 이에루요.
다음 / 은 / 분명 / 말할 수 있을거야.

次は
きっと言えるよ。

ダメ

ダメ[다메]는 상황이 나쁘거나 효과가 없음을 나타내는 명사입니다. 무언가를 금지할 때는 '안 돼'라는 의미로도 사용할 수 있습니다.

A : 어땠어? 말했어?
B : 아니, 완전히 망했어.
긴장해서 아무 말도 못 했어.
A : 다음에는 분명 말할 수 있을 거야.

Level ★★★

평생 사랑할 수 있어?

ダイアローグ 6

A 私 が どんな 人 でも 愛せる?
와타시 / 가 / 돈나 / 히토 / 데모 / 아이세루?
나 / 가 / 어떤 / 사람 / 라도 / 사랑 할 수 있다?

もちろん! あなた が 男 でも 愛せる。 **B**
모치롱! / 아나타 / 가 / 오토코 / 데모 / 아이세루.
물론! / 당신 / 이 / 남자 / 라도 / 사랑 할 수 있다.

A 一生 愛せる?
잇 쇼오 / 아이세루?
평생 / 사랑 할 수 있다?

一生 は 愛せ ない。 **B**
잇 쇼오 / 와 / 아이세 / 나이.
평생 / 은 / 사랑할 수 있지 / 않다.

一生は愛せない。

もちろん

우리말 '물론'과 같은 한자를 사용하는 표현으로 그 뜻 역시 같습니다. '말할 것도 없이'라는 의미로 단정을 나타내는 말과 함께 사용됩니다.

A : 내가 어떤 사람이든지
사랑할 수 있어?
B : 물론이지!
네가 남자라고 해도
사랑할 수 있어.
A : 평생 사랑할 수 있어?
B : 평생은 못 해.

따라 말하기

Level ★★☆

카페 가서 공부해야지.

ダイアローグ 7

A カフェ に 行って 勉強 しよう。
카훼 / 니 / 잇테 / 벵 쿄오 / 시요오.
카페 / 에 / 가서 / 공부 / 하자.

カフェ で 勉強 できる? **B**
카훼 / 데 / 벵 쿄오 / 데키루?
카페 / 에서 / 공부 / 할 수 있다?

私 は うるさくて 集中 でき ない。
와타시 / 와 / 우루사쿠테 / 슈우 츄우 / 데키 / 나이.
나 / 는 / 시끄러워서 / 집중 / 할 수 있지 / 않다.

A バイト さん が 格好 いい。
바이토 / 상 / 가 / 칵 코오 / 이이.
아르바이트 / 씨 / 가 / 모양 / 좋다.

バイトさんが
格好いい。

できる

모양에서 유추하기는 어렵지만 **できる**[데키루]는 사실 **する**[스루]하다 의 가능 표현입니다.

그래서 '공부하다'라는 뜻인 **勉強する**[벵쿄오스루]의 가능 표현이 **勉強できる**[벵쿄오데키루]가 되는 것이지요.

A : 카페 가서 공부해야지.
B : 카페에서 공부가 돼?
나는 시끄러워서 집중이 안 돼.
A : 아르바이트생이 잘생겼어.

Level ★★★

이제 돌이킬 수 없다.

ダイアローグ 8

A 新しい ケーキ を 買う こと は でき なかった。
아타라시이 / 케-키 / 오 / 카우 / 코토 / 와 / 데키 / 나캇타.
새롭다 / 케이크 / 를 / 사다 / 것 / 은 / 할 수 있지 / 않았다.

妹 の ケーキ を 全部 食べて しまった。
이모오토 / 노 / 케-키 / 오 / 젬부 / 타베테 / 시맛타.
여동생 / 의 / 케이크 / 를 / 전부 / 먹어 / 버렸다.

もう 戻る こと は でき ない。
모오 / 모도 루 / 코토 / 와 / 데키 / 나이.
이제 / 돌아가다 / 것 / 은 / 할 수 있지 / 않다.

私 と あなた は 共犯 だ。
와타시 / 토 / 아나타 / 와 / 쿄오 한 / 다.
나 / 와 / 당신 / 은 / 공범 / 이다.

私とあなたは共犯だ。

ことはできない。

직역하자면 '~하는 것은 가능하지 않다'라는 표현입니다.

긍정형은 **ことができる**[코토가데키루]입니다. 이때 **こと**[코토] 뒤에 오는 **は**[와]나 **が**[가]는 조사이기 때문에 상황에 따라 바뀌기도 합니다.

A : 새 케이크를 사지 못했다.
여동생의 케이크는 전부 먹어버렸다.
이제 돌이킬 수 없다.
나와 당신은 공범이다.

아래 일본어를 읽을 수 있게 연습한 후 → 히라가나로 쓰세요.

01 今週は 会えません。
└ 이번 주는 ┘└ 만날 수 없습니다. ┘

02 夏休みに 海へ 行き ませんか?
└ 여름 휴가에 ┘└바다에┘└ 가기 ┘└ 하지 않습니까? ┘

03 緊張 して 何も 言えなかった。
└ 긴장 ┘└ 해서 ┘└무엇도┘└ 말할 수 없었다. ┘

04 一生は 愛せない。
└ 평생은 ┘└ 사랑할 수 없다. ┘

05 私は うるさくて 集中 できない。
└ 나는 ┘└ 시끄러워서 ┘└ 집중 ┘└ 할 수 없다. ┘

06 新しい ケーキを 買う ことは できなかった。
└ 새롭다 ┘└ 케이크를 ┘└ 사다 ┘└ 것은 ┘└ 할 수 없었다. ┘

정답입니다!

1 こんしゅうは あえません。 콘슈우와 아에마셍.
2 なつやすみに うみへ いき ませんか? 나츠야스미니 우미에 이키 마셍카?
3 きんちょう して なにも いえなかった。 킨쵸오 시테 나니모 이에나캇타.
4 いっしょうは あいせない。 잇쇼오와 아이세나이.
5 わたしは うるさくて しゅうちゅう できない。 와타시와 우루사쿠테 슈우츄우 데키나이.
6 あたらしい けーきを かう ことは できなかった。 아타라시이 케ー키오 카우 코토와 데키나캇타.

レッスン 09

접속조사 1

중요한 접속조사 て
일본어의 팔방미인

1그룹에서는 음편현상
과거형과 똑같다

て의 부정 용법
부정 역시 2가지

히라가나 연습

한눈에 배운다!
중요한 접속조사 て테

일본어의 팔방미인

Table map

명사+だ	い형용사	な형용사	2그룹 동사 기본	1그룹 동사 기본	2그룹 동사 응용	1그룹 동사 응용	수식	가능	접속조사て 기본	접속조사て 응용	주의 표현

て테는 두 표현을 연결하는 접속조사입니다.

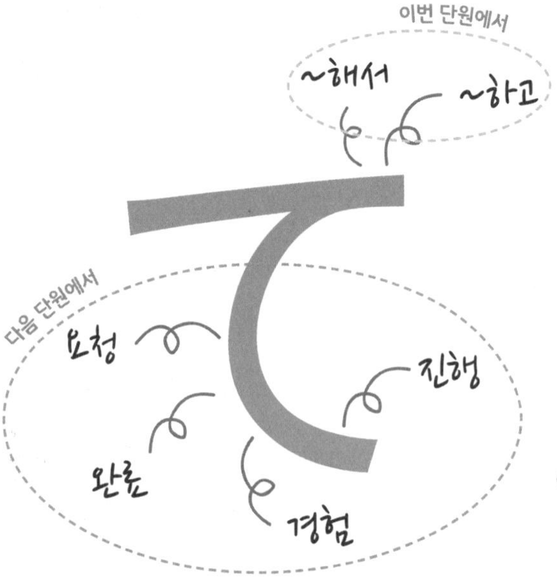

て의 주요 용법 2가지 | て테는 여러 가지 용도로 사용되는 매우 중요한 표현입니다. 그중 가장 기본이 되는 2가지 용법은 '~하고'와 '~해서'입니다.

동사와 함께	な형용사와 함께	い형용사와 함께
❶ 먹고 ❷ 먹어서 食べて 타베 테	❶ 편리하고 ❷ 편리해서 便利で 벤리 데	❶ 춥고 ❷ 추워서 寒くて 사무쿠 테

practice

て의 여러 의미

ミッション

13 12개의 문장을 13초 안에 말하기!

문제마다 주어진 2개의 일본어를 접속조사 て를 사용해서 연결해 보세요.
접속조사 て가 동사에 붙으면, '~하고', '~해서'라는 뜻이 됩니다.

지다	숨다	헤어지다	지치다	따뜻하게 하다	확인하다

ま	かく	わか	つか	あたた	たし
負ける	隠れる	別れる	疲れる	温める	確かめる
마 케루	카쿠 레루	와카 레루	츠카 레루	아타타 메루	타시 카메루

1 먹고 마시다.

食べる 타베 / 테 / 飲む 노무.

2 져서 울다.

負ける / 泣く

3 보고 오다.

見る / くる

4 숨어서 먹다.

隠れる / 食べる

5 지쳐서 자다.

疲れる / 寝る

6 보고 놀라다.

見る / 驚く

7 숨어서 살다.

隠れる / 生きる

8 헤어져서 울다.

別れる / 泣く

9 잊어서 큰일이다.

忘れる / 大変だ

10 따뜻하게 해서 먹다.

温める / 食べる

11 기억해 주세요.

覚える / ください

12 가르쳐 주세요.

教える / ください

정답입니다!

1 타베 테 노무. 2 마케 테 나쿠. 3 미 테 쿠루. 4 카쿠레 테 타베루.
5 츠카레 테 네루. 6 미 테 오도로쿠. 7 카쿠레 테 이키루. 8 와카레 테 나쿠.
9 와스레 테 타이헨다. 10 아타타메 테 타베루. 11 오보에 테 쿠다사이. 12 오시에 테 쿠다사이.

practice
て의 여러 의미

문제마다 주어진 2개의 일본어를 접속조사 て를 이용해 연결해 보세요.
1그룹 동사는 동사의 て형으로 변할 때, 마지막 글자에 따라 음편현상이 일어납니다.

취하다	웃다	줄을 서다	계속하다	서두르다	떨어뜨리다

よ	わら	なら	つづ	いそ	お
酔う	笑う	並ぶ	続く	急ぐ	落とす
요 우	와라 우	나라 부	츠즈 쿠	이소 구	오 토스

1 이기고 기뻐하다.
勝つ 카 | ㄷ테 | 喜ぶ 요로코부.

2 계속해서 일하다.
続く | | 働く

3 서서 기다리다.
立つ | | 待つ

4 떨어뜨려서 잃어버리다.
落とす | | 無くす

5 서둘러서 달리다.
急ぐ | | 走る

6 골라서 사다.
選ぶ | | 買う

7 일해서 지치다.
働く | | 疲れる

8 웃고 울다.
笑う | | 泣く

9 만들어서 보내다.
作る | | 送る

10 이야기해서 즐겁다.
話す | | 楽しい

11 줄 서서 기다리다.
並ぶ | | 待つ

12 취해서 자다.
酔う | | 寝る

정답입니다!
1 카 ㄷ테 요로코부. 2 츠즈 이테 하타라쿠. 3 타 ㄷ테 마츠. 4 오토 시테 나쿠스.
5 이소 이데 하시루. 6 에라 ㄴ데 카우. 7 하타라 이테 츠카레루. 8 와라 ㄷ테 나쿠.
9 츠쿠 ㄷ테 오쿠루. 10 하나 시테 타노시이. 11 나라 ㄴ데 마츠. 12 요 ㄷ테 네루.

practice
て의 여러 의미

ミッション
30 12개의 문장을 30초 안에 말하기!

왼쪽 표의 일본어는 동사의 기본형이고, 오른쪽 표의 일본어는 명사입니다. 이 단어들을 조합해서 동사의 て형이 들어간 문장을 만들어 보세요.

지다	젖다	(하늘이) 개다

ま 負ける 마 케루	ぬ 濡れる 누 레루	は 晴れる 하 레루

시합	신발	날씨

し あい 試合 시 아이	くつ 靴 쿠츠	てん き 天気 텡 키

1 시합에 져서 슬프다.
試合に 負けて 悲しい。
かなしい:슬프다
しあいに まけて かなしい。

2 날씨가 맑아서 기분이 좋다.
天気が 晴れて 気持ちが いい。
きもち:기분
てんきが はれて きもちが いい。

3 신발이 젖어서 기분이 나쁘다.
靴が 濡れて 気持ちが 悪い。
くつが ぬれて きもちが わるい。

4 신발도 젖고 가방도 젖었다.
靴も 濡れて カバンも 濡れた。
くつも ぬれて カバンも ぬれた。

5 시합에도 지고 신발도 잃어버렸다.
試合にも 負けて 靴も なくした。
しあいにも まけて くつも なくした。

6 하늘은 맑고 바람도 없다.
空は 晴れて 風も ない。
そらは はれて かぜも ない。

7 날씨가 맑아서 신발을 말렸다.
天気が 晴れて 靴を 干した。
干す | ほす:말리다
てんきが はれて くつを ほした。

8 신발이 젖어서 시합에서 졌다.
靴が 濡れて 試合で 負けた。
くつが ぬれて しあいで まけた。

9 날이 맑아서 시합을 할 수 있었습니다.
天気が 晴れて 試合が でき ました。
てんきが はれて しあいが でき ました。

10 가방이 젖어서 그 안에 있던 신발도 젖었다.
カバンが 濡れて その 中に あった 靴も 濡れた。
カバンが ぬれて その なかに あった くつも ぬれた。

11 날씨도 맑고 기분도 좋다.
天気も 晴れて 気持ちも いい。
てんきも はれて きもちも いい。

12 시합에서 지고 우는 것은 좋지 않다.
試合で 負けて 泣く のは よく ない。
なく:울다
しあいで まけて なく のは よく ない。

practice
형용사 뒤에는 で 아니면 くて

ミッション
8개의 문장을 18초 안에 말하기!

이 페이지에는 형용사의 기본형이 주어져 있습니다. 이 형용사에 접속조사 て를 연결해서 '~하고'라는 표현을 만들어 보세요. 형용사에 て가 연결될 때, 각 형용사의 변화에 주의하세요.

무례하다	강압적이다	친절하다	용감하다	현명하다	정직하다

ぶ れい	きょう あつ てき	しん せつ	ゆう かん	けん めい	しょう じき
無礼だ	強圧的だ	親切だ	勇敢だ	賢明だ	正直だ
부 레에 다	쿄오 아츠 테키 다	신 세츠 다	유우 칸 다	켐 메에 다	쇼오 지키 다

1 용감하고 현명하다.
勇敢で 賢明だ。
ゆうかんで けんめいだ。

2 친절하고 정직한 사람
親切で 正直な 人
しんせつで しょうじきな ひと

3 무례하고 강압적인 사람
無礼で 強圧的な 人
ぶれいで きょうあつてきな ひと

4 강압적이지 않고 친절하다.
強圧的では なくて 親切だ。
きょうあつてきでは なくて しんせつだ。

맛있다	달다	짜다	맵다	시다	쓰다

お い	あま	しお から	から	す	にが
美味しい	甘い	塩辛い	辛い	酸っぱい	苦い
오이 시이	아마 이	시오 카라 이	카라 이	습 파이	니가 이

1 맵고 짜다.
辛くて 塩辛い。
からくて しおからい。

2 쓰고 맵다.
苦くて 辛い。
にがくて からい。

3 달고 짜다.
甘くて 塩辛い。
あまくて しおからい。

4 시고 쓰다.
酸っぱくて 苦い。
すっぱくて にがい。

한눈에 배운다!

1그룹에서는 음편현상

과거형과 똑같다

1그룹 동사가 て테형으로 변화할 때도 음편현상이 발생합니다.
과거형 た타를 떠올리면서 살펴봅시다.

	어미	기본형		て테형
1	う 우	買う 카우 사다	→	買って 캇테 사고, 사서
	つ 츠	打つ 우츠 때리다	→	打って 웃테 때리고, 때려서
	る 루	座る 스와루 앉다	→	座って 스왓테 앉고, 앉아서
2	む 무	飲む 노무 마시다	→	飲んで 논데 마시고, 마셔서
	ぶ 부	遊ぶ 아소부 놀다	→	遊んで 아손데 놀고, 놀아서
3	く 쿠	聞く 키쿠 듣다	→	聞いて 키이테 듣고, 들어서
4	ぐ 구	泳ぐ 오요구 수영하다	→	泳いで 오요이데 수영하고, 수영해서
5	す 스	探す 사가스 찾다	→	探して 사가시테 찾고, 찾아서

TIP

읽어 보세요 **5가지 음편현상 정리**

1
○○う우 → ○○ってㄷ테
○○つ츠 → ○○ってㄷ테
○○る루 → ○○ってㄷ테

2
○○む무 → ○○んでㄴ데
○○ぶ부 → ○○んでㄴ데

3
○○く쿠 → ○○いて이테

4
○○ぐ구 → ○○いで이데

5
○○す스 → ○○して시테

음편현상은 이제 확실히 알겠지?

practice
이렇게 되면 **음편현상**이 발생한다

ミッション
5 9개의 문장을 5초 안에 말하기!

아래의 일본어 단어는 1그룹 동사의 기본형입니다. 이 동사들과 접속조사 て를 조합해서 '~하고', '~해서'라는 표현을 만들어 보세요. 음편현상은 동사 기본형의 마지막 글자에 따라 달라집니다.

1
말하다

い
言う
이 우
말하고, 말해서

2
서다

た
立つ
타 츠
서고, 서서

3
타다

の
乗る
노 루
타고, 타서

4
피다

さ
咲く
사 쿠
피고, 펴서

5
서두르다
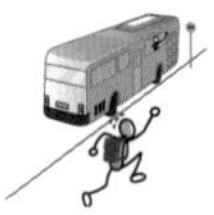
いそ
急ぐ
이소 구
서두르고, 서둘러서

6
이야기하다

はな
話す
하나 스
말하고, 말해서

7
죽다

し
死ぬ
시 누
죽고, 죽어서

8
날다

と
飛ぶ
토 부
날고, 날아서

9
살다

す
住む
스 무
살고, 살아서

정답입니다! 1 言って 읻테 2 立って 탇테 3 乗って 녿테 4 咲いて 사이테 5 急いで 이소이데 6 話して 하나시테 7 死んで 신데 8 飛んで 톤데 9 住んで 슨데

practice
て와 음편 연습

아래의 일본어는 1그룹 동사의 기본형입니다. 이 동사들을 음편현상이 일어나도록 접속조사 て와 조합하세요. 1그룹 동사와 て가 연결되면, 마지막 글자에 따라 5종류의 음편현상이 일어납니다.

쥐다, 들다, 가지다	기다리다	줄을 서다	부탁하다	서두르다	반납하다

も 持つ 모 츠	ま 待つ 마 츠	なら 並ぶ 나라 부	たの 頼む 타노 무	いそ 急ぐ 이소 구	かえ 返す 카에 스

1 가방을 들고 기다리다.
カバンを 持って 待つ。
カバンを もって まつ。

2 줄 서서 기다리다.
並んで 待つ。
ならんで まつ。

3 비디오를 반납하고 돌아갔다.
ビデオを 返して 帰った。
ビデオを かえして かえった。

4 서둘러서 줄을 섰다.
急いで 並んだ。
いそいで ならんだ。

5 너에게 부탁해서 다행이다.
君に 頼んで よかった。
きみに たのんで よかった。

6 저건 내가 가지고 가다.
あれは 私が 持って 行く。
あれは わたしが もって いく。

7 이제 반납해 주세요.
もう 返して ください。
もう かえして ください。

8 서둘러서 돌아가다.
急いで 帰る。
いそいで かえる。

9 친구에게 부탁하고 돌아갔다.
友達に 頼んで 帰った。
ともだちに たのんで かえった。

10 서둘러서 부탁했다.
急いで 頼んだ。
いそいで たのんだ。

11 기다려 주세요.
待って ください。
まって ください。

12 이건 내가 갖고, 저건 너에게 주다.
これは 私が 持って、あれは 君に あげる。
これは わたしが もって、あれは きみに あげる。

Let's start

한눈에 배운다!

て의 부정 용법

부정 역시 2가지

て의 부정 용법 2가지 | 이번에는 て테의 부정문에 대해 배워보겠습니다.

동사와 함께	な 형용사와 함께	い 형용사와 함께
❶ 먹지 않고 食べないで (부정) 타베 나이데 ❷ 먹지 않아서 食べなくて (부정) 타베 나쿠테	❶ 편리하지 않고 ❷ 편리하지 않아서 便利ではなくて (では: 조사, なくて: 부정) 벤리 데와 나쿠테	❶ 춥지 않고 ❷ 춥지 않아서 寒くなくて (く: 어미, なくて: 부정) 사무 쿠 나쿠테

동사 + て테의 부정문은 의미에 따라 2가지 모양이 됩니다.

않고 [방법과 결과]

ないで

오븐을 사용하지 않고 만들었다.

オーブンを使わないで作った。

오-붕 오 츠카와 나이데 츠쿳타.

않아서 [원인과 결과]

なくて

자지 않아서 피곤했다.

寝なくて疲れた。

네 나쿠테 츠카레타.

な나형용사와 い이형용사를 て테의 부정문으로 만드는 방법은 아래와 같습니다.

な형용사 어간 + では데와 + なくて나쿠테

い형용사 어간 + く쿠 + なくて나쿠테

TIP

읽어 보세요 **그룹별 ないで나이데와 なくて나쿠테 접속법**

〈1그룹 동사〉

歌う [우타우]

어미가 あ단으로 변화 あ일 땐 わ가 된다!!

노래하지 않고	우타 와 나이데 歌わないで
노래하지 않아서	우타 와 나쿠테 歌わなくて

〈2그룹 동사〉

食べる [타베루]

먹지 않고	타베 나이데 食べないで
먹지 않아서	타베 나쿠테 食べなくて

〈3그룹 동사〉

する [스루]

하지 않고	시 나이데 しないで
하지 않아서	시 나쿠테 しなくて

くる [쿠루]

오지 않고	코 나이데 こないで
오지 않아서	코 나쿠테 こなくて

ミッション
10개의 문장을 22초 안에 말하기!

practice
なくて 아니면 ないで

아래의 일본어는 동사의 기본형입니다. 이 동사의 기본형을 동사의 て형의 부정표현으로 만들어야 문제를 풀 수 있습니다. て의 부정 용법은 '않아서'와 '않고'를 구분합니다.

젖다	결정하다	부탁하다	쥐다, 들다, 가지다	돌아가다	끝나다

ぬ	き	たの	も	かえ	お
濡れる	決める	頼む	持つ	*帰る	終わる
누 레루	키 메루	타노 무	모 츠	카에 루	오 와루

1 그는 부탁하지 않고 돌아갔다.
彼は 頼ま ないで 帰った。
かれは たのま ないで かえった。

2 아무것도 결정하지 않고 끝났다.
何も 決め ないで 終わった。
なにも:아무것도
なにも きめ ないで おわった。

3 신발이 젖지 않아서 다행이다.
靴が 濡れ なくて よかった。
くつが ぬれ なくて よかった。

4 반납하지 않고 돌아갔다.
返さ ないで 帰った。
かえさ ないで かえった。

5 서두르지 않아서 지각했다.
急が なくて 遅刻した。
ちこく:지각
いそが なくて ちこくした。

6 반납하지 않아서 벌금을 냈다.
返さ なくて 罰金を 出した。
ばっきん:벌금
かえさ なくて ばっきんを だした。

7 서두르지 않고 결정했다.
急が ないで 決めた。
いそが ないで きめた。

8 그가 부탁하지 않아서 나는 돌아갔다.
彼が 頼ま なくて 私は 帰った。
かれが たのま なくて わたしは かえった。

9 아무것도 결정하지 않아서 끝났다.
何も 決め なくて 終わった。
なにも きめ なくて おわった。

10 집에 돌아가지 않고 놀았다.
家に 帰ら ないで 遊んだ。
いえに かえら ないで あそんだ。

* 帰る는 2그룹처럼 생겼지만 1그룹처럼 활용하는 예외 동사입니다.

09 이 표현 꼭 외우자! 접속조사1

Level ★★☆

저는 동그란 모양입니다.

ダイアローグ 1

A 私 は 丸い 形 です。
와타시 / 와 / 마루 이 / 카타치 / 데스.
나 / 는 / 둥글다 / 모양 / 입니다.

私 は 果物 で 野菜 では あり ません。
와타시 / 와 / 쿠다 모노 / 데 / 야 사이 / 데와 / 아리 / 마셍.
나 / 는 / 과일 / 이며 / 채소 / 가 / 있기 / 하지 않습니다.

私 は 赤色 で 黄色 では あり ません。
와타시 / 와 / 아카 이로 / 데 / 키 이로 / 데와 / 아리 / 마셍.
나 / 는 / 빨간색 / 이며 / 노란색 / 이 / 있기 / 하지 않습니다.

私 は 何 でしょうか?
와타시 / 와 / 난 / 데쇼오카?
나 / 는 / 무엇 / 일까요?

私を探しましたか?
와타시 오 사가 시 마시타카?
저를 찾으셨어요?

일본어 과일 종류

リンゴ [링고] : 사과
イチゴ [이치고] : 딸기
スイカ [스이카] : 수박
ミカン [미캉] : 귤
桃 [모모] : 복숭아

A : 저는 동그란 모양입니다.
저는 과일이고 채소는 아닙니다.
저는 빨간색이고
노란색은 아닙니다.
저는 무엇일까요?

Level ★★☆

좋은 사람이라고 생각해.

ダイアローグ 2

A あの 人 は どう?
아노 / 히토 / 와 / 도오?
저 / 사람 / 은 / 어떻게?

すごく いい。 **B**
스고쿠 / 이이.
매우 / 좋다.

真面目で 仕事 も できる。
마지메데 / 시 고토 / 모 / 데키루.
성실하고 / 일 / 도 / 할 수 있다.

本当に いい 人 だ と 思う。
혼 토오 니 / 이이 / 히토 / 다 / 토 / 오모 우.
정말로 / 좋다 / 사람 / 이다 / 라고 / 생각하다.

すごくいい

すごくいい[스고쿠이이]는 '대단하다'라는 뜻의 すごい[스고이]와 '좋다'라는 의미의 いい[이이]가 합쳐져 만들어진 표현입니다.

い[이]형용사가 다른 단어와 결합할 때는 い[이]가 く[쿠]로 바뀌어 활용됩니다.

A : 그 사람은 어때?
B : 엄청 좋아.
성실하고 일도 잘해.
정말 좋은 사람이라고 생각해.

따라 말하기

Level ★★★

혼자서 무섭지 않아?

ダイアローグ 3

A 一人 で 怖く ない?
히토리 / 데 / 코와 쿠 / 나이?
혼자 / 으로 / 무섭지 / 않다?

B 怖く ない。
코와 쿠 / 나이.
무섭지 / 않다.

A 確かに、怖くても 仕方 が ないか。
타시 카니, / 코와쿠테모 / 시 카타 / 가 / 나이카.
확실히, / 무서워도 / 방법 / 이 / 없나.

B 本当 は 怖くて 泣き たい。
혼 토오 / 와 / 코와쿠테 / 나키 / 타이.
정말 / 은 / 무서워서 / 울기 / ~하고 싶다.

A : 혼자서 무섭지 않아?
B : 무섭지 않아.
A : 하긴, 무서워도 할 수 없지.
B : 사실은 무서워서 울고 싶어.

私が怖い?
와타시 가 코와 이?
내가 무서워?

◀ 確かに

確かだ[타시카다]는 '확실하다'
라는 뜻의 な[나]형용사입니다.

말 서두에서 부사처럼 쓰일 때는
'하긴'과 같은 의미로
사용되기도 합니다.

Level ★★☆

우선은 빵을 먹을 거야.

ダイアローグ 4

A まず は パン を 食べる。
마즈 / 와 / 팡 / 오 / 타베루.
먼저 / 는 / 빵 / 을 / 먹다.

パン を 食べて ミルク も 飲む。
팡 / 오 / 타베테 / 미루쿠 / 모 / 노무.
빵 / 을 / 먹고 / 우유 / 도 / 마시다.

ミルク を 飲んで また パン を 食べる。
미루쿠 / 오 / 논데 / 마타 / 팡 / 오 / 타베루.
우유 / 를 / 마시고 / 다시 / 빵 / 을 / 먹다.

B いつ まで 食べるの?
이츠 / 마데 / 타베루노?
언제 / 까지 / 먹는 거야?

私はパンと仲がいいです。
와타시 와 팡 토 나카 가 이이 데스.
저는 빵과 친합니다.

◀ まず

'우선'이라는 뜻으로
여러 가지 일을
차례대로 나열할 때
주로 사용되는 표현입니다.

일단 이 단어가 나오면
그다음에 여러 상황이 이어질 것을
추측할 수 있겠죠.

A : 우선은 빵을 먹을 거야.
빵을 먹고 우유도 마실 거야.
우유를 마시고 다시 빵을 먹을 거야.
B : 언제까지 먹을 거야?

09 이 표현 꼭 외우자! 접속조사1

Level ★★☆

사과가 아니라 토마토야.

ダイアローグ 5

A だから あれ は リンゴ だ!
다카라 / 아레 / 와 / 링고 / 다!
그러니까 / 저것 / 은 / 사과 / 이다!

違う。リンゴ じゃ なくて トマト だ。 **B**
치가 우. / 링고 / 쟈 / 나쿠테 / 토마토 / 다.
다르다. / 사과 / 가 / 아니고 / 토마토 / 이다.

A トマト は 果物 では なく 野菜 だろう。
토마토 / 와 / 쿠다 모노 / 데와 / 나쿠 / 야 사이 / 다로오.
토마토 / 는 / 과일 / 이 / 아니고 / 채소 / ~것이다.

絶対 リンゴ だ、あれ は。
젯 타이 / 링고 / 다, / 아레 / 와.
절대 / 사과 / 이다, / 저것 / 은.

それでも地球は回る。
소레데모 치 큐우 와 마와 루.
그래도 지구는 돈다.

なく

'~가 아니다'라는 뜻의 **ない**[나이] 역시 **い**[이]형용사입니다.

그래서 '~가 아니라'라는 뜻으로 사용된 **なく**[나쿠]는 **ない**[나이]의 연결형입니다.

동사 뒤에 붙는 **ない**[나이]는 형용사가 아닌 조동사지만 활용은 같습니다.

A : 그러니까 저건 사과야!
B : 아니야. 사과가 아니라 토마토야.
A : 토마토는 과일이 아니라 채소잖아. 절대로 사과야, 저건.

Level ★★☆

잠깐 기다려.

ダイアローグ 6

A ちょっと 待って。
춋토 / 맛테.
조금 / 기다려.

皆 が 来る まで 食べ ないで。
민나 / 가 / 쿠루 / 마데 / 타베 / 나이데.
모두 / 가 / 오다 / 까지 / 먹지 / 말아.

待た なくて も いい じゃ ない? **B**
마타 / 나쿠테 / 모 / 이이 / 쟈 / 나이?
기다리지 / 않고 / 도 / 좋다 / 가 / 아니다?

A ダメ。皆 で 食べ なくて は いけない。
다메. / 민나 / 데 / 타베 / 나쿠테 / 와 / 이케나이.
안 됨. / 모두 / 으로 / 먹지 / 않고 / 는 / 안 된다.

私の体は
バラバラになった。
와타시 노 카라다 와 바라바라 니 낫타.
내 몸이 산산조각이 났어.

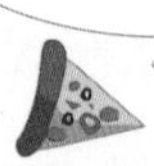

A : 잠깐 기다려. 다 올 때까지 먹지 마.
B : 안 기다려도 되지 않아?
A : 안 돼. 다 같이 먹어야 해.

なくてはいけない

なくてはいけない[나쿠테와이케나이]는 '~하지 않으면 안 된다'는 의무를 나타내는 표현입니다.

반대로 **てはいけない**[테와이케나이]를 쓰게 되면 '~하면 안 된다'는 금지를 나타내는 표현이 됩니다.

Level ★★★

아버지는 청소를 하고 있습니다.

ダイアローグ 7

A お父さん は 掃除 を して います。
오 토오 상 / 와 / 소오 지 / 오 / 시테 / 이마스.
아버지 / 는 / 청소 / 를 / 하고 / 있습니다.

お母さん は 料理 を 作って います。
오 카아 상 / 와 / 료오 리 / 오 / 츠쿧테 / 이마스.
어머니 / 는 / 요리 / 를 / 만들고 / 있습니다.

弟 も お母さん を 手伝って います。
오토오토 / 모 / 오 카아 상 / 오 / 테츠닫테 / 이마스.
남동생 / 도 / 어머니 / 를 / 돕고 / 있습니다.

私 は 何 も して いません。
와타시 / 와 / 나니 / 모 / 시테 / 이마셍.
나 / 는 / 무엇 / 도 / 하고 / 있지 않습니다.

お父さん

우리나라에서는 보통 '아버지'라고 부모님을 높여서 부르지만, 일본에서는 공식적인 자리에서 자신의 가족을 낮춰서 부르는 것을 원칙으로 하여, 높임말인 **お父さん**[오토오상] 대신 주로 **父**[치치], **父親**[치치오야]라고 합니다.

金持ちのニートになりたい。
카네 모치 노 니-토 니 나리 타이.
부자 백수로 살고 싶습니다.

A : 아버지는 청소를 하고 있습니다.
어머니는 요리를 하고 있습니다.
동생은 어머니를 돕고 있습니다.
저는 아무것도 하지 않습니다.

Level ★★★

그럼, 슈퍼 가서 사와.

ダイアローグ 8

A スーパー に 行く なら 牛乳 を 買って きて。
스-파- / 니 / 이쿠 / 나라 / 규우 뉴우 / 오 / 칻테 / 키테.
슈퍼 / 에 / 가다 / 라면 / 우유 / 를 / 사서 / 와.

スーパー じゃ なくて デパート に 行く つもり。 **B**
스-파- / 쟈 / 나쿠테 / 데파-토 / 니 / 이쿠 / 츠모리.
슈퍼 / 가 / 아니고 / 백화점 / 에 / 가다 / 예정.

A じゃあ、スーパー に 行って 買って。
쟈아, / 스-파- / 니 / 읻테 / 칻테.
그럼, / 슈퍼 / 에 / 가서 / 사.

自分 で 行って。 **B**
지분 / 데 / 읻테.
자신 / 으로 / 가.

A : 슈퍼에 가는 거면 우유 좀 사다 줘.
B : 슈퍼 말고 백화점에 갈 거야.
A : 그럼, 슈퍼 가서 사와.
B : 네가 가.

行って買って

앞의 **て**[테]는 수단을,
뒤의 **て**[테]는 요청을
나타내고 있습니다.

아래 일본어를 읽을 수 있게 연습한 후 → 히라가나로 쓰세요.

01 私は 果物で 野菜では ありません。

└ 나는 ┘└ 과일이고 ┘└ 채소는 ┘└ 아닙니다. ┘

02 真面目で 仕事も できる。

└ 성실하고 ┘└ 일도 ┘└ 할 수 있다. ┘

03 本当は 怖くて 泣き たい。

└ 사실은 ┘└ 무서워서 ┘└ 울기 ┘└~하고 싶다.┘

04 ミルクを 飲んで また パンを 食べる。

└ 우유를 ┘└ 마시고 ┘└ 다시 ┘└ 빵을 ┘└ 먹다. ┘

05 弟も お母さんを 手伝って います。

└남동생도┘└ 어머니를 ┘└ 돕고 ┘└ 있습니다. ┘

06 じゃあ、スーパーに 行って 買って。

└ 그럼, ┘└ 슈퍼에 ┘└ 가서 ┘└ 사. ┘

정답입니다!

1 わたしは くだもので やさいでは ありません。 와타시와 쿠다모노데 야사이데와 아리마셍.

2 まじめで しごとも できる。 마지메데 시고토모 데키루.

3 ほんとうは こわくて なき たい。 혼토오와 코와쿠테 나키 타이.

4 みるくを のんで また ぱんを たべる。 미루쿠오 논데 마타 팡오 타베루.

5 おとうとも おかあさんを てつだって います。 오토오토모 오카아상오 테츠닫테 이마스.

6 じゃあ、すーぱーに いって かって。 쟈아, 스ー파ー니 읻테 칻테.

레ッスン 10

접속조사 2

- ている (하고 있다)
  て의 특별표현1
- てしまう (해버리다)
  て의 특별표현2
- てみる (해 보다)
  て의 특별표현3
- 히라가나 연습

Let's start

한눈에 배운다!
ている(하고 있다)

て의 특별표현1

음성 파일

Table map

명사+だ	い형용사	な형용사	2그룹 동사 기본	1그룹 동사 기본	2그룹 동사 응용	1그룹 동사 응용	수식	가능	접속조사て 기본	접속조사て 응용	주의 표현

첫 번째 표현은 て테+いる이루입니다.
いる이루는 원래 '있다'라는 뜻으로, て테형과 함께 쓰이면
무언가를 하고 있는 중이라거나, 바로 그 상태임을 나타냅니다.
영어로 치면 ing의 역할로, 매우 자주 사용되는 표현입니다.
회화에서는 종종 い이를 생략하기도 합니다.
따라서 てる테루, てた테타처럼 い이를 생략하면서 연습해 보세요.

て와 いる가
만나면 진행형

STEP1 A 8줄 일단 암기 / STEP2 A▸B 보고 말하기 / STEP3 C▸B 보고 말하기 / STEP4 AB 암송

	A	B	C
긍정	먹고 있다.	타베 테 이루.	食べ ている。 (2그룹 동사 'いる'의 활용)
	먹고 있었다.	타베 테 이타. 과거	食べ ていた。
	먹고 있습니다.	타베 테 이마스.	食べ ています。
	먹고 있었습니다.	타베 테 이마시타. 과거	食べ ていました。
부정	먹고 있지 않다.	타베 테 이나이.	食べ ていない。 (회화 상에선 '食べてない'라고도 함)
	먹고 있지 않았다.	타베 테 이나캇타. 과거	食べ ていなかった。
	먹고 있지 않습니다.	타베 테 이마셍.	食べ ていません。 (존대는 'ません')
	먹고 있지 않았습니다.	타베 테 이마센 데시타. 과거	食べ ていません でした。

practice
て＋いる

미션: 12개의 문장을 13초 안에 말하기!

표에 있는 일본어는 동사의 기본형입니다. 이 동사들을 て+いる 문형으로 바꿔 보세요. いる는 2그룹 동사와 같은 활용을 합니다.

믿다	지다	자다	듣다	읽다	일하다

しん 信じる 신 지루	ま 負ける 마 케루	ね 寝る 네 루	き 聞く 키 쿠	よ 読む 요 무	はたら 働く 하타라 쿠

1 듣고 있다.
聞いて いる。
きいて いる。

2 읽고 있었다.
読んで いた。
よんで いた。

3 호텔에서 일하고 있습니다.
ホテルで 働いて います。
ほてる:호텔
ホテルで はたらいて います。

4 믿고 있었습니다.
信じて いました。
しんじて いました。

5 지고 있지 않다.
負けて い ない。
まけて い ない。

6 잠자고 있지 않았다.
寝て い なかった。
ねて い なかった。

7 듣고 있지 않습니다.
聞いて い ません。
きいて い ません。

8 읽고 있지 않았습니다.
読んで い ませんでした。
よんで い ませんでした。

9 듣고 있었다.
聞いて いた。
きいて いた。

10 믿고 있지 않았다.
信じて い なかった。
しんじて い なかった。

11 잠자고 있습니다.
寝て います。
ねて います。

12 지고 있지 않았습니다.
負けて い ませんでした。
まけて い ませんでした。

한눈에 배운다!

てしまう (해버리다)

て의 특별표현2

음성 파일

Table map

명사+だ	い형용사	な형용사	2그룹 동사 기본	1그룹 동사 기본	2그룹 동사 응용	1그룹 동사 응용	수식	가능	접속조사て 기본	접속조사て 응용	주의 표현

しまう시마우라는 동사의 원래 뜻은 '끝내다', '치우다'입니다.
그런데 て테+しまう시마우는 '~을 해버리다'라는 의미입니다.
어떤 일이 이미 발생해 완료되었음을 강조하는 표현입니다.

ご飯を食べた。 고항 오 타베 타 — 밥을 먹었다. [그냥 과거]

ご飯を食べてしまう。 고항 오 타베 테 시마우 — 밥을 먹어버리다. [완료]

て와 しまう가
만나면 완료형

STEP1 A 4줄 일단 암기 | STEP2 A▸B 보고 말하기 | STEP3 C▸B 보고 말하기 | STEP4 AB 암송

	A	B	C
긍정	먹어버리다.	타베 테 시마우.	食べてしまう。
	먹어버렸다.	타베 테 시맡타. 과거	食べてしまった。
	먹어버립니다.	타베 테 시마이마스.	食べてしまいます。
	먹어버렸습니다.	타베 테 시마이마시타. 과거	食べてしまいました。

て는 접속조사입니다. て의 앞뒤로 동사를 둘 수 있습니다.

동사 + て + 동사

앞에 나왔던 '~하고 있다'나 위에서 설명한 '~해버리다', 뒤에 나올 '~해 보다' 등이 대표적 예시라고 할 수 있습니다. 이때, 문형은 원래 동사의 뜻과 비슷할 수도, 다를 수도 있습니다.
이때, 동사와 て가 결합한 형태를 동사의 て형이라고 합니다.

practice
て+しまう

ミッション
12개의 문장을 22초 안에 말하기!

표에 있는 동사의 기본형과 명사를 조합해 て+しまう 표현을 만들어 보세요.
しまう의 활용법은 1그룹 동사와 같습니다.

지다	믿다	듣다

まける 負ける 마 케루	しんじる 信じる 신 지루	きく 聞く 키 쿠

방	박물관	미술관

へや 部屋 헤 야	はくぶつかん 博物館 하쿠 부츠 캉	びじゅつかん 美術館 비 쥬츠 캉

1 져버리다.
負けてしまう。
まけてしまう。

2 읽어버리다.
読んでしまう。
よんでしまう。

3 잠들어버리다.
寝てしまう。
ねてしまう。

4 방에서 잠들어버렸습니다.
部屋で 寝てしまいました。
へやで ねてしまいました。

5 책을 전부 읽어버렸다.
本を 全部 読んでしまった。
ほんを ぜんぶ よんでしまった。

6 게임에서 져버렸다.
ゲームで 負けてしまった。
ゲームで まけてしまった。

7 거짓말을 믿어버렸습니다.
うそを 信じてしまいました。
うそを しんじてしまいました。

8 가지 않고 자버렸다.
行か ないで 寝てしまった。
いか ないで ねてしまった。

9 박물관에 가버렸다.
博物館に 行ってしまった。
はくぶつかんに いってしまった。

10 미술관에 가버렸습니다.
美術館に 行ってしまいました。
びじゅつかんに いってしまいました。

11 이야기를 들어버렸다.
話を 聞いてしまった。
はなしを きいてしまった。

12 간단히 믿어버리다.
簡単に 信じてしまう。
かんたんに しんじてしまう。

Let's start

한눈에 배운다!

てみる (해 보다)

て의 특별표현3

음성 파일

Table map

명사+だ	い형용사	な형용사	2그룹 동사 기본	1그룹 동사 기본	2그룹 동사 응용	1그룹 동사 응용	수식	가능	접속조사て 기본	접속조사て 응용	주의 표현

みる미루라는 동사의 원래 뜻은 '보다'입니다. 그런데 て테+みる미루는 '~해 보다'라는 경험의 의미입니다.
원래 みる미루는 한자로 표기합니다. 하지만 경험의 みる미루는 히라가나로만 표기합니다.
(일반적으로 의미를 담은 표현들에는 한자가 많고,
문법을 담은 표현들에는 히라가나가 많습니다.)

て와 みる가
만나면 경험의 의미

STEP1	STEP2	STEP3	STEP4
A 8줄 일단 암기	A▸B 보고 말하기	C▸B 보고 말하기	AB 암송

	A	B	C
긍정	먹어 보다.	타베 테 미루.	食べ てみる。 (이때, 'みる'는 무조건 히라가나)
	먹어 봤다.	타베 테 미타. 과거	食べ てみた。
	먹어 봅니다.	타베 테 미마스.	食べ てみます。
	먹어 봤습니다.	타베 테 미마시타. 과거	食べ てみました。
부정	먹어 보지 않다.	타베 테 미나이.	食べ てみない。 ('みる'는 2그룹 동사)
	먹어 보지 않았다.	타베 테 미나캇타. 과거	食べ てみなかった。
	먹어 보지 않습니다.	타베 테 미마셍.	食べ てみません。
	먹어 보지 않았습니다.	타베 테 미마센 데시타. 과거	食べ てみませんでした。

practice
て+みる

ミッション
22 12개의 문장을 22초 안에 말하기!

표에 있는 단어들은 명사입니다. 이 명사들에 동사와 て+みる 표현을 조합해 문장을 만들어 보세요. みる는 2그룹 동사와 같은 방법으로 활용합니다.

한국	미국	일본	중국	안	밖
					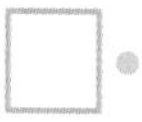
かんこく 韓国 캉 코쿠	アメリカ 아메리카	にほん 日本 니홍	ちゅうごく 中国 츄우 고쿠	なか 中 나카	そと 外 소토

1 일본에 가 봤습니다.
日本に 行って みました。
にほんに いって みました。

2 미국에 가 보지 않았습니다.
アメリカに 行って み ませんでした。
アメリカに いって み ませんでした。

3 밖에 나가 봤다.
外に 出て みた。
そとに でて みた。

4 일본에 가 봤어?
日本に 行って みた?
にほんに いって みた?

5 중국에 가 봤습니다.
中国に 行って みました。
ちゅうごくに いって みました。

6 한국에 가 봤습니다.
韓国に 行って みました。
かんこくに いって みました。

7 안에 들어가 보지 않을래?
中に 入って み ない?
なかに はいって み ない?

8 안에 들어가 보지 않았습니다.
中に 入って み ませんでした。
なかに はいって み ませんでした。

9 밖에 나가 보지 않았습니다.
外に 出て み ませんでした。
そとに でて み ませんでした。

10 중국에 가 보지 않았다.
中国に 行って み なかった。
ちゅうごくに いって み なかった。

11 한국에 가 봤습니까?
韓国に 行って みましたか?
かんこくに いって みましたか?

12 미국에 가 보지 않겠습니까?
アメリカに 行って み ませんか?
アメリカに いって み ませんか?

10 이 표현 꼭 외우자! 접속조사2

Level ★★☆

진짜로 시험공부 하고 있어.

ダイアローグ 1

A 何 して いる?

나니 / 시테 / 이루?
무엇 / 하고 / 있다?

B 勉強 して いる。

벵 쿄오 / 시테 / 이루.
공부 / 하고 / 있다.

A 嘘。

우소.
거짓말.

B 本当に 試験 勉強 を して いる。

혼 토오 니 / 시켐 / 벵 쿄오 / 오 / 시테 / 이루.
정말로 / 시험 / 공부 / 를 / 하고 / 있다.

試験勉強は
普段からやるものだ。
시켐벵 쿄오 와 후당 카라 야루 모노 다.
시험공부는 평소에 하는 거야.

A : 뭐 하고 있어?
B : 공부하고 있어.
A : 거짓말.
B : 진짜로 시험공부 하고 있어.

勉強

'공부'라는 말은 일본어로 **勉強**[벵쿄오]라고 합니다. '시험'을 의미하는 **試験**[시켐]이나 '수험'을 뜻하는 **受験**[쥬켐]과 자주 결합해 사용하는 표현입니다.

Level ★★☆

공부하는 거 아니었어?

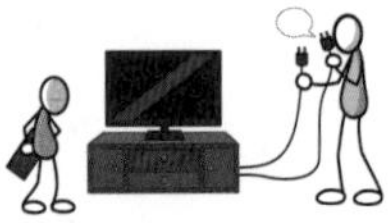

ダイアローグ 2

A お元気 ですか?

오겡키 / 데스카?
건강함 / 입니까?

私 は 元気 です。

와타시 / 와 / 겡키 / 데스.
나 / 는 / 건강함 / 입니다.

B 何 して いるの?

나니 / 시테 / 이루노?
무엇 / 하고 / 있는 거야?

勉強 して いる の では なかった?

벵 쿄오 / 시테 / 이루 / 노 / 데와 / 나캇타?
공부 / 하고 / 있다 / 것 / 이 / 아니었다?

お元気ですか

영화 〈러브레터〉의 유명한 대사입니다. 이 표현은 매일 만나는 사람이 아니라 한동안 만나지 못한 상대의 안부를 물을 때 사용합니다.

どこ見てるのよ!
도코 미테루노요!
어딜 보는 거야!

A : 잘 지내세요?
저는 잘 지내요.
B : 뭐 하는 거야?
공부하는 거 아니었어?

따라 말하기

Level ★★☆

제 발 밟고 있어요.

ダイアローグ 3

A 私 の 足 を 踏んで いますよ。

와타시 / 노 / 아시 / 오 / 훈데 / 이마스요.
나 / 의 / 발 / 을 / 밟고 / 있어요.

ごめん。本 を 読んで いて 気付か なかった。 **B**

고멩. / 홍 / 오 / 욘데 / 이테 / 키즈카 / 나캇타.
미안. / 책 / 을 / 읽고 / 있어서 / 눈치채지 / 않았다.

A 大丈夫 です。

다이 죠오 부 / 데스.
괜찮음 / 입니다.

私 は あなた の カバン を 踏んで いる から。

와타시 / 와 / 아나타 / 노 / 카방 / 오 / 훈데 / 이루 / 카라.
나 / 는 / 당신 / 의 / 가방 / 을 / 밟고 / 있다 / 이니까.

気付かなかった

気付く [키즈쿠]는 '깨닫다, 눈치채다'라는 뜻의 동사입니다.

◀ 여기서는 과거의 부정형으로 쓰였기 때문에 気付かなかった[키즈카나캇타]가 되는 것입니다.

A : 제 발 밟고 있어요.
B : 미안. 책 보느라 몰랐어.
A : 괜찮아요.
저는 당신 가방 밟고 있거든요.

Level ★★☆

잘 조사하고 있어?

ダイアローグ 4

A ちゃんと 調べて いる?

챤토 / 시라베테 / 이루?
제대로 / 조사하고 / 있다?

まだ やって います。 **B**

마다 / 얏테 / 이마스.
아직 / 하고 / 있습니다.

A できる だけ 早く して。

데키루 / 다케 / 하야 쿠 / 시테.
할 수 있다 / 만큼 / 빨리 / 해.

頑張って います。 **B**

감밧테 / 이마스.
힘내고 / 있습니다.

できるだけ

'~만큼'이라는 뜻의 조사 だけ[다케]를 쓰면 정도나 한계를 나타내는 표현이 됩니다.

◀ 知っているだけ[신테이루다케]라고 하면 '알고 있는 한'이라는 말이 되는 것이지요.

A : 잘 조사하고 있어?
B : 아직 하고 있어요.
A : 가능한 한 빨리해 줘.
B : 열심히 하고 있어요.

10 이 표현 꼭 외우자! 접속조사2

Level ★★☆

또 쇼핑했어?

ダイアローグ 5

A また 買い物 した?
마타 / 카 이 모노 / 시타?
다시 / 쇼핑 / 했다?

B うん、また 買って しまった。
웅, / 마타 / 캇테 / 시맏타.
응, / 다시 / 사 / 해버렸다.

A 生活費 は 大丈夫?
세에 카츠 히 / 와 / 다이 죠오 부?
생활비 / 는 / 괜찮음?

B ううん、全部 使って しまった。
우웅, / 젬부 / 츠캇테 / 시맏타.
아니, / 전부 / 사용해 / 해버렸다.

友達が
だんだん増えています。
토모 다치 가 단단 후에테 이마스.
친구가 점점 많아져요.

◀ 買い物

買い物[카이모노]는
물건을 사거나
산 물건을 뜻하는 표현입니다.

우리가 주로 사용하는
'쇼핑'이라는 단어와
사용법이 같으므로
'쇼핑'이라고 이해하셔도 좋습니다.

A : 또 쇼핑했어?
B : 응, 또 사버렸어.
A : 생활비는 괜찮아?
B : 아니, 다 써버렸어.

Level ★★☆

여동생 케이크를 먹어버렸어.

ダイアローグ 6

A しまった!
시맏타!
해버렸다!

B どう したの?
도오 / 시타노?
어떻게 / 한 거야?

A 妹 の ケーキ を 食べて しまった。
이모오토 / 노 / 케-키 / 오 / 타베테 / 시맏타.
여동생 / 의 / 케이크 / 를 / 먹어 / 해버렸다.

全部 食べて しまおう!
젬부 / 타베테 / 시마오오!
전부 / 먹어 / 해버리자!

お兄ちゃんのパソコンを
フォーマットしてあげる。
오 니이 쨩 노 파소콩 오 훠-맏토 시테 아게루.
오빠의 컴퓨터를 포맷할 거야.

◀ しまった

しまった[시맏타]는
'~해버리다'라는 뜻인
しまう[시마우]의 과거형입니다.

단독으로 しまった[시맏타]만 쓰이면
해서는 안 되는 일을
'해버렸다'라는 어감으로,
'큰일 났다'라는 뜻으로
사용되기도 합니다.

A : 큰일 났다!
B : 왜 그래?
A : 여동생 케이크를 먹어버렸어.
　다 먹어버리자!

따라 말하기

Level ★★☆

회사 그만둬버렸어요.

ダイアローグ 7

A 今日 は 休み ですか?
코오 / 와 / 야스 미 / 데스카?
오늘 / 은 / 쉼 / 입니까?

いいえ、会社 を 辞めて しまい ました。 **B**
이이에, / 카이 샤 / 오 / 야메테 / 시마이 / 마시타.
아니요, / 회사 / 를 / 그만둬 / 해버리기 / 했습니다.

ヨーロッパ 旅行 でも 行こう と 思って います。
요-롭파 / 료 코오 / 데모 / 이코오 / 토 / 오모테 / 이마스.
유럽 / 여행 / 라도 / 가자 / 라고 / 생각하고 / 있습니다.

A それ は すごい ですね。
소레 / 와 / 스고이 / 데스네.
그것 / 은 / 대단하다 / 이네요.

A : 오늘은 쉬는 날이에요?
B : 아니요, 회사 그만둬버렸어요.
유럽 여행이라도 가려고
생각하고 있어요.
A : 대단하네요.

일본어 국가 이름

韓国	[캉코쿠]	: 한국
中国	[츄우고쿠]	: 중국
アメリカ	[아메리카]	: 미국
カナダ	[카나다]	: 캐나다
フランス	[후란스]	: 프랑스
ドイツ	[도이츠]	: 독일

Level ★★☆

무서운 영화는 좋아하세요?

ダイアローグ 8

A 怖い 映画 は 好き ですか?
코와 이 / 에에 가 / 와 / 스키 / 데스카?
무섭다 / 영화 / 는 / 좋음 / 입니까?

全然 ダメ です。 **B**
젠젠 / 다메 / 데스.
전혀 / 안 됨 / 입니다.

すぐ 叫んで しまい ます。
스구 / 사켄데 / 시마이 / 마스.
바로 / 소리쳐 / 해버리기 / 합니다.

A 私 は すぐ 泣いて しまい ますよ。
와타시 / 와 / 스구 / 나이테 / 시마이 / 마스요.
나 / 는 / 바로 / 울어 / 해버리기 / 해요.

怖すぎ。
코와 스기.
너무 무서워.

A : 무서운 영화는 좋아하세요?
B : 절대 못 봐요.
바로 소리 질러버릴걸요.
A : 저는 바로 울어버릴 거예요.

叫んで、泣いて

'소리치다'라는 일본어 표현은
叫ぶ[사케부]이며
'울다'는 泣く[나쿠]입니다.

그래서 각각의 규칙을 따라
ぶ[부]는 んで[ㄴ데]가 쓰이고
く[쿠]는 いて[이테]가 쓰인 것입니다.

10 이 표현 꼭 외우자! 접속조사2

Level ★★☆

얼굴도 보고 싶지 않아.

ダイアローグ 9

A 彼 と 会って みた?
카레 / 토 / 앝테 / 미타?
그 / 와 / 만나 / 봤다?

B いえ、顔 も 見 たく ない。
이에, / 카오 / 모 / 미 / 타쿠 / 나이.
아니, / 얼굴 / 도 / 보기 / ~하고 싶지 / 않다.

A 私 と 一緒に 会って み ない?
와타시 / 토 / 잇쇼니 / 앝테 / 미 / 나이?
나 / 와 / 함께 / 만나 / 보지 / 않다?

B 分かった。会って みる。
와캍타. / 앝테 / 미루.
알았다. / 만나 / 보다.

真夜中に電話しないで。
마요 나카 니 뎅와시 나이데.
새벽에 전화하지 마.

신체와 관련된 일본어

頭	[아타마]	: 머리
目	[메]	: 눈
鼻	[하나]	: 코
口	[쿠치]	: 입
唇	[쿠치비루]	: 입술
頬	[호오]	: 볼

A : 그랑 만나봤어?
B : 아니, 얼굴도 보고 싶지 않아.
A : 나랑 같이 안 만나 볼래?
B : 알았어. 만나 볼게.

Level ★★☆

내가 만든 빵이에요.

ダイアローグ 10

A これ、食べて み ませんか?
코레, / 타베테 / 미 / 마셍카?
이것, / 먹어 / 보기 / 하지 않습니까?

B これ は 何 ですか?
코레 / 와 / 난 / 데스카?
이것 / 은 / 무엇 / 입니까?

A 私 が 作った パン です。
와타시 / 가 / 츠쿹타 / 팡 / 데스.
나 / 가 / 만들었다 / 빵 / 입니다.

あなた の ために 作って み ました。
아나타 / 노 / 타메니 / 츠쿹테 / 미 / 마시타.
당신 / 의 / 위해서 / 만들어 / 보기 / 했습니다.

味が薄かったら
塩をいれればいい。
아지 가 우스 칸타라 시오 오 이레레바 이이.
간이 심심하면
소금을 넣으면 된다.

A : 이거, 먹어 볼래요?
B : 이게 뭐예요?
A : 내가 만든 빵이에요.
당신을 위해서 만들어 봤어요.

ため

'~을 위해'라는 표현을 쓸 때는 ため[타메]를 이용합니다. ため[타메]만으로는 '위함'이라는 명사이기 때문에 조사 に[니]를 붙여 사용합니다.

따라 말하기

Level ★★☆

생일 축하해.

ダイアローグ 11

A 誕生日 おめでとう。

탄 죠오 비 / 오메데토오.
생일 / 축하하다.

開けて みて。

아케테 / 미테.
열어 / 봐.

うわ! ありがとう。 **B**

우와! / 아리가토오.
우와! / 고맙다.

着て みて も いい?

키테 / 미테 / 모 / 이이?
입어 / 봐 / 도 / 좋다?

おめでとう

'축하한다'는 의미의
おめでとう [오메데토오]는
새해 인사에서도 사용합니다.

明けましておめでとう。
[아케마시테오메데토오.]
: 새해 복 많이 받아.

開けてみて。

A : 생일 축하해.
열어 봐.
B : 우와! 고마워.
입어 봐도 돼?

Level ★★☆

누가 쓴 책인데?

ダイアローグ 12

A ちょっと 見て 見て。

춋토 / 미테 / 미테.
조금 / 봐 / 봐.

すごく ない?

스고쿠 / 나이?
매우 / 않다?

誰 が 書いた 本なの? **B**

다레 / 가 / 카이타 / 혼나노?
누구 / 가 / 썼다 / 책인 거야?

A 私。暇 で 書いて みた。

와타시. / 히마 / 데 / 카이테 / 미타.
나. / 한가함 / 으로 / 써 / 봤다.

A : 이것 좀 봐봐.
대단하지 않아?
B : 누가 쓴 책인데?
A : 나. 심심해서 써 봤어.

気分が冴えない時は
文を書く。
키붕 가 사에 나이 토키 와 붕오 카쿠.
나는 우울할 때 글을 써.

暇で

조사 で[데]는
장소나 시간을 나타낼 때뿐만 아니라
원인을 나타낼 때도 사용할 수 있습니다.

그래서 暇で [히마데]라고 하면
'한가해서'라는 표현이 되는 것입니다.

10 이 표현 꼭 외우자! 접속조사2

Level ★★☆

미국에 가 본 적 있어요? 

海外旅行に行きたい。
카이 가이 료 코오 니 이키 타이.
해외여행을 가고 싶어.

ダイアローグ 13

A アメリカ に 行った こと あり ますか?
아메리카 / 니 / 읻타 / 코토 / 아리 / 마스카?
미국 / 에 / 갔다 / 일 / 있기 / 합니까?

いいえ、あり ません。鈴木 さん は? **B**
이이에, / 아리 / 마셍. / 스즈 키 / 상 / 와?
아니요, / 있기 / 하지 않습니다. / 스즈키 / 씨 / 는?

A 私 は あり ます。
와타시 / 와 / 아리 / 마스.
나 / 는 / 있기 / 합니다.

大学生 の 時 行った こと が あり ます。
다이 각 세에 / 노 / 토키 / 읻타 / 코토 / 가 / 아리 / 마스.
대학생 / 의 / 때 / 갔다 / 일 / 이 / 있기 / 합니다.

◀ **アメリカ**

외래어를 많이 사용하는 일본에서는 미국은 **米国**[베에코쿠] 보다 **アメリカ**[아메리카]로 불리는 경우가 많습니다.

하지만 미국 달러는 **アメリカドル**[아메리카도루]가 아닌 **米ドル**[베에도루]라고 합니다.

A : 미국에 가 본 적 있어요?
B : 아니요, 없어요. 스즈키 씨는요?
A : 저는 있어요.
대학생 때 가 봤어요.

Level ★★☆

해외여행은 처음이에요? 

免税店に行かなきゃ。
멘 제에 텐니 이카 나캬.
면세점에 가야 한다.

ダイアローグ 14

A 海外 旅行 は 初めて ですか?
카이 가이 / 료 코오 / 와 / 하지메테 / 데스카?
해외 / 여행 / 은 / 처음으로 / 입니까?

はい。今 まで 行った こと あり ません でした。**B**
하이. / 이마 / 마데 / 읻타 / 코토 / 아리 / 마센 / 데시타.
네. / 지금 / 까지 / 갔다 / 일 / 있기 / 하지 않습니다 / 이었습니다.

A 国内 は 行った こと あり ますか?
코쿠 나이 / 와 / 읻타 / 코토 / 아리 / 마스카?
국내 / 는 / 갔다 / 일 / 있기 / 합니까?

大阪 に 行った こと は あり ました。**B**
오오 사카 / 니 / 읻타 / 코토 / 와 / 아리 / 마시타.
오사카 / 에 / 갔다 / 일 / 은 / 있기 / 했습니다.

◀ **初めてですか**

初めて[하지메테]가 '처음으로'라는 뜻의 부사임을 아신다면 **初めてです**[하지메테데스]라는 표현이 어색하게 느껴질 수도 있습니다.

하지만 일본어에서는 '처음이다'라는 의미를 '처음으로 입니다'라고 표현합니다.

A : 해외여행은 처음이에요?
B : 네. 지금까지 가 본 적 없어요.
A : 국내 여행은 가 본 적 있어요?
B : 오사카에 가 본 적은 있어요.

따라 말하기

Level ★★☆

그럼, 이 사람은? 

ダイアローグ 15

A この 人 知って いる?
코노 / 히토 / 싵테 / 이루?
이 / 사람 / 알고 / 있다?

ううん、見た こと も ない。 **B**
우웅, / 미타 / 코토 / 모 / 나이.
아니, / 봤다 / 일 / 도 / 않다.

A じゃあ、この 人 は?
쟈아, / 코노 / 히토 / 와?
그럼, / 이 / 사람 / 은?

その 人 は 一 回 会った こと が ある。 **B**
소노 / 히토 / 와 / 익 / 카이 / 앝타 / 코토 / 가 / 아루.
그 / 사람 / 은 / 한 / 번 / 만났다 / 일 / 이 / 있다.

知っている
"그거 알아?"라는 표현을 만들 때,
知る[시루] 알다 가 아니라
知っている[싵테이루] 알고있다 라고
합니다.

A : 이 사람 알아?
B : 아니, 본 적도 없어.
A : 그럼, 이 사람은?
B : 그 사람은 한 번 만난 적이 있어.

この人知っている?

Level ★★☆

무리라고 생각해요. 

ダイアローグ 16

A これ は 考えた こと も ない 結論 ですね。
코레 / 와 / 캉가에타 / 코토 / 모 / 나이 / 케츠 론 / 데스네.
이것 / 은 / 생각했다 / 일 / 도 / 없다 / 결론 / 이네요.

鈴木 さん 一人 で でき ますか?
스즈 키 / 상 / 히토리 / 데 / 데키 / 마스카?
스즈키 / 씨 / 혼자 / 으로 / 할 수 있기 / 합니까?

いいえ、無理 だ と 思い ます。 **B**
이이에, / 무리 / 다 / 토 / 오모 이 / 마스.
아니요, / 무리 / 이다 / 라고 / 생각하기 / 합니다.

彼 も やった こと ない 仕事 です から。
카레 / 모 / 얕타 / 코토 / 나이 / 시 고토 / 데스 / 카라.
그 / 도 / 했다 / 일 / 없다 / 일 / 입니다 / 이니까.

この動作には
無理がありますね。
코노 도오 사니 와 무리 가 아리 마스 네.
이 동작에는 무리가 있네요.

考えたこともない
'~한 적 없다'라는 표현은
동사의 과거형에
ことない[코토나이]라는 문형을 붙여
만들어 줍니다.

그 의미를 강조하거나
어조를 바꾸기 위해서는
こと[코토] 다음에
조사를 넣어줄 수 있습니다.

A : 이건 생각도 못 한 결론이네요.
스즈키 씨 혼자서 될까요?
B : 아니요, 무리라고 생각해요.
그도 해 본 적 없는 일이니까요.

아래 일본어를
읽을 수 있게 연습한 후 → 히라가나로 쓰세요.

01 本当に 試験 勉強を して いる。
정말로 시험 공부를 하고 있다.

02 妹の ケーキを 食べて しまった。
여동생의 케이크를 먹어 해버렸다.

03 会社を 辞めて しまい ました。
회사를 그만둬 해버리기 했습니다.

04 私と 一緒に 会って み ない?
나와 함께 만나 보지 않다?

05 アメリカに 行った こと ありますか?
미국에 갔다 일 있습니까?

06 これは 考えた ことも ない 結論 ですね。
이것은 생각했다 일도 없다 결론 이네요.

정답입니다!

1 ほんとうに しけん べんきょうを して いる。 혼토오니 시켐 벵쿄오오 시테 이루.
2 いもうとの けーきを たべて しまった。 이모오토노 케ー키오 타베테 시맡타.
3 かいしゃを やめて しまい ました。 카이샤오 야메테 시마이 마시타.
4 わたしと いっしょに あって み ない? 와타시토 잇쇼니 앋테 미 나이?
5 あめりかに いった こと ありますか? 아메리카니 읻타 코토 아리마스카?
6 これは かんがえた ことも ない けつろん ですね。 코레와 캉가에타 코토모 나이 케츠론 데스네.

レッスン 11

주의 표현

나에게 줄 때, 남에게 줄 때
くれる와 あげる

행동을 해 줄 때도
くれる, あげる
우리말과 똑같다

원하다

너무 ~하다
일본어로는 동사

계속 ~하다
일본어로는 동사

~하기 쉽다
하기 쉽다는 전용표현

~하기 어렵다
하기 어렵다는 전용표현

히라가나 연습

Let's start

한눈에 배운다!
A1 나에게 줄 때, 남에게 줄 때

くれる와 あげる

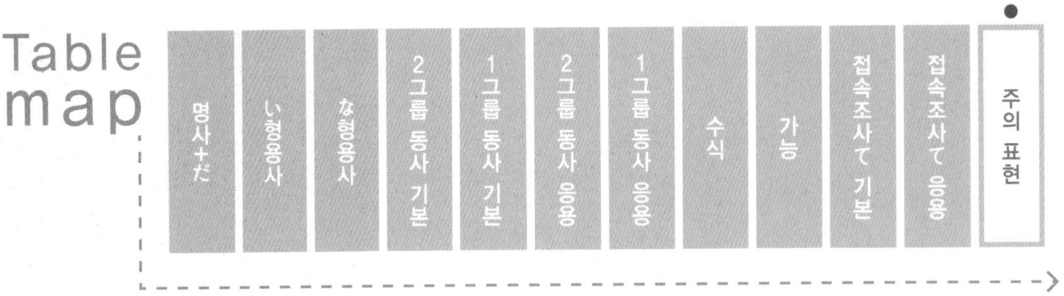

우리말의 '주다'는 일본어로 あげる아게루입니다. 하지만 나에게 줄 때만은 별도로 くれる쿠레루를 사용해야 합니다. あげる아게루는 주로 또래 혹은 아랫사람에게 사용하는 표현입니다. 공적인 상황에서 잘못 사용하면 실례가 될 수 있으니 주의해야 합니다.

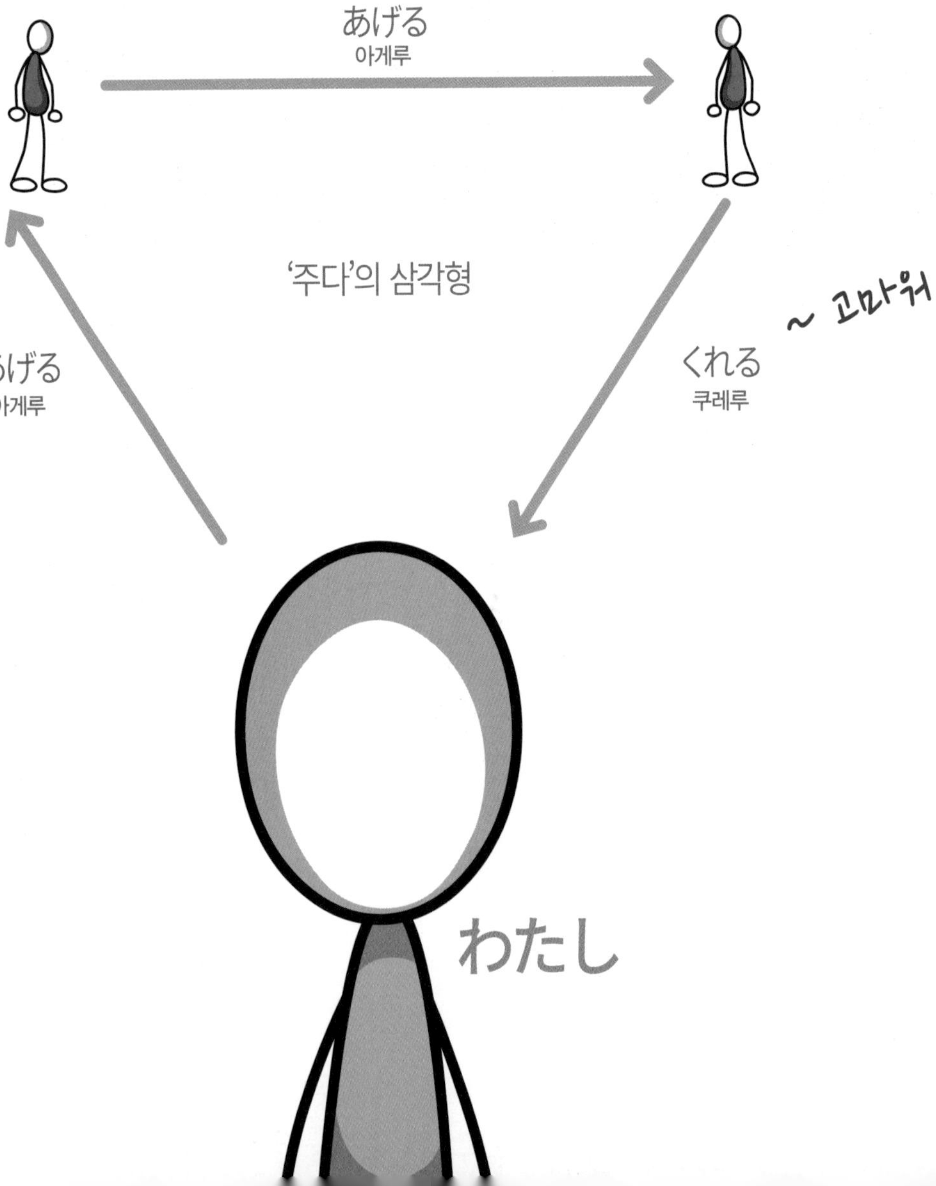

음성 파일

STEP1	STEP2	STEP3	STEP4
A 12줄 일단 암기	A▸B 보고 말하기	C▸B 보고 말하기	AB 암송

	A	B	C
긍정	가방을 주다 (나에게).	카방 오 쿠레 루.	カバンを くれる。 ('くれる'는 2그룹 동사)
	가방을 줬다 (나에게).	카방 오 쿠레 타. 과거	カバンを くれた。
	가방을 줍니다 (나에게).	카방 오 쿠레 마스.	カバンを くれます。
	가방을 줬습니다 (나에게).	카방 오 쿠레 마시타. 과거	カバンを くれました。
긍정	가방을 주다 (남에게).	카방 오 아게 루.	カバンを あげる。 ('あげる'는 2그룹 동사)
	가방을 줬다 (남에게).	카방 오 아게 타. 과거	カバンを あげた。
	가방을 줍니다 (남에게).	카방 오 아게 마스.	カバンを あげます。
	가방을 줬습니다 (남에게).	카방 오 아게 마시타. 과거	カバンを あげました。

'주다'와 달리 '받다'는 이런저런 구분 없이 그냥 もらう모라우 라고 합니다.

	A	B	C
긍정	가방을 받다.	카방 오 모라 우.	カバンを もらう。 ('もらう'는 1그룹 동사)
	가방을 받았다.	카방 오 모랕 타. 과거	カバンを もらった。
	가방을 받습니다.	카방 오 모라 이 마스.	カバンを もらいます。
	가방을 받았습니다.	카방 오 모라 이 마시타. 과거	カバンを もらいました。

practice
누구에게 주나?

ミッション
27 12개의 문장을 27초 안에 말하기!

나에게 줄 때만 '쿠레루'입니다.
동사가 명사를 수식할 때는 동사의 변화된 형태 그대로에 명사를 연결합니다.

편지	엽서	전언	사탕	요리	선물
てがみ 手紙 테 가미	はがき 葉書 하 가키	でんごん 伝言 뎅 공	アメ 아메	りょうり 料理 료오 리	プレゼント 푸레젠토

1 나는 여동생에게 사탕을 주었습니다.
私は 妹に アメを あげました。
わたしは いもうとに アメを あげました。

2 나는 그녀에게 가방을 주었습니다.
私は 彼女に カバンを あげました。
わたしは かのじょに カバンを あげました。

3 그에게는 사탕을 주지 않았습니다.
彼には アメを あげ ませんでした。
かれには アメを あげ ませんでした。

4 나는 여동생에게 사탕을 주지 않았다.
私は 妹に アメを あげ なかった。
わたしは いもうとに アメを あげ なかった。

5 그는 나에게 편지를 주었습니다.
彼は 私に 手紙を くれました。
かれは わたしに てがみを くれました。

6 그녀는 나에게 가방을 주었습니다.
彼女は 私に カバンを くれました。
かのじょは わたしに カバンを くれました。

7 그는 나에게 가방을 주지 않았다.
彼は 私にカバンを くれ なかった。
かれは わたしに カバンを くれ なかった。

8 그가 나에게 가방을 주었다.
彼が 私に カバンを くれた。
かれが わたしに カバンを くれた。

9 전언을 받지 않았다.
伝言を もらわ なかった。
でんごんを もらわ なかった。

10 친구는 요리를 받았다.
友達は 料理を もらった。
ともだちは りょうりを もらった。

11 엽서를 받지 않았습니다.
はがきを もらい ませんでした。
葉書[하가키]는 주로 히라가나로 쓴다
はがきを もらい ませんでした。

12 선물은 받지 않습니다.
プレゼントは もらい ません。
プレゼントは もらい ません。

practice

누구에게 주나?

ミッション

26 12개의 문장을 26초 안에 말하기!

나에게 줄 때만 '쿠레루'입니다.
동사가 명사를 수식할 때는 동사의 변화된 형태 그대로에 명사를 연결합니다.

1 내가 준 편지
私が あげた 手紙
わたしが あげた てがみ

2 나에게 준 편지
私に くれた 手紙
わたしに くれた てがみ

3 내가 주었던 선물
私が あげた プレゼント
わたしが あげた プレゼント

4 네가 (나에게) 주었던 선물
君が くれた プレゼント
きみが くれた プレゼント

5 그가 (나에게) 선물을 주다.
彼が プレゼントを くれる。
かれが プレゼントを くれる。

6 그에게 선물을 주다.
彼に プレゼントを あげる。
かれに プレゼントを あげる。

7 나는 그에게 매일 편지를 주다.
私は 彼に 毎日 手紙を あげる。
わたしは かれに まいにち てがみを あげる。

8 그는 나에게 매일 편지를 주다.
彼は 私に 毎日 手紙を くれる。
かれは わたしに まいにち てがみを くれる。

9 나는 그에게 선물을 주지 않다.
私は 彼に プレゼントを あげ ない。
わたしは かれに プレゼントを あげ ない。

10 그는 나에게 선물을 주지 않다.
彼は 私に プレゼントを くれ ない。
かれは わたしに プレゼントを くれ ない。

11 그는 한 번도 나에게 선물을 주지 않았다.
彼は 一度も 私に プレゼントを くれ なかった。
かれは いちども わたしに プレゼントを くれ なかった。

12 나는 한 번도 그에게 선물을 주지 않았다.
私は 一度も 彼に プレゼントを あげ なかった。
わたしは いちども かれに プレゼントを あげ なかった。

Let's start

한눈에 배운다!
A2 행동을 해 줄 때도 くれる, あげる

우리말과 똑같다

음성 파일

Table map

명사+だ | い형용사 | な형용사 | 2그룹 동사 기본 | 1그룹 동사 기본 | 2그룹 동사 응용 | 1그룹 동사 응용 | 수식 | 가능 | 접속조사て 기본 | 접속조사て 응용 | 주의 표현

이번에는 물건을 주는 대신에, 어떤 행동을 해주는 경우를 말해보겠습니다.
수없이 많은 행동이 있겠지만, 그중에서 '가르쳐 주다'라고 말해보겠습니다.
역시 あげる아게루, くれる쿠레루를 이용합니다.

헷갈리기 쉬운 부분이니
잘 기억해두고 가자!

STEP1 A 8줄 일단 암기 | STEP2 A▸B 보고 말하기 | STEP3 C▸B 보고 말하기 | STEP4 AB 암송

	A	B	C
긍정	가르쳐 주다 (남에게).	오시에 테 아게루.	教え てあげる。
	가르쳐 줬다 (남에게).	오시에 테 아게타. 과거	教え てあげた。
	가르쳐 줍니다 (남에게).	오시에 테 아게마스.	教え てあげます。
	가르쳐 줬습니다 (남에게).	오시에 테 아게마시타. 과거	教え てあげました。
부정	가르쳐 주지 않다 (남에게).	오시에 테 아게나이.	教え てあげない。
	가르쳐 주지 않았다 (남에게).	오시에 테 아게나캇타. 과거	教え てあげなかった。
	가르쳐 주지 않습니다 (남에게).	오시에 테 아게마셍.	教え てあげません。
	가르쳐 주지 않았습니다 (남에게).	오시에 테 아게마센 데시타. 과거	教え てあげませんでした。

STEP1	STEP2	STEP3	STEP4
A 8줄 일단 암기	A▸B 보고 말하기	C▸B 보고 말하기	AB 암송

	A	B	C
긍정	가르쳐 주다 (나에게).	오시에 테 쿠레루.	教え てくれる。
	가르쳐 줬다 (나에게).	오시에 테 쿠레타. 과거	教え てくれた。
	가르쳐 줍니다 (나에게).	오시에 테 쿠레마스.	教え てくれます。
	가르쳐 줬습니다 (나에게).	오시에 테 쿠레마시타. 과거	教え てくれました。
부정	가르쳐 주지 않다 (나에게).	오시에 테 쿠레나이.	教え てくれない。
	가르쳐 주지 않았다 (나에게).	오시에 테 쿠레나캇타. 과거	教え てくれなかった。
	가르쳐 주지 않습니다 (나에게).	오시에 테 쿠레마셍.	教え てくれません。
	가르쳐 주지 않았습니다 (나에게).	오시에 테 쿠레마센 데시타. 과거	教え てくれませんでした。

'행동을 해 주다'처럼 '행동을 해 받다'라는 표현도 만들 수 있습니다.
이것은 우리말과는 다른 일본어만의 특별한 표현법입니다.

긍정	가르쳐 받다. [가르쳐 주다]	오시에 테 모라우.	教え てもらう。
	가르쳐 받았다. [가르쳐 줬다]	오시에 테 모랏타. 과거	教え てもらった。
	가르쳐 받습니다. [가르쳐 줍니다]	오시에 테 모라이마스.	教え てもらいます。
	가르쳐 받았습니다. [가르쳐 줬습니다]	오시에 테 모라이마시타. 과거	教え てもらいました。

practice
누구에게 해 주나?

ミッション
29
12개의 문장을 29초 안에 말하기!

아래의 단어들은 명사입니다. 이 명사에 동사와 수수표현을 조합해 보세요. 수수표현은 문제 옆 괄호에 쓰여있는 표현을 사용하세요. 동사는 동사의 て형으로 변해서 수수표현과 연결됩니다.

편지	엽서	전언	사탕	요리	선물
て がみ	は がき	でん ごん		りょう り	
手紙	葉書	伝言	アメ	料理	プレゼント
테 가미	하 가키	뎅 공	아메	료오 리	푸레젠토

1 형의 숙제를 해 주었다. (あげる)
お兄さんの 宿題を やって あげた。
おにいさんの しゅくだいを やって あげた。

2 형이 숙제를 해 주었다. (くれる)
お兄さんが 宿題を やって くれた。
おにいさんが しゅくだいを やって くれた。

3 형이 숙제를 해 주었다. (もらう)
お兄さんに 宿題を やって もらった。
おにいさんに しゅくだいを やって もらった。

4 친구에게 편지를 써 주었다. (あげる)
友達に 手紙を 書いて あげた。
ともだちに てがみを かいて あげた。

5 친구가 편지를 써 주었다. (くれる)
友達が 手紙を 書いて くれた。
ともだちが てがみを かいて くれた。

6 친구가 편지를 써 주었다. (もらう)
友達に 手紙を 書いて もらった。
ともだちに てがみを かいて もらった。

7 아빠에게 요리를 보내 주었다. (あげる)
お父さんに 料理を 送って あげた。
おとうさんに りょうりを おくって あげた。

8 아빠가 요리를 보내 주었다. (くれる)
お父さんが 料理を 送って くれた。
おとうさんが りょうりを おくって くれた。

9 아빠는 요리를 보내 주었다. (もらう)
お父さんに 料理を 送って もらった。
おとうさんに りょうりを おくって もらった。

10 친구에게 편지를 써 주지 않았다. (あげる)
友達に 手紙を 書いて あげ なかった。
ともだちに てがみを かいて あげ なかった。

11 친구가 편지를 써 주지 않았다. (くれる)
友達が 手紙を 書いて くれ なかった。
ともだちが てがみを かいて くれ なかった。

12 친구가 편지를 써 주지 않았다. (もらう)
友達に 手紙を 書いて もらわ なかった。
ともだちに てがみを かいて もらわ なかった。

practice

누구에게 해 주나?

ミッション

12개의 문장을 26초 안에 말하기!

아래는 일본어 동사의 기본형입니다. 이 동사들과 수수표현을 조합해야 문제를 풀 수 있습니다.
이때, 동사는 동사의 て형으로 변하고, 수수표현이 활용됩니다.

포장하다

つつ
包む
츠츠 무

전하다

つた
伝える
츠타 에루

받다

う
受ける
우 케루

쓰다

か
書く
카 쿠

보내다

おく
送る
오쿠 루

만들다

つく
作る
츠쿠 루

1 선물을 포장해 주었다. (くれる)
プレゼントを 包んで くれた。
プレゼントを つつんで くれた。

2 엽서를 전해 줍니다. (くれる)
はがきを 伝えて くれます。
はがきを つたえて くれます。

3 요리를 만들어 주지 않다. (くれる)
料理を 作って くれ ない。
りょうりを つくって くれ ない。

4 내가 대신 받아 줄게. (あげる)
私が 代わりに 受けて あげる。
かわり : 대신
わたしが かわりに うけて あげる。

5 요리를 만들어 주었다. (くれる)
料理を 作って くれた。
りょうりを つくって くれた。

6 사탕을 포장해 주지 않았습니다. (あげる)
アメを 包んで あげ ませんでした。
アメを つつんで あげ ませんでした。

7 편지를 전해 받았습니다. (もらう)
手紙を 伝えて もらいました。
てがみを つたえて もらいました。

8 요리를 만들어 받지 않았습니다. (もらう)
料理を 作って もらい ませんでした。
りょうりを つくって もらい ませんでした。

9 엽서를 써 받았다. (もらう)
はがきを 書いて もらった。
はがきを かいて もらった。

10 나에게 전언을 전해 주었습니다. (くれる)
私に 伝言を 伝えて くれました。
わたしに でんごんを つたえて くれました。

11 내가 사탕을 전해 주었습니다. (あげる)
私が アメを 伝えて あげました。
わたしが アメを つたえて あげました。

12 내가 선물을 보내 주었다. (あげる)
私が プレゼントを 送って あげた。
わたしが プレゼントを おくって あげた。

Let's start

한눈에 배운다!
원하다

호시이와 호시가루

동영상 강의

Table map

명사+だ | い형용사 | な형용사 | 2그룹 동사 기본 | 1그룹 동사 기본 | 2그룹 동사 응용 | 1그룹 동사 응용 | 수식 | 가능 | 접속조사て 기본 | 접속조사て 응용 | **주의 표현**

ほしい호시이는 조금 특이한 표현입니다.
일반적으로 '원하다'는 ほしい호시이입니다.
하지만 주어가 **3인칭**일 때는 **ほしがる**호시가루를 사용합니다.

나는 반지를 원하다.	私は 와타시와	指輪が 유비와가	ほしい。 호시이.
그녀는 반지를 원하다.	彼女は 카노죠와	指輪を 유비와오	ほしがる。 호시가루

1 나는 카메라**를 원하다.**

私は カメラ ☐ ☐
와타시와 카메라

2 그녀는 컴퓨터**를 원하다.**

彼女は パソコン ☐ ☐
카노죠와 파소콩

3 우리는 새 휴대폰**을 원합니다.**

私たちは 新しい 携帯 ☐ ☐
와타시타치와 아타라시이 케에타이

4 내 친구는 휴가**를 원했다.**

私の 友達は 休み ☐ ☐
와타시노 토모다치와 야스미

5 그 아이는 장난감**을 원했습니다.**

あの 子供は おもちゃ ☐ ☐
아노 코도모와 오모챠

TIP

읽어 보세요 **ほしい**호시이 **사용방법**

'원하다', '바라다'라는 뜻의 형용사인 **ほしい**호시이가 명사와 결합하면, '내가 ~를 가지고 싶다'라는 뜻이 됩니다. 이때 **ほしい**호시이는 앞에서 배운 '오가니' 법칙이 적용되는 표현입니다.
그래서 '(내가) ~을 원해'라고 할 때 **を**오가 아닌 **が**가를 사용합니다.
하지만 **ほしがる**호시가루에는 예외 없이 **を**오를 사용합니다.

나 / 우리 / 너 / 너희 — **ほしい**호시이

그 / 그들 — **ほしがる**호시가루

정답입니다!

1 が ほしい。
2 を ほしがる。
3 が ほしいです。
4 を ほしがった。
5 を ほしがりました。

앞에서 배운 표현은 간단히 **사물(명사)**을 원한다는 내용입니다. 이때는 ほしい호시이와 ほしがる호시가루를 사용하면 쉽게 해결됩니다.

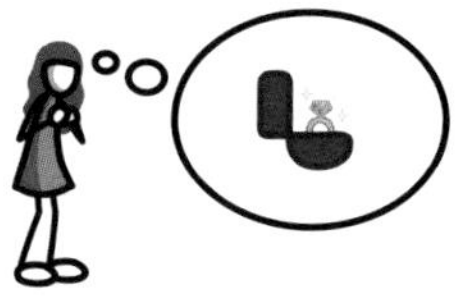

하지만 원하는 대상이 사물이 아니라 누군가의 행동일 수도 있습니다. 이렇게 되면 원하는 자와 행동하는 자, 이렇게 2명이 등장하게 됩니다.

따라서, 문장도 길어집니다. 이때는 ほしい호시이에 て테를 붙여서 사용합니다. 이것은 앞에서 배운 てみる테 미루 | ~해 보다 같은 동사의 て테 형의 응용 표현입니다. みる미루 | 보다가 てみる테 미루 가 되어 '~해 보다'라는 경험의 표현이 된 것처럼 ほしい호시이가 て테를 만나 てほしい테 호시이 | ~해주길 바라다라는 표현이 되는 것입니다.

나는 그가 프러포즈하기를 바라다.	私は 彼が プロポーズ して ほしい。 와타시와 카레가 푸로포-즈 시테 호시이
그는 내가 프러포즈하기를 원하다.	彼は 私が プロポーズ して ほしがる。 카레와 와타시가 푸로포-즈 시테 호시가루

그런데 만약 이 2명이 같은 사람이라면,

다시 말해, 자기 자신의 행동을 원한다면,

이때는, たい타이 와 たがる타가루라는 표현을 사용합니다.

나는 내가 프러포즈하기를 원하다.	私は 私が プロポーズ し たい。 와타시와 와타시가 푸로포-즈 시 타이
그는 그가 프러포즈하기를 원하다.	彼は 彼が プロポーズ し たがる。 카레와 카레가 푸로포-즈 시 타가루

TIP

<< 읽어 보세요 **ほしい호시이 VS たい타이**

ほしい호시이 와 たい타이, 이렇게 두 표현은 결국 같은 의미의 표현입니다. 위의 설명을 보면, ほしい에 대해 먼저 배우고, 그다음에 たい에 대해 배웠습니다. 따라서 たい는 매우 특별한 경우에 사용되는 표현처럼 느껴질 수도 있습니다. 하지만, 사실 たい는 매우 평범한 일상적 표현입니다.

이때, たい는 조동사입니다. 그러므로 항상 동사+たい (ex.食べ먹기+たい원하다)로 사용되지요.
たい가 조동사로 사용될 때 앞에 명사+조사가 등장하면 이때도 '오가니' 법칙이 적용되어야 합니다.

「비록, 위에서는 논리적 구분을 위해 긴 문장으로 배웠지만,

나는 내가 밥 먹기를 원하다.	私は 私が ご飯が 食べ たい。 와타시와 와타시가 고항가 타베 타이

보통은 편하게 이렇게 말합니다.

나는 밥 먹기를 원하다.	私は ご飯が 食べ たい。 와타시와 고항가 타베 타이

심지어는 이렇게 간단히도 말하죠.

밥 먹고 싶어.	ご飯が 食べ たい。 고항가 타베 타이

」

사물을 원할 때 (명사) 	ほしい 호시이 / ほしがる 호시가루	
행동을 원할 때 (동사) 	て ほしい 테 호시이 ほしがる 호시가루	たい 타이 たがる 타가루
	타인의 행동	주어 자신의 행동

행동을 원할 때 ほしい호시이는 동사의 て테형과 함께 사용합니다.

1. 동사의 て테형 뒤에 て ほしい테 호시이를 붙입니다.
2. て ほしい테 호시이의 문형 변화는 형용사 변화입니다.

동사의 て형 타베 + て + ほしい 호시이

STEP1 A 8줄 일단 암기 | STEP2 A▸B 보고 말하기 | STEP3 C▸B 보고 말하기 | STEP4 AB 암송

	A	B	C
긍정	먹기 바라다. [먹어주길 바라다]	타베 테 호시이.	食べ てほしい。 (い형용사와 같은 방법으로 활용)
	먹기 바랐다. [먹어주길 바랐다]	타베 테 호시캇타. 과거	食べ てほしかった。
	먹기 바랍니다. [먹어주시기 바랍니다]	타베 테 호시이 데스.	食べ てほしいです。
	먹기 바랐습니다. [먹어주길 바랐습니다]	타베 테 호시캇타 데스. 과거	食べ てほしかったです。
부정	먹기 바라지 않다. [먹어주길 바라지 않다]	타베 테 호시쿠 나이.	食べ てほしく ない。
	먹기 바라지 않았다. [먹어주길 바라지 않았다]	타베 테 호시쿠 나캇타. 과거	食べ てほしく なかった。 ('なかったです'라고 하면 존대표현)
	먹기 바라지 않습니다. [먹어주길 바라지 않습니다]	타베 테 호시쿠 아리마셍.	食べ てほしく ありません。 ('ないです'보다 정중)
	먹기 바라지 않았습니다. [먹어주길 바라지 않았습니다]	타베 테 호시쿠 아리마셴 데시타. 과거	食べ てほしく ありませんでした。

음성 파일

이번에는 たい타이를 사용해 보겠습니다. たい타이는 동사의 명사형에 붙여줍니다.

1. 동사를 명사형으로 바꿉니다.
2. 그 뒤에 たい타이를 붙입니다.
3. たい타이의 문형 변화는 い이형용사의 변화와 같습니다.

동사의 명사형 타베 + たい 타이

STEP1 A 8줄 일단 암기 | STEP2 A▸B 보고 말하기 | STEP3 C▸B 보고 말하기 | STEP4 AB 암송

	A	B	C
긍정	먹기 원하다.	타베 타이.	食べ たい。
	먹기 원했다.	타베 타캇타. 과거	食べ たかった。
	먹기 원합니다.	타베 타이 데스.	食べ たいです。
	먹기 원했습니다.	타베 타캇타 데스. 과거	食べ たかったです。 ← 'たいでした'는 없음
부정	먹기 원하지 않다.	타베 타쿠 나이.	食べ たく ない。
	먹기 원하지 않았다.	타베 타쿠 나캇타. 과거	食べ たく なかった。
	먹기 원하지 않습니다.	타베 타쿠 아리마셍.	食べ たく ありません。 ← 'ないです'는 가능
	먹기 원하지 않았습니다.	타베 타쿠 아리마셍 데시타. 과거	食べ たく ありませんでした。

ミッション
22 12개의 문장을 22초 안에 말하기!

practice
사물을 원하다

아래의 단어들은 명사입니다. 이 명사와 ほしい를 조합해 보세요. ほしい를 응용해야 문제를 풀 수 있습니다. 이때, ほしい 앞의 조사에 주의해야 합니다. ほしい는 い형용사와 같은 방법으로 활용합니다.

치마	바지	양말	안경	시계	지갑

		くつした	め がね	と けい	さい ふ
スカート	ズボン	靴下	眼鏡	時計	財布
스카-토	즈봉	쿠츠 시타	메 가네	토 케에	사이 후

1 안경을 원하지 않다.
眼鏡が ほしく ない。
めがねが ほしく ない。

2 지갑을 원했다.
財布が ほしかった。
さいふが ほしかった。

3 치마는 원하지 않습니다.
スカートは ほしく ありません。
スカートは ほしく ありません。

4 바지는 원하지 않았다.
ズボンは ほしく なかった。
ズボンは ほしく なかった。

5 시계를 원하다.
時計が ほしい。
とけいが ほしい。

6 양말은 원하지 않았습니다.
靴下は ほしく ありませんでした。
くつしたは ほしく ありませんでした。

7 새 지갑을 원합니다.
新しい 財布が ほしいです。
あたらしい:새롭다
あたらしい さいふが ほしいです。

8 빨간색 바지는 원하지 않다.
赤色の ズボンは ほしく ない。
あかいろ:빨간색
あかいろの ズボンは ほしく ない。

9 초록색 치마를 원했다.
緑色の スカートが ほしかった。
みどりいろ:초록색
みどりいろの スカートが ほしかった。

10 편리한 시계를 원했습니다.
便利な 時計が ほしかったです。
べんりな とけいが ほしかったです。

11 낡은 지갑은 원하지 않다.
古い 財布は ほしく ない。
ふるい:오래되다
ふるい さいふは ほしく ない。

12 예쁜 안경을 원합니다.
奇麗な 眼鏡が ほしいです。
きれいな めがねが ほしいです。

practice
타인이 행동하기를 원하다

ミッション
20 12개의 문장을 20초 안에 말하기!

아래 단어들은 동사의 기본형입니다. 이 동사들과 ほしい를 조합해 보세요.
조합할 때, 동사는 동사의 て형으로 형태가 변합니다. ほしい는 い형용사와 같은 방법으로 활용합니다.

나가다	결정하다	서두르다	기다리다	가다	고르다

で 出る	き 決める	いそ 急ぐ	ま 待つ	い 行く	えら 選ぶ
데 루	키 메루	이소 구	마 츠	이 쿠	에라 부

1 기다리기 바라다.
待って ほしい。
まって ほしい。

2 서두르기 바라다.
急いで ほしい。
いそいで ほしい。

3 이 중에서 고르기 바랍니다.
この 中で 選んで ほしいです。
この なかで えらんで ほしいです。

4 빨리 결정하기 바랍니다.
早く 決めて ほしいです。
はやく きめて ほしいです。

5 여기서 나가기 바랐습니다.
ここから 出て ほしかったです。
ここから でて ほしかったです。

6 같이 가기 바랐다.
一緒に 行って ほしかった。
いっしょに いって ほしかった。

7 서두르기 바라지 않다.
急いで ほしく ない。
いそいで ほしく ない。

8 여기서 기다리기 바라지 않다.
ここで 待って ほしく ない。
ここで まって ほしく ない。

9 여기서 나가기 바라지 않았습니다.
ここから 出て ほしく なかったです。
ここから でて ほしく なかったです。

10 기다리기 바라지 않았다.
待って ほしく なかった。
まって ほしく なかった。

11 같이 가기 바라지 않습니다.
一緒に 行って ほしく ありません。
いっしょに いって ほしく ありません。

12 서둘러 결정하기 바라지 않았습니다.
急いで 決めて ほしく なかったです。
いそいで きめて ほしく なかったです。

practice

[나는 내가] ~하기 원하다

ミッション
22 12개의 문장을 22초 안에 말하기!

아래 단어들은 모두 음식을 나타내는 명사입니다. 이 명사들과 먹다, たい를 조합해 보겠습니다. 이때, たい는 い형용사와 같은 방법으로 활용합니다.

스테이크	면, 국수	과일	사과	바나나	멜론
ステーキ	めん 麺	くだもの 果物	リンゴ	バナナ	メロン
스테−키	멩	쿠다 모노	링고	바나나	메롱

1 스테이크를 먹기 원하다.
ステーキが 食べ たい。
ステーキが たべ たい。

2 국수를 먹기 원합니다.
麺が 食べ たいです。
めんが たべ たいです。

3 스테이크를 먹기 원했다.
ステーキが 食べ たかった。
ステーキが たべ たかった。

4 멜론을 먹기 원했습니다.
メロンが 食べ たかったです。
メロンが たべ たかったです。

5 사과는 먹기 원하지 않다.
リンゴは 食べ たく ない。
リンゴは たべ たく ない。

6 바나나는 먹기 원하지 않습니다.
バナナは 食べ たく ありません。
バナナは たべ たく ありません。

7 그 멜론은 먹기 원하지 않았다.
その メロンは 食べ たく なかった。
その メロンは たべ たく なかった。

8 그 과일은 먹기 원하지 않았습니다.
その 果物は 食べ たく ありませんでした。
その くだものは たべ たく ありませんでした。

9 오늘은 국수를 먹기 원했습니다.
今日は 麺が 食べ たかったです。
きょうは めんが たべ たかったです。

10 그 사과를 먹기 원합니다.
その リンゴが 食べ たいです。
その リンゴが たべ たいです。

11 사과를 먹기 원했다.
リンゴが 食べ たかった。
リンゴが たべ たかった。

12 과일을 먹기 원하다.
果物が 食べ たい。
くだものが たべ たい。

practice

ほしい냐? たい냐?

ミッション
21 12개의 문장을 21초 안에 말하기!

**아래 명사들을 동사, たい 혹은 ほしい와 조합해 보세요. たい와 ほしい를 활용합니다.
たい와 ほしい는 い형용사와 같은 방법으로 활용하는데, 동사와 조합할 때는 연결법에 주의해야 합니다.**

편지	일기	커피	주스	우유	핫초코
て がみ	にっ き			ぎゅう にゅう	
手紙	日記	コーヒー	ジュース	牛乳	ホットチョコ
테 가미	닉 키	코-히-	쥬-스	규우 뉴우	홋토쵸코

1 (내가) 편지를 쓰기 원하다.
手紙が 書き たい。
てがみが かき たい。

2 (내가) 일기를 쓰기 원합니다.
日記が 書き たいです。
にっきが かき たいです。

3 (내가) 일기를 쓰기 원하지 않습니다.
日記を 書き たく ありません。
にっきを かき たく ありません。

4 (내가) 편지를 쓰기 원하지 않았습니다.
手紙を 書き たく ありませんでした。
てがみを かき たく ありませんでした。

5 (내가) 커피를 마시기 원하다.
コーヒーが 飲み たい。
コーヒーが のみ たい。

6 (내가) 주스는 마시기 원하지 않다.
ジュースは 飲み たく ない。
ジュースは のみ たく ない。

7 (타인이) 주스를 마시기 바라지 않다.
ジュースを 飲んで ほしく ない。
ジュースを のんで ほしく ない。

8 (타인이) 핫초코를 마시기 바랐다.
ホットチョコを 飲んで ほしかった。
ホットチョコを のんで ほしかった。

9 (타인이) 우유를 마시기 바라다.
牛乳を 飲んで ほしい。
ぎゅうにゅうを のんで ほしい。

10 (타인이) 그가 커피를 마시기 바랐습니다.
彼が コーヒーを 飲んで ほしかった です。
かれが コーヒーを のんで ほしかったです。

11 (타인이) 편지를 써주기 바라다.
手紙を 書いて ほしい。
てがみを かいて ほしい。

12 (타인이) 우유는 마시기 바라지 않다.
牛乳は 飲んで ほしく ない。
ぎゅうにゅうは のんで ほしく ない。

Let's start

한눈에 배운다!

너무 ~하다

일본어로는 동사

음성 파일

Table map

명사+だ	い형용사	な형용사	2그룹 동사 기본	1그룹 동사 기본	2그룹 동사 응용	1그룹 동사 응용	수식	가능	접속조사て 기본	접속조사て 응용	주의 표현

'너무 아프다'나 '너무 작다'와 같이 너무는 동사나 형용사의 앞에 옵니다. 하지만, 일본어에서는 동사를 명사형으로 바꾼 후, 그 뒤에 과하다, 지나치다라는 뜻의 동사 すぎる스기루를 연결해서 너무 ~하다는 표현을 만듭니다.

우리말: 너무 + 마시다(동사)

일본어: 노미(동사의 명사형) + すぎる 스기루

STEP1 A 8줄 일단 암기 | STEP2 A▸B 보고 말하기 | STEP3 C▸B 보고 말하기 | STEP4 AB 암송

すぎなかった는
실제 회화에선
잘 사용하지 않는다고 해

	A	B	C
긍정	마시기 지나치다. [너무 마시다]	노미 스기 루.	飲み すぎ る。
	마시기 지나쳤다. [너무 마셨다]	노미 스기 타. 과거	飲み すぎ た。
	마시기 지나칩니다. [너무 마십니다]	노미 스기 마스.	飲み すぎ ます。
	마시기 지나쳤습니다. [너무 마셨습니다]	노미 스기 마시타. 과거	飲み すぎ ました。
부정	마시기 지나치지 않다. [너무 마시지 않다]	노미 스기 나이.	飲み すぎ ない。
	마시기 지나치지 않았다. [너무 마시지 않았다]	노미 스기 나캇타. 과거	飲み すぎ なかった。
	마시기 지나치지 않습니다. [너무 마시지 않습니다]	노미 스기 마셍.	飲み すぎ ません。
	마시기 지나치지 않았습니다. [너무 마시지 않았습니다]	노미 스기 마센 데시타. 과거	飲み すぎ ません でした。

practice
너무 ~하다

ミッション
15 12개의 문장을 15초 안에 말하기!

표의 단어는 동사의 기본형입니다. 이 동사들에 すぎる를 조합해 보세요. すぎる는 2그룹 동사와 같은 활용을 합니다. すぎる가 연결되면, 동사는 동사의 명사형으로 변한다는 점에 주의하세요.

울다	웃다	먹다	마시다	보다	가다
な 泣く 나 쿠	わら 笑う 와라 우	た 食べる 타 베루	の 飲む 노 무	み 見る 미 루	い 行く 이 쿠

1 너무 울다.
泣き すぎる。
なき すぎる。

2 너무 봅니다.
見 すぎます。
み すぎます。

3 너무 웃었다.
笑い すぎた。
わらい すぎた。

4 너무 갔습니다.
行き すぎました。
いき すぎました。

5 너무 마셨습니다.
飲み すぎました。
のみ すぎました。

6 너무 먹었다.
食べ すぎた。
たべ すぎた。

7 너무 먹지 않았다.
食べ すぎ なかった。
たべ すぎ なかった。

8 너무 보지 않다.
見 すぎ ない。
み すぎ ない。

9 너무 가지 않았다.
行き すぎ なかった。
いき すぎ なかった。

10 너무 울지 않았다.
泣き すぎ なかった。
なき すぎ なかった。

11 너무 웃지 않았습니다.
笑い すぎ ませんでした。
わらい すぎ ませんでした。

12 너무 마시지 않았습니다.
飲み すぎ ませんでした。
のみ すぎ ませんでした。

Let's start

한눈에 배운다!

계속 ~하다

일본어로는 동사

음성 파일

Table map

명사+だ	い형용사	な형용사	2그룹 동사 기본	1그룹 동사 기본	2그룹 동사 응용	1그룹 동사 응용	수식	가능	접속조사て 기본	접속조사て 응용	주의 표현

어떤 동작이나 행위를 계속 이어서 할 때, 계속 ~하다라고 합니다. '너무 ~하다'는 동사의 명사형 뒤에 すぎる스기루라는 동사를 사용해서 만든다고 설명한 바 있습니다.
이 계속 ~하다 표현 역시, 동사의 명사형 뒤에 계속하다라는 뜻의 동사 続ける츠즈케루를 연결해서 만듭니다.

우리말: 계속 + 마시다 (동사)

일본어: 노미 (동사의 명사형) + 츠즈케루 (続ける)

STEP1 A 8줄 일단 암기 | STEP2 A▸B 보고 말하기 | STEP3 C▸B 보고 말하기 | STEP4 AB 암송

	A	B	C
긍정	마시기 계속하다. [계속 마시다]	노미 츠즈케 루.	飲み 続け る。
	마시기 계속했다. [계속 마셨다]	노미 츠즈케 타. 과거	飲み 続け た。
	마시기 계속합니다. [계속 마십니다]	노미 츠즈케 마스.	飲み 続け ます。
	마시기 계속했습니다. [계속 마셨습니다]	노미 츠즈케 마시타. 과거	飲み 続け ました。
부정	마시기 계속하지 않다. [계속 마시지 않다]	노미 츠즈케 나이.	飲み 続け ない。
	마시기 계속하지 않았다. [계속 마시지 않았다]	노미 츠즈케 나캇타. 과거	飲み 続け なかった。
	마시기 계속하지 않습니다. [계속 마시지 않습니다]	노미 츠즈케 마셍.	飲み 続け ません。
	마시기 계속하지 않았습니다. [계속 마시지 않았습니다]	노미 츠즈케 마셍 데시타. 과거	飲み 続け ません でした。

practice
계속 ~하다

ミッション
17 12개의 문장을 17초 안에 말하기!

표에 있는 동사의 기본형에 続ける를 조합해 문장을 만들어 보세요. 일본어 문장에서는 우리말 예문과 달리 続ける를 활용합니다. 이때, 続ける는 2그룹 동사와 같은 방법으로 활용합니다.

울다	웃다	먹다	마시다	보다	가다
な 泣く 나 쿠	わら 笑う 와라 우	た 食べる 타 베루	の 飲む 노 무	み 見る 미 루	い 行く 이 쿠

1 계속 울다.
泣き 続ける。
なき つづける。

2 계속 마셨습니다.
飲み 続けました。
のみ つづけました。

3 계속 갔다.
行き 続けた。
いき つづけた。

4 계속 웃었습니다.
笑い 続けました。
わらい つづけました。

5 계속 먹었다.
食べ 続けた。
たべ つづけた。

6 계속 봅니다.
見 続けます。
み つづけます。

7 계속 울지 않았습니다.
泣き 続け ませんでした。
なき つづけ ませんでした。

8 계속 보지 않았다.
見 続け なかった。
み つづけ なかった。

9 계속 마시지 않다.
飲み 続け ない。
のみ つづけ ない。

10 계속 가지 않았다.
行き 続け なかった。
いき つづけ なかった。

11 계속 웃지 않다.
笑い 続け ない。
わらい つづけ ない。

12 계속 먹지 않았습니다.
食べ 続け ませんでした。
たべ つづけ ませんでした。

Let's start

한눈에 배운다!

하기 쉽다는 전용표현

B1 ~하기 쉽다

음성 파일

Table map

명사+だ	い형용사	な형용사	2그룹 동사 기본	1그룹 동사 기본	2그룹 동사 응용	1그룹 동사 응용	수식	가능	접속조사て 기본	접속조사て 응용	주의 표현

동사의 명사형에 やすい야스이를 붙이면 ~하기 쉽다,
にくい니쿠이가 붙으면 ~하기 어렵다라는 의미가 됩니다.
먼저 やすい야스이 부터 배워보도록 하겠습니다.

동사의 명사형 노미 + やすい 야스이

STEP1 A 8줄 일단 암기 | STEP2 A▸B 보고 말하기 | STEP3 C▸B 보고 말하기 | STEP4 AB 암송

い형용사 활용법을 떠올려 보자

	A	B	C
긍정	마시기 쉽다.	노미 야스 이.	飲み やす い。(い형용사와 같은 활용)
	마시기 쉬웠다.	노미 야스 캇타. 과거	飲み やす かった。
	마시기 쉽습니다.	노미 야스 이 데스.	飲み やす い です。
	마시기 쉬웠습니다.	노미 야스 캇타 데스. 과거	飲み やす かった です。
부정	마시기 쉽지 않다.	노미 야스 쿠 나이.	飲み やす く ない。
	마시기 쉽지 않았다.	노미 야스 쿠 나캇타. 과거	飲み やす く なかった。
	마시기 쉽지 않습니다.	노미 야스 쿠 아리마센.	飲み やす く ありません。
	마시기 쉽지 않았습니다.	노미 야스 쿠 아리마센 데시타. 과거	飲み やす く ありません でした。

practice
~하기 쉽다

ミッション
12개의 문장을 17초 안에 말하기!

아래 일본어 동사의 기본형과 やすい를 조합해 보세요. 이때, 동사와 やすい의 결합 형태에 주의하세요. やすい의 활용법은 い형용사의 활용법과 같습니다.

기억하다	헤어지다	이야기하다	이기다	변하다, 바뀌다	읽다
				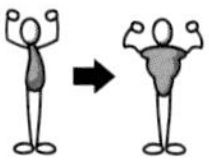	
おぼ 覚える	わか 別れる	はな 話す	か 勝つ	か 変わる	よ 読む
오보 에루	와카 레루	하나 스	카 츠	카 와루	요 무

1 기억하기 쉽다.
覚え やすい。
おぼえ やすい。

2 헤어지기 쉬웠다.
別れ やすかった。
わかれ やすかった。

3 이기기 쉬웠습니다.
勝ち やすかったです。
かち やすかったです。

4 변하기 쉽다.
変わり やすい。
かわり やすい。

5 이야기하기 쉬웠습니다.
話し やすかったです。
はなし やすかったです。

6 읽기 쉽습니다.
読み やすいです。
よみ やすいです。

7 이야기하기 쉽지 않다.
話し やすく ない。
はなし やすく ない。

8 이기기 쉽지 않았습니다.
勝ち やすく ありませんでした。
かち やすく ありませんでした。

9 변하기 쉽지 않다.
変わり やすく ない。
かわり やすく ない。

10 헤어지기 쉽지 않았다.
別れ やすく なかった。
わかれ やすく なかった。

11 읽기 쉽지 않았습니다.
読み やすく ありませんでした。
よみ やすく ありませんでした。

12 기억하기 쉽지 않다.
覚え やすく ない。
おぼえ やすく ない。

Let's start

한눈에 배운다!

B2 ~하기 어렵다

하기 어렵다는 전용표현

음성 파일

Table map

명사+だ | い형용사 | な형용사 | 2그룹 동사 기본 | 1그룹 동사 기본 | 2그룹 동사 응용 | 1그룹 동사 응용 | 수식 | 가능 | 접속조사て 기본 | 접속조사て 응용 | **주의 표현**

이번에는 にくい니쿠이입니다.
동사의 명사형에 붙어서 ~하기 어렵다라는 의미가 됩니다.
やすい야스이와 にくい니쿠이는
동사의 명사형에 붙어서 일종의 '문형'을 만들뿐,
단독으로는 잘 쓰이지 않습니다.

동사의 명사형 노미 + にくい 니쿠이

にくい도 い형용사와 활용법이 같아! 쉽지?

STEP1 A 8줄 일단 암기 | STEP2 A▸B 보고 말하기 | STEP3 C▸B 보고 말하기 | STEP4 AB 암송

	A	B	C
긍정	마시기 어렵다.	노미 니쿠 이.	飲みにくい。(い형용사와 같은 활용)
	마시기 어려웠다.	노미 니쿠 칻타. 과거	飲みにくかった。
	마시기 어렵습니다.	노미 니쿠 이 데스.	飲みにくいです。
	마시기 어려웠습니다.	노미 니쿠 칻타 데스. 과거	飲みにくかったです。
부정	마시기 어렵지 않다.	노미 니쿠 쿠 나이.	飲みにくくない。
	마시기 어렵지 않았다.	노미 니쿠 쿠 나칻타. 과거	飲みにくくなかった。
	마시기 어렵지 않습니다.	노미 니쿠 쿠 아리마셍.	飲みにくくありません。
	마시기 어렵지 않았습니다.	노미 니쿠 쿠 아리마셴 데시타. 과거	飲みにくくありませんでした。

practice
~하기 어렵다

미ッション
12개의 문장을 19초 안에 말하기!

아래의 일본어는 동사의 기본형입니다. 동사와 にくい를 연결해 활용해 보세요.
동사와 にくい가 연결될 때, 동사가 동사의 명사형으로 변한다는 점에 주의하세요.

기억하다	헤어지다	이야기하다	이기다	변하다, 바뀌다	읽다

おぼ	わか	はな	か	か	よ
覚える	別れる	話す	勝つ	変わる	読む
오보 에루	와카 레루	하나 스	카 츠	카 와루	요 무

1 헤어지기 어렵다.
別れ にくい。
わかれ にくい。

2 읽기 어렵습니다.
読み にくいです。
よみ にくいです。

3 이야기하기 어려웠다.
話し にくかった。
はなし にくかった。

4 이기기 어려웠습니다.
勝ち にくかったです。
かち にくかったです。

5 변하기 어려웠습니다.
変わり にくかったです。
かわり にくかったです。

6 기억하기 어려웠다.
覚え にくかった。
おぼえ にくかった。

7 기억하기 어렵지 않다.
覚え にくく ない。
おぼえ にくく ない。

8 이기기 어렵지 않았다.
勝ち にくく なかった。
かち にくく なかった。

9 헤어지기 어렵지 않았습니다.
別れ にくく ありませんでした。
わかれ にくく ありませんでした。

10 이야기하기 어렵지 않았다.
話し にくく なかった。
はなし にくく なかった。

11 읽기 어렵지 않다.
読み にくく ない。
よみ にくく ない。

12 변하기 어렵지 않았습니다.
変わり にくく ありませんでした。
かわり にくく ありませんでした。

11 이 표현 꼭 외우자! 주의 표현

Level ★★☆

이 편지를 받아 주지 않을래요?

ダイアローグ 1

A 今 時間 あり ますか?
이마 / 지캉 / 아리 / 마스카?
지금 / 시간 / 있기 / 합니까?

はい、なん の 用 ですか? **B**
하이, / 난 / 노 / 요오 / 데스카?
네, / 무엇 / 의 / 용건 / 입니까?

A この 手紙 を もらって くれ ませんか?
코노 / 테 가미 / 오 / 모랃테 / 쿠레 / 마셍카?
이 / 편지 / 를 / 받아 / 주지 / 하지 않습니까?

すみません。もらえ ません。 **B**
스미마셍. / 모라에 / 마셍.
미안합니다. / 받을 수 / 하지 않습니다.

すみません。
もらえません。

もらってくれませんか

일본어 표현에서 종종 들을 수 있는 **ください**[쿠다사이]는 **くれる**[쿠레루]의 정중한 표현입니다.

◀ **ください**[쿠다사이]는 '주세요', **くれる**[쿠레루]는 '주다'라는 뜻입니다.

A : 지금 시간 있어요?
B : 네, 무슨 일이에요?
A : 이 편지를 받아 주지 않을래요?
B : 미안해요. 받을 수 없어요.

Level ★★☆

당근은 정말 맛없어.

ダイアローグ 2

A 人参 は 本当に まずい。
닌징 / 와 / 혼 토오 니 / 마즈이.
당근 / 은 / 정말로 / 맛없다.

そう? じゃあ、私 が 食べて あげる。 **B**
소오? / 쟈아, / 와타시 / 가 / 타베테 / 아게루.
그렇게? / 그럼, / 나 / 가 / 먹어 / 주다.

A 本当に 食べて くれるの?
혼 토오 니 / 타베테 / 쿠레루노?
정말로 / 먹어 / 주는 거야?

ありがとう。
아리가토오.
고맙다.

◀ **일본어 채소 표현**

ジャガイモ	[쟈가이모]	: 감자
サツマイモ	[사츠마이모]	: 고구마
ニンニク	[닌니쿠]	: 마늘
ネギ	[네기]	: 파
玉ねぎ	[타마네기]	: 양파

焼くか揚げるか好きにして。
야쿠 카 아게루 카 스키 니 시테.
굽든 튀기든 마음대로 해.

A : 당근은 정말 맛없어.
B : 그래? 그럼, 내가 먹어 줄게.
A : 진짜 먹어 주는 거야?
고마워.

Level ★★☆

아무것도 안 받았어.

ダイアローグ 3

A ちょっと 来て くれる?
춈토 / 키테 / 쿠레루?
조금 / 와 / 주다?

どう した? **B**
도오 / 시타?
어떻게 / 했다?

A 桜井 君 に 何か もらった?
사쿠라 이 / 쿤 / 니 / 나니 카 / 모랃타?
사쿠라이 / 군 / 에게 / 뭔가 / 받았다?

何 も もらって いない。 **B**
나니 / 모 / 모랃테 / 이나이.
무엇 / 도 / 받고 / 있지 않다.

A : 잠깐 와 줄래?
B : 왜?
A : 사쿠라이한테 뭔가 받았어?
B : 아무것도 안 받았어.

桜井君

일본인들은 서로 어느 정도 친해지면
별명을 부르기 시작하는데,
이름에 포함된 단어를 하나 선택해서
부르는 경우가 대부분입니다.
예를 들어 이름이
桜井 龍二[사쿠라이 류우지]일 경우
성 사쿠라이를 본따 삿쿵, 삿짱, 삿찌,
혹은 이름 류우지를 본따
류우쿵, 류우짱 등으로
다양하게 만들어 부를 수 있습니다.

Level ★★☆

급식에 당근이 나왔습니다.

ダイアローグ 4

A 給食 に 人参 が 出 ました。
큐우 쇼쿠 / 니 / 닌징 / 가 / 데 / 마시타.
급식 / 에 / 당근 / 이 / 나오기 / 했습니다.

私 は 人参 が 嫌いで 大変 でした。
와타시 / 와 / 닌징 / 가 / 키라이데 / 타이 헨 / 데시타.
나 / 는 / 당근 / 이 / 싫어서 / 큰일 / 이었습니다.

その 時 ハナ ちゃん が 代わりに 食べて くれ ました。
소노 / 토키 / 하나 / 짱 / 가 / 카와리니 / 타베테 / 쿠레 / 마시타.
그 / 때 / 하나 / 짱(호칭) / 이 / 대신해서 / 먹어 / 주기 / 했습니다.

ハナ ちゃん は いつも 私 を 助けて くれ ます。
하나 / 짱 / 와 / 이츠모 / 와타시 / 오 / 타스케테 / 쿠레 / 마스.
하나 / 짱(호칭) / 은 / 항상 / 나 / 를 / 도와 / 주기 / 합니다.

野菜が嫌です。
야 사이 가 이야 데스.
채소가 싫어요.

人参が嫌い

무언가를 싫어하는 사람을
~嫌い[키라이]라고 합니다.

그래서 '나는 당근이 싫어'라는 말을
이렇게도 할 수 있습니다.

私は人参嫌いだ。
[와타시와닌징키라이다.]
: 나는 당근을 싫어하는 사람이다.

A : 급식에 당근이 나왔습니다.
저는 당근이 싫어서 큰일이었습니다.
그때 하나가 대신 먹어 주었습니다.
하나는 항상 저를 도와줍니다.

11 이 표현 꼭 외우자! 주의 표현

Level ★★☆

숙제했어?

ダイアローグ 5

A 宿題 やった?
슈쿠 다이 / 얃타?
숙제 / 했다?

B やった。また やら なかった?
얃타. / 마타 / 야라 / 나캍타?
했다. / 또 / 하지 / 않았다?

A ちょっと 見せて くれ ない?
춈토 / 미세테 / 쿠레 / 나이?
조금 / 보여 / 주지 / 않다?

B 嫌 だ。見せて あげ ない。
이야 / 다. / 미세테 / 아게 / 나이.
싫음 / 이다. / 보여 / 주지 / 않다.

A : 숙제했어?
B : 했어. 또 안 했어?
A : 좀 보여 주지 않을래?
B : 싫어. 안 보여 줘.

勉強が趣味ならいいのに。
벵 쿄오 가 슈미 나라 이이 노니.
공부가 취미였으면 좋을 텐데.

◀ 見せて

見せる[미세루]는
'보이다', '남에게 보도록 하다'라는 뜻입니다.

나를 '봐달라'라고 말할 때는
'보다'라는 뜻의 **見る**[미루]를 활용해
見て[미테]라고 합니다.

Level ★★☆

저는 당근이 정말 싫어요.

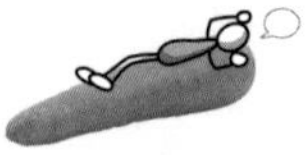

ダイアローグ 6

A すごい、鈴木 ちゃん 人参 も 食べた?
스고이, / 스즈 키 / 짱 / 닌징 / 모 / 타 베타?
대단하다, / 스즈키 / 짱(호칭) / 당근 / 도 / 먹었다?

B 実 は ハナ ちゃん に 食べて もらい ました。
지츠 / 와 / 하나 / 짱 / 니 / 타베테 / 모라이 / 마시타.
사실 / 은 / 하나 / 짱(호칭) / 에게 / 먹어 / 받기 / 했습니다.

A ハナ ちゃん が 食べて くれたの?
하나 / 짱 / 가 / 타베테 / 쿠레타노?
하나 / 짱(호칭) / 이 / 먹어 / 준 거야?

B はい。私 は 人参 が 大嫌い です。
하이. / 와타시 / 와 / 닌징 / 가 / 다이 키라 이 / 데스.
네. / 나 / 는 / 당근 / 이 / 매우 싫음 / 입니다.

ハナちゃんに食べて
もらいました

◀ 이 표현은
'하나에게 먹음을 받았다'라는
일종의 수동표현입니다.

이를 능동으로 표현하면
'하나가 먹어 주었다'라는
말이 됩니다.

ハナちゃんが食べてくれた。
[하나짱가타베테쿠레타.]
: 하나가 먹어 주었다.

A : 대단해, 스즈키 당근도 먹었어?
B : 사실은 하나가 먹어 줬어요.
A : 하나가 먹어 준 거야?
B : 네. 저는 당근이 정말 싫어요.

따라 말하기

Level ★★☆

지갑 놓고 왔다.

ダイアローグ 7

A 財布 忘れて きた。

사이 후 / 와스레테 / 키타.
지갑 / 잊고 / 왔다.

お金 貸して くれ ない?

오 카네 / 카시테 / 쿠레 / 나이?
돈 / 빌려 / 주지 / 않다?

B 分かった。

와칻타.
알았다.

私 が 貸して あげる。

와타시 / 가 / 카시테 / 아게루.
나 / 가 / 빌려 / 주다.

私はダイエットしたくありません。
와타시 와 다이엗토 시 타쿠 아리 마셍.
저는 다이어트하기 싫어요.

A : 지갑 놓고 왔다.
돈 좀 빌려줄래?
B : 알았어.
내가 빌려줄게.

貸してあげる

우리말로는 다 같은 '주다'라도
일본어에서는
행위를 하는 사람이 누구인가에 따라
다른 표현을 사용합니다.

자칫하면 돈을 빌려야 하는데
빌려주게 될 수도 있으니
정확히 외우는 것이 중요합니다.

Level ★★☆

나한테는 줘서 고마워.

ダイアローグ 8

A これ、一人 で 食べて。

코레, / 히토리 / 데 / 타베테.
이것, / 혼자 / 으로 / 먹어.

B ありがとう。ハナ ちゃん が 作ったの?

아리가토오. / 하나 / 쨩 / 가 / 츠쿧타노?
고맙다. / 하나 / 쨩(호칭) / 이 / 만든 거야?

A うん。でも 一個 しか なくて 桜井 君 に は あげ なかった。

웅. / 데모 / 익 / 코 / 시카 / 나쿠테 / 사쿠라 이 / 쿤 / 니 / 와 / 아게 / 나칻타.
응. / 그러나 / 1 / 개 / 밖에 / 없어서 / 사쿠라이 / 군 / 에게 / 는 / 주지 / 않았다.

B 私 に は くれて ありがとう。

와타시 / 니 / 와 / 쿠레테 / 아리가토오.
나 / 에게 / 는 / 줘서 / 고맙다.

A : 이거, 혼자 먹어.
B : 고마워. 하나가 만든 거야?
A : 응. 근데 1개밖에 없어서
사쿠라이한테는 안 줬어.
B : 나한테는 줘서 고마워.

しか

しか[시카]는 '~밖에'라는 조사로
だけ[다케]와 유사한 의미입니다.

しか[시카]는 뒤에
부정을 뜻하는 표현이 오며
だけ[다케]는 긍정과 부정 모두
사용할 수 있습니다.

11 이 표현 꼭 외우자!
주의 표현

Level ★★☆

차를 사고 싶어요.

ダイアローグ 9

A 私、車 が 買い たい です。
와타시, / 쿠루마 / 가 / 카이 / 타이 / 데스.
나, / 차 / 가 / 사기 / ~하고 싶다 / 입니다.

車 が ほしい? **B**
쿠루마 / 가 / 호시이?
차 / 가 / 원하다?

免許 は ある?
멩쿄 / 와 / 아루?
면허 / 는 / 있다?

A いいえ、それ も ほしい です。
이이에, / 소레 / 모 / 호시이 / 데스.
아니요, / 그것 / 도 / 원하다 / 입니다.

車がほしい

'~을 원하다'라는 표현을 만들 때는 조사 が[가]를 사용해 ~がほしい[~가호시이]라고 합니다.

A : 나, 차를 사고 싶어요.
B : 차를 갖고 싶어?
면허는 있어?
A : 아니요, 그것도 갖고 싶어요.

Level ★★☆

어느 영화가 보고 싶어?

ダイアローグ 10

A どの 映画 が 見 たい?
도노 / 에에 가 / 가 / 미 / 타이?
어느 / 영화 / 가 / 보기 / ~하고 싶다?

私 は なん でも いいよ。 **B**
와타시 / 와 / 난 / 데모 / 이이요.
나 / 는 / 무엇 / 라도 / 좋아.

桜井 君 は 見 たい 映画 ある?
사쿠라 이 / 쿵 / 와 / 미 / 타이 / 에에 가 / 아루?
사쿠라이 / 군 / 은 / 보기 / ~하고 싶다 / 영화 / 있다?

A 私 は この 映画 が 見 たい。
와타시 / 와 / 코노 / 에에 가 / 가 / 미 / 타이.
나 / 는 / 이 / 영화 / 가 / 보기 / ~하고 싶다.

映画

일본에서는 영화를 볼 때 영화관을 이용하기보다 DVD를 빌려 봅니다. 영화관은 데이트 장소 정도로만 이용하죠. 따라서 영화를 개봉하는 시기도 다른 나라보다 늦은 편이며, 스마트폰으로 티켓을 예매하는 방식도 최근에야 도입되었다고 합니다.

A : 어느 영화가 보고 싶어?
B : 나는 아무거나 좋아.
사쿠라이는 보고 싶은 영화 있어?
A : 나는 이게 보고 싶어.

無意識に
私が思いつくでしょう。
무이 시키 니 와타시 가 오모 이 츠쿠 데쇼오.
무의식중에 내가 생각날 거예요.

따라 말하기

Level ★★☆

돈 좀 빌려줬으면 좋겠어.

ダイアローグ 11

A 話し たい こと が ある。
하나 시 / 타이 / 코토 / 가 / 아루.
이야기하기 / ~하고 싶다 / 일 / 이 / 있다.

誤解 し ないで 聞いて ほしい。
고 카이 / 시 / 나이데 / 키이테 / 호시이.
오해 / 하지 / 말아 / 들어 / (~하기를) 원하다.

何? **B**
나니?
무엇?

A お金 を 貸して ほしい。
오 카네 / 오 / 카시테 / 호시이.
돈 / 을 / 빌려 / (~하기를) 원하다.

誰かいませんか?
다레 카 이 마셍카?
아무도 없어요?

聞いてほしい

ほしい[호시이]가
명사 뒤에 오게 되면
'~을 원하다'라는 의미로 쓰이지만,
동사와 함께 쓰이면
'~해주기를 바라다'라는 표현이 됩니다.

A : 할 말이 있어.
오해하지 말고 들어 줬으면 좋겠어.
B : 뭐야?
A : 돈 좀 빌려줬으면 좋겠어.

Level ★★☆

보고 싶지 않았어요.

ダイアローグ 12

A もしもし。私 の 映画 見 ました?
모시모시. / 와타시 / 노 / 에에 가 / 미 / 마시타?
여보세요. / 나 / 의 / 영화 / 보기 / 했습니다?

いいえ、見て いません。 **B**
이이에, / 미테 / 이마셍.
아니요, / 보고 / 있지 않습니다.

A 何故 ですか?
나제 / 데스카?
어째서 / 입니까?

見 たく あり ません でした。 **B**
미 / 타쿠 / 아리 / 마센 / 데시타.
보기 / ~하고 싶지 / 있기 / 하지 않습니다 / 이었습니다.

見たく
ありませんでした。

何故

何故[나제]는 **'어째서'**라는 뜻의
부사입니다.
이와 비슷한 뜻을 가진 표현으로는
どうして[도오시테], **なんで**[난데]
등이 있습니다.

A : 여보세요. 제 영화 봤어요?
B : 아니요, 안 봤어요.
A : 어째서요?
B : 보고 싶지 않았어요.

11 이 표현 꼭 외우자!
주의 표현

Level ★★☆

내일이 시험인데 공부하기 싫다.

雨が降る。
아메 가 후루.
비가 내린다.
Final Exam Score
/100

ダイアローグ 13

A 明日 が 試験 なのに 勉強 し たく ない。
아시타 / 가 / 시켄 / 나노니 / 벵 쿄오 / 시 / 타쿠 / 나이.
내일 / 이 / 시험 / 인데도 / 공부 / 하기 / ~하고 싶지 / 않다.

B 昨日 も 言った、それ。
키노오 / 모 / 잍타, / 소레.
어제 / 도 / 말했다, / 그것.

A 昨日 も し たく なかった。
키노오 / 모 / 시 / 타쿠 / 나캍타.
어제 / 도 / 하기 / ~하고 싶지 / 않았다.

多分 明日 も し たく ない だろう。
타붕 / 아시타 / 모 / 시 / 타쿠 / 나이 / 다로오.
아마 / 내일 / 도 / 하기 / ~하고 싶지 / 않다 / ~것이다.

A : 내일이 시험인데 공부하기 싫다.
B : 어제도 그 말 했잖아.
A : 어제도 하고 싶지 않았어.
아마 내일도 하고 싶지 않을 거야.

したくなかった

'하다'라는 동사 する[스루]의 명사형인 し[시]에 たい[타이]의 과거 부정표현인 たくなかった[타쿠나캍타]가 붙은 표현입니다.

그러면 위 표현을 존대표현으로 바꾸어 볼까요?

したくありませんでした。
[시타쿠아리마센데시타.]
: 하고 싶지 않았습니다.

Level ★★☆

저는 그 사람 여동생이에요.

私たちは兄弟です。
와타시 타치 와 쿄오 다이 데스.
우리는 형제입니다.

ダイアローグ 14

A 私、彼のこと が 好き です。
와타시, / 카레노코토 / 가 / 스키 / 데스.
나, / 그 / 가 / 좋음 / 입니다.

だから もう 彼 と は 会わ ないで ほしい です。
다카라 / 모오 / 카레 / 토 / 와 / 아와 / 나이데 / 호시이 / 데스.
그러니까 / 더 / 그 / 와 / 는 / 만나지 / 말아 / (~하기를) 원하다 / 입니다.

B それ は 無理 です。
소레 / 와 / 무리 / 데스.
그것 / 은 / 무리 / 입니다.

私 は あの 人 の 妹 です。
와타시 / 와 / 아노 / 히토 / 노 / 이모오토 / 데스.
나 / 는 / 그 / 사람 / 의 / 여동생 / 입니다.

彼のこと

彼のこと[카레노코토]는 직역하면 '그의 일'이라는 뜻이지만 '그'라는 사람 자체를 가리키기도 합니다.

彼[카레]라는 표현을 좀 더 에둘러 말하는 개념으로 생각할 수 있습니다.

A : 저, 그 사람이 좋아요.
그러니까 더는 그 사람과 안 만났으면 좋겠어요.
B : 그건 무리예요.
저는 그 사람 여동생이에요.

따라 말하기

Level ★★☆

전화로도 말하기 싫어.

ダイアローグ 15

A 彼 と は 話し たく ない。
카레 / 토 / 와 / 하나 시 / 타쿠 / 나이.
그 / 와 / 는 / 이야기하기 / ~하고 싶지 / 않다.

私 も。 **B**
와타시 / 모.
나 / 도.

彼 は めんどうくさい からね。
카레 / 와 / 멘도오쿠사이 / 카라네.
그 / 는 / 귀찮다 / 이니까.

電話 でも 話し たく ないよ。
뎅와 / 데 / 모 / 하나 시 / 타쿠 / 나이요.
전화 / 으로 / 도 / 이야기하기 / ~하고 싶지 / 않다.

A : 그와는 만나고 싶지 않아.
B : 나도.
그는 좀 귀찮으니까.
전화로도 말하기 싫어.

あなたが嫌い。
아나타 가 키라 이.
네가 싫어.

めんどうくさい

'귀찮다'라는 표현은 めんどうくさい[멘도오쿠사이]라고 합니다.

여기서 めんどう[멘도오]는 번잡하고 성가신 것을 뜻하는 명사이기도 합니다.

Level ★★☆

나는 화장실에 가고 싶어.

ダイアローグ 16

A 行か ないで。
이카 / 나이데.
가지 / 말아.

行か ないで ほしい。
이카 / 나이데 / 호시이.
가지 / 말아 / (~하기를) 원하다.

あなた が 行って ほしく ない。
아나타 / 가 / 잇테 / 호시쿠 / 나이.
당신 / 이 / 가 / (~하기를) 원하지 / 않다.

私 は トイレ に 行き たい! **B**
와타시 / 와 / 토이레 / 니 / 이키 / 타이!
나 / 는 / 화장실 / 으로 / 가기 / ~하고 싶다!

出てこなかったら、
勝手に入るよ。
데테 코나칸타라, 칸테니 하이 루요.
안 나오면 멋대로 들어갈 거예요.
TOILET

A : 가지 마.
가지 않았으면 좋겠어.
네가 가는 걸 원하지 않아.
B : 나는 화장실에 가고 싶어!

トイレ

'화장실'을 뜻하는 다양한 표현으로 お手洗い[오테아라이], 化粧室[케쇼오시츠], 便所[벤죠] 등이 있는데, '화장실이 어디 있나요?'라고 예의를 갖춰 묻고 싶을 때는 トイレ[토이레]라는 단어를 사용하는 것보다 아래와 같이 말하는 것이 올바른 표현입니다.

お手洗いはどこですか?
[오테아라이와도코데스카?]
: 화장실이 어디예요?

아래 일본어를 읽을 수 있게 연습한 후 → 히라가나로 쓰세요.

01 この 手紙を もらって くれませんか?

└ 이 ┘└ 편지를 ┘└ 받아 ┘└ 주지 않습니까? ┘

02 ハナちゃんは いつも 私を 助けて くれます。

└ 하나 짱은 ┘└ 항상 ┘└ 나를 ┘└ 도와 ┘└ 줍니다. ┘

03 宿題 やった?

└ 숙제 ┘└ 했다? ┘

04 私は あの 人の 妹 です。

└ 나는 ┘└ 그 ┘└ 사람의 ┘└ 여동생 ┘└ 입니다. ┘

05 彼とは 話し たく ない。

└ 그와는 ┘└ 이야기하기 ┘└ ~하고 싶지 ┘└ 않다. ┘

06 電話でも 話し たく ないよ。

└ 전화로도 ┘└ 이야기하기 ┘└ ~하고 싶지 ┘└ 않다. ┘

정답입니다!

1 この てがみを もらって くれませんか? 코노 테가미오 모랃테 쿠레마셍카?
2 はなちゃんは いつも わたしを たすけて くれます。 하나쨩와 이츠모 와타시오 타스케테 쿠레마스.
3 しゅくだい やった? 슈쿠다이 얃타?
4 わたしは あの ひとの いもうと です。 와타시와 아노 히토노 이모오토 데스.
5 かれとは はなし たく ない。 카레토와 하나시 타쿠 나이.
6 でんわでも はなし たく ないよ。 뎅와데모 하나시 타쿠 나이요.

명사

は 와	~은	私は先生です。 와타시 와 센세에 데스. 저는 선생님입니다.
が 가	~이	私が先生です。 와타시 가 센세에 데스. 제가 선생님입니다.
と 토	~와	私と先生です。 와타시 토 센세에 데스. 저와 선생님입니다.
や 야	~랑	アメやチョコレート 아메 야 쵸코레—토 사탕이랑 초콜릿

명사

を 오	~을	私を呼んでください。 와타시 오 욘데 쿠다사이. 저를 불러 주세요.
の 노	~의	私の先生です。 와타시 노 센세에 데스. 저의 선생님입니다.
も 모	~도	私も先生です。 와타시 모 센세에 데스. 저도 선생님입니다.
~や~など ~야 ~나도	~랑 ~등	アメやチョコレートなど 아메 야 쵸코레—토 나도 사탕이랑 초콜릿 등

と토와 や야 구분하기

と토와 や야는 우리말로 ~와(과) 혹은 ~(이)랑이라는 의미입니다. と토는 기초 조사에서 먼저 배웠습니다. と토와 や야는 둘 다 여러 개의 명사를 나열할 때 사용합니다. 둘의 차이점은 아래와 같습니다.

パン と お菓子 が あります。 빵과 과자가 있습니다.
팡 토 오카시 가 아리 마스.
⋯ 오직 빵과 과자'만' 있다는 뉘앙스

パン や お菓子 が あります。 빵과 과자가 있습니다.
팡 야 오카시 가 아리 마스.
⋯ 빵과 과자 외에도 사탕이나 초콜릿 등이 더 있다는 뉘앙스

と토 : 언급된 것이 전부
や야 : 언급되지 않은 것이 있음

に 니	~에(장소)	学校に行く。 각코오 니 이쿠. 학교에 가다.
へ 에	~으로(방향)	学校へ行く。 각코오 에 이쿠. 학교로 가다.
にも 니모	~에게도	私にもください。 와타시 니모 쿠다사이. 저에게도 주세요.
に 니	~에게(대상)	私にください。 와타시 니 쿠다사이. 저에게 주세요.
ずつ 즈츠	씩	アメ一個ずつ 아메 익코 즈츠 사탕 하나씩

	명사	동사	형용사
から 카라 ~이니까(원인)		行く から 待って。 이쿠 카라 맏테. 갈 테니까 기다려.	寒い から 帰る。 사무이 카라 카에루. 추우니까 돌아가다.
から 카라 ~부터(방향)	学校 から 家は 近い。 각코오 카라 이에 와 치카이. 학교에서 집은 가깝다.		
まで 마데 ~까지	学校 まで 行って ください。 각코오 마데 읻테 쿠다사이. 학교까지 가 주세요.	行く まで 待って。 이쿠 마데 맏테. 갈 때까지 기다려.	

から카라와 まで마데

~から카라와 …まで마데는 '~'와 '…'에 장소나 시간을 나타내는 말을 넣어
두 구간의 시작점과 끝점을 정확히 명시할 때 사용합니다.

ここ から 駅 まで 何分 かかり ますか?
코코 카라 에키 마데 남 붕 카카리 마스카?
여기서부터 역까지 몇 분 걸리나요?

4月 から 8月 まで 日本 に い ます。
시가츠 카라 하치가츠 마데 니혼 니 이 마스.
4월부터 8월까지 일본에 있습니다.

	명사	동사	형용사
て 테 ~해서		走って 行く。 하싣 테 이쿠. 달려서 가다.	寒く て 帰る。 사무쿠 테 카에루. 추워서 돌아가다.
て(で) 테(데) ~하고	私は 先生 で、君は 学生だ。 와타시 와 센세에 데, 키미 와 각세에 다. 나는 선생이고, 너는 학생이다.	飲んで 食べて 논 데 타베 테 마시고 먹고	寒く て 暗く て 사무쿠 테 쿠라쿠 테 춥고 어둡고
ても(でも) 테모(데모) ~라도	私 でも できる。 와타시 데모 데키루. 나라도 할 수 있다.	食べて も いい。 타베 테모 이이. 먹어도 좋다.	寒く ても 歩く。 사무쿠 테모 아루쿠. 추워도 걷다.

	명사	동사	형용사
か 카 ~인지	アメ か チョコレート か 아메 카 쵸코레ー토 카 사탕인지 초콜릿인지	行く か どう か 이쿠 카 도오 카 갈지 어쩔지	寒い か 暑い か 사무이 카 아츠이 카 추운지 더운지
とか 토카 ~라든가	アメ とか チョコレート とか 아메 토카 쵸코레ー토 토카 사탕이라든지 초콜릿이라든지	行く とか 行かない とか 이쿠 토카 이카나이 토카 가든지 안 가든지	寒い とか 暑い とか 言うな。 사무이 토카 아츠이 토카 이우나. 춥다든지 덥다든지 말하지 마라.

か카 혹은 か?카?

か카는 존대표현의 의문문을 만들 때 썼던 か카와 같은 글자입니다.
하지만, 이 단원에서는 다른 용법으로 사용됐습니다. 여기에서의 か카는 ~인지라는 의미입니다.

パン か お菓子 か
팡 카 오카시 카
빵인지 과자인지

ジュース か コーヒー か
쥬-스 카 코-히- 카
주스인지 커피인지

	명사	동사	형용사
ほど 호도 ~정도	私 ほど できる 人 와타시 호도 데키루 히토 나 정도 할 수 있는 사람	走って 行く ほど 하싣테 이쿠 호도 뛰어서 갈 정도	寒い ほど、暑い ほど 사무이 호도, 아츠이 호도 추운 정도, 더운 정도
くらい 쿠라이 ~정도	私 くらい できる 人 와타시 쿠라이 데키루 히토 나 정도 할 수 있는 사람	走って 行く くらい 하싣테 이쿠 쿠라이 뛰어서 갈 정도	寒い くらい、暑い くらい 사무이 쿠라이, 아츠이 쿠라이 추운 정도, 더운 정도

ほど호도와 くらい쿠라이 구분하기

ほど호도와 くらい쿠라이는 모두 ~정도, ~만큼이라는 의미의 조사입니다. 이 둘은 우리말 의미도 같고, 일본어에서도 용법이 명확히 구분되지 않습니다. 정확한 구분 없이 사용할 때도 많습니다.

運動場 に 10人 ほど いる。
운도오죠오 니 쥬우닌 호도 이루.
운동장에 10명 정도 있다.

運動場 に 10人 ぐらい いる。
운도오죠오 니 쥬우닝 구라이 이루.
운동장에 10명 정도 있다.

하지만, 공식적인 자리나 어른과 대화할 때 같이 예의를 갖춰야 할 때는
くらい쿠라이 보다 ほど호도를 쓰는 게 좋습니다.

	명사	동사	형용사
が 가 ~지만		聞いたが答えなかった。 키이타 가 코타에나칻타. 물었지만 대답하지 않았다.	寒いが歩く。 사무이 가 아루쿠. 춥지만 걷다.
けれども 케레도모 ~지만		聞いたけれども答えなかった。 키이타 케레도모 코타에나칻타. 물었지만 대답하지 않았다.	寒いけれども歩く。 사무이 케레도모 아루쿠. 춥지만 걷다.

けれども케레도모

けれども케레도모는 ~지만과 같은 표현입니다. 앞의 내용과 상반된 사실이 일어났을 때 사용하는 표현입니다.

好きだ けれども 買わない。
스키다 케레도모 카와나이.
좋아하지만 사지 않다.

買った けれども なくした。
칻타 케레도모 나쿠시타.
샀지만 잃어버렸다.

대화에서는 けれども케레도모 대신 けれど케레도 혹은 けど케도로 줄여서 사용하기도 합니다.

しか 시카 ~밖에	アメが一個しかない。 아메 가 익코 시카 나이. 사탕이 하나밖에 없다.	行くしかない。 이쿠 시카 나이. 갈 수밖에 없다.	
だけ 다케 ~만, ~뿐	アメが一個だけある。 아메 가 익코 다케 아루. 사탕이 하나만 있다.	学校に行くだけだ。 각코오 니 이쿠 다케 다. 학교에 갈 뿐이다.	寒いだけだ。 사무이 다케 다. 추울 뿐이다.
ばかり 바카리 ~만, ~뿐	アメばかりある。 아메 바카리 아루. 사탕만 있다.	夏休みは寝てばかりでした。 나츠야스미 와 네테 바카리 데시타. 여름 방학 때 자기만 했습니다.	

だけ다케와 **ばかり**바카리 구분하기

だけ다케와 ばかり바카리는 둘 다 ~만, ~뿐이라는 의미의 조사입니다. 이 둘은 의미는 같지만, 둘 사이에는 분명한 뉘앙스 차이가 있습니다. だけ다케는 사실 그대로를 말할 때, ばかり바카리는 약간 과장해서 말할 때 사용합니다. 아래 예문을 통해 설명해 보겠습니다.

教室に男子学生だけいる。 교실에 남학생만 있다.
코오시츠 니 단시각세에 다케 이루.
⋯› 남학생만 있고, 여학생이나 선생님 등 다른 사람은 전혀 없다는 뉘앙스

遊園地に男子学生ばかりいる。 유원지에 남학생만 있다.
유우엔치 니 단시각세에 바카리 이루.
⋯› 남학생이 생각보다 많다는 뉘앙스. 남학생이 주로 보이고, 다른 사람들은 잘 보이지 않는다는 느낌.

	명사	동사	형용사
ながら 나가라 ~면서		食べながら寝る。 타베 나가라 네루. 먹으면서 자다.	

ながら나가라를 쓸 때 주의할 점

ながら나가라는 2가지 동작이 동시에 발생할 때 사용하는 표현입니다.
이때 사용되는 동사는 반드시 동사의 명사형이어야 합니다.

遊ぶ。 아소부.	놀다.
遊びながら話す。 아소비 나가라 하나스.	놀면서 이야기하다.

	명사	동사	형용사
たら 타라 ~하면		見たらわかる。 미 타라 와카루. 보면 안다.	寒かったら帰れ。 사무칻 타라 카에레. 추우면 돌아가.
なら 나라 ~하면	私ならできる。 와타시 나라 데키루. 나 라면 할 수 있다.	行くなら連絡して。 이쿠 나라 렌라쿠 시테. 갈 거면 연락해 줘.	寒いなら帰れ。 사무이 나라 카에레. 추우면 돌아가.
と 토 ~하면		食べると太る。 타베루 토 후토루. 먹으면 살이 찐다.	寒いと眠い。 사무이 토 네무이. 추우면 졸리다.
ば 바 ~하면		見ればわかる。 미레 바 와카루. 보면 안다.	寒ければ帰れ。 사무 케레바 카에레. 추우면 돌아가.
たり 타리 ~거나(~다가)		行ったり来たりするな。 읻 타리 키 타리 스루 나. 왔다가 갔다가 하지 마라.	寒かったり暑かったりする。 사무칻 타리 아츠칻 타리 스루. 추웠다가 더웠다가 한다.

たり타리 혹은 だり다리

たり타리는 ~거나라는 의미의 조사로, 어떤 표현 뒤에서는 だり다리가 됩니다. 두 표현의 의미는 같습니다.

歩いたり座ったり 아루이타리 스왇타리	걷거나 앉거나
遊んだり飲んだり 아손다리 논다리	놀거나 마시거나

처음부터 끝까지 쉽고 친절한 **일본어 입문서**

한눈에 보인다 **일본어 첫걸음**

3판 3쇄 2023년 6월 1일

저 자 Mr. Sun 어학연구소
펴 낸 곳 OLD STAIRS
출판 등록 2008년 1월 10일 제313-2010-284호
이 메 일 oldstairs@daum.net

가격은 뒷면 표지 참조
ISBN 978-89-97221-63-9